LA POLITIQUE EN FRANCE

DU MÊME AUTEUR

L'Union pour la Nouvelle République. Étude du pouvoir au sein d'un parti politique, Armand Colin, 1967.
Le phénomène gaulliste, Fayard, 1970.
Les partis politiques, Armand Colin, 1971.
Les Français et de Gaulle, IFOP/Plon, 1971.
Le Gaullisme d'opposition, 1946-1958, Fayard, 1983.

JEAN CHARLOT

LA POLITIQUE
EN FRANCE

LE LIVRE DE POCHE

À Claire

AVANT-PROPOS

Cette synthèse sur *la politique en France*, je l'ai voulue actuelle, concrète et éclairante pour un large public.

Actuelle dans la mesure où elle tente de répondre aux questions que l'on se pose aujourd'hui sur notre système politique, plus de 35 ans après la fondation de la Ve République. Faut-il réviser la Constitution de 1958 ? La cohabitation engendre-t-elle pour l'avenir un « nouveau Président » ? La gauche et la droite sont-elles entrées dans un processus de décomposition/recomposition ? Les « présidentiables » éclipsent-ils les partis ? Quelle place pour le pouvoir national dans le cadre européen ? La sondomanie et le pouvoir de la télévision changent-ils la nature de la démocratie française ? Sommes-nous gouvernés, en fait, par les énarques, à moins que ce ne soit par les représentants de groupes d'intérêts installés dans un État néo-corporatiste ? Le « retour du local », l'émergence d'un « nouvel électeur » bouleversent-ils notre jeu politique ? La crise du politique dont on parle tant depuis 1988 est-elle un fait démontré ?

Concrète, c'est-à-dire précise tout en allant à l'essentiel. Il n'est pas besoin de tout savoir sur la Constitution, mais il est utile d'en connaître les pièces maîtresses qui en font ce qu'elle est. L'étude de notre système politique est nourrie de nombreux exemples tirés de choix et controverses politiques qui sont autant de révélateurs de la façon dont il fonctionne.

Éclairante, enfin, grâce aux modèles explicatifs de la science politique moderne – effets des lois électorales, typologies des systèmes de partis et des partis, modèles du

comportement électoral, modèles des rapports entre
pouvoir politique et groupes de pression, etc. Ces modèles
aident à comprendre les relations politiques dans un environnement changeant et, parfois, à faire pour le moyen
terme la part du possible et de l'improbable à défaut de
parvenir à prédire l'avenir.

J'ai mis dans ce livre le savoir accumulé de plus de
trente années de recherches au CEVIPOF (Centre d'études
de la vie politique française) et d'enseignement à Sciences
Po ; l'expérience presque aussi longue d'une collaboration
intermittente avec les médias, notamment *le Point* et *le
Figaro* ; une pratique de dix années de conseil politique
auprès de l'institut de sondages IFRES. C'est dire que je
suis redevable à mes collègues universitaires, français et
étrangers, aux journalistes politiques et autres spécialistes
– sans parler des praticiens de la politique – de ce qu'ils
m'ont appris ; aux générations d'étudiants et de lecteurs
qui m'ont permis d'affiner mes synthèses. À ma femme,
Monica, qui m'a ouvert à la comparaison avec l'Angleterre et à la relativisation de « l'exception française ».
Sans les tenir responsables de ce que j'ai fait de leurs
apports, je leur en suis profondément reconnaissant.

Je dédie ce livre à ma fille aînée, Claire, spécialiste de
l'Angleterre.

PREMIÈRE PARTIE

LE MOULE

Novations et continuités

LES RÈGLES DU JEU CONSTITUTIONNEL ET ÉLECTORAL : LA VOLONTÉ DU GÉNÉRAL DE GAULLE

« La Cinquième [République] n'est pas la Quatrième plus le général de Gaulle », lance André Malraux le 30 octobre 1962. La Cinquième, se convainc l'écrivain gaulliste, doit durer au-delà de son fondateur, parce qu'elle permet enfin à la France de n'être plus un État faible, donc une Nation condamnée. Elle est le régime efficace qui fit défaut à la Troisième et à la Quatrième – une Quatrième République qu'il assassine d'une phrase : « Chacun parlait pour les siens et ne parlait plus que pour les siens. C'eût donc été au pouvoir d'arbitrer ; mais pour mieux survivre, le pouvoir né des partis et toujours dépendant d'eux, n'arbitrait pas ; il conciliait. » C'était le système de l'accommodement, un pouvoir sans pouvoir dont il redoute le retour. Il est vrai que la Cinquième République marque une rupture avec les régimes républicains antérieurs de la France ; que sans de Gaulle cette rupture ne se serait jamais opérée et que sa survie après de Gaulle, inattendue, a fait des institutions nouvelles le principal legs du Général à la France.

Une Constitution gaullienne en rupture avec la tradition

De la Révolution de 1789 à 1958 la France a usé et abandonné douze Constitutions – une tous les quatorze ans en moyenne – et goûté de la République (quatre fois),

de la Monarchie (trois fois), de l'Empire (deux fois) sans
compter les intermèdes comme les Cent Jours de Napoléon ou le régime de Vichy sous Pétain. C'est dire qu'il
pouvait paraître difficile pour les Français d'innover et de
réussir en matière constitutionnelle. Le général de Gaulle,
au contraire, a pensé qu'il était urgent pour la France de
rompre avec cette instabilité des institutions et possible
d'y porter remède. Contrairement aux démocraties constitutionnellement stables, comme l'Angleterre et les États-
Unis, où l'on avait su réaliser d'emblée une synthèse entre
un pouvoir légitime (démocratiquement désigné et responsable) et un pouvoir effectif (qui puisse décider, qui ait le
temps de mettre sa politique en œuvre), la France balan-
çait sans fin, d'une Constitution à l'autre, entre l'excès de
pouvoir et les libertés anarchiques. Excès de pouvoir des
régimes autoritaires, de la Convention à l'Empire, puis à
Vichy ; libertés anarchiques des régimes d'Assemblée à
exécutif impuissant, de la IIe à la IVe République. Pour
sortir de ce cercle vicieux il fallait donner à l'exécutif –
Président, gouvernement – le pouvoir *et* la légitimité. La
solution du général de Gaulle, pour y parvenir, est la *séparation des pouvoirs* *[1], qui prend dans sa bouche un autre
sens que celui que lui donnent habituellement les juristes.
Son raisonnement est simple. Le Parlement, parce qu'il
est profondément divisé à l'image des Français et selon
les lignes de clivages entre partis, est incapable de désigner et de soutenir durablement un gouvernement qui
gouverne effectivement. Il faut donc séparer, c'est-à-dire
émanciper, le pouvoir exécutif du pouvoir législatif et
assurer la suprématie du premier en lui donnant des
moyens constitutionnels et la légitimité démocratique
nécessaires pour qu'il puisse prendre la France en charge,
au-delà des intérêts particuliers de chaque catégorie de
Français. « Il n'y a pas d'autre solution au problème de
gouvernement, écrit de Gaulle à Michel Debré, le 3 juillet
1946, que de séparer complètement ce qui est législatif
[les partis] et ce qui est exécutif… Les ministres, hommes

----

1. L'astérisque signale une entrée dans le lexique à la fin de
ce livre.

de l'État, ne peuvent et ne doivent pas provenir des partis. » Ayant mis en œuvre cette solution dans la Constitution de 1958, il expliquera, le 31 janvier 1964 : « L'esprit de la Constitution nouvelle consiste, tout en conservant un Parlement législatif, à faire en sorte que le pouvoir ne soit plus la chose des partisans, mais qu'il procède directement du peuple, ce qui implique que le chef de l'État, élu par la nation, en soit la source et le détenteur. » Cette séparation du pouvoir exécutif et du pouvoir législatif, telle que l'entend de Gaulle, va de pair avec de profonds bouleversements par rapport à la tradition constitutionnelle française républicaine :

– Le président de la République ne sera plus l'élu du Parlement, mais celui du peuple – indirectement, à travers de « grands électeurs », jusqu'en 1962 ; directement, au suffrage universel, après la réforme constitutionnelle d'octobre 1962. Ce qui assurera sa légitimité démocratique indépendamment de celle des députés.

– Le Premier ministre et le gouvernement ne seront plus investis par l'Assemblée nationale, mais nommés par le président de la République. Ce qui leur donnera autonomie et indépendance vis-à-vis du pouvoir parlementaire.

– Le président de la République pourra dissoudre l'Assemblé nationale, sans que celle-ci puisse démettre le président de la République.

– Les pouvoirs de l'exécutif – Président, Premier ministre et plus généralement gouvernement – seront fortement accrus, ceux du législatif strictement délimités par la Constitution. Ce qui changera l'équilibre des pouvoirs au profit de l'exécutif.

Une telle rupture, voulue par le général de Gaulle dès 1945 et imposée par lui en 1958-62, ne s'est évidemment pas faite sans heurts. Doter la nation française « d'une République capable de répondre à son destin » était devenu, après la libération de la France en 1944-45, « ma grande querelle », écrit de Gaulle dans ses *Mémoires d'espoir*. Il va lui falloir près de vingt ans pour en sortir victorieux, du fait des résistances de tous les partis – communiste, socialiste (SFIO), radical, démocrate chrétien (MRP), indépendant et modéré (CNI) – et de l'ensemble de la classe politique, à la seule exception des gaullistes bien entendu. Sans entrer dans le détail de ses batailles institutionnelles on peut en marquer les temps essentiels – qui sont au nombre de trois.

Le premier temps est celui du lancement des idées et de l'échec initial. En janvier 1946, après avoir dit son refus du retour des partis et d'une « Assemblée omnipotente, déléguant un gouvernement pour accomplir ses volontés », de Gaulle démissionne des fonctions de chef de l'État et de chef de gouvernement qu'il cumule depuis la libération de la France en 1944 et dans lesquelles il avait été confirmé par l'Assemblée constituante élue en octobre 1945. Les trois grands partis formant sa majorité – Parti communiste, parti socialiste SFIO et Mouvement républicain populaire –, loin de le rappeler au pouvoir, font finalement adopter malgré lui la *Constitution de la IVe République* *, le 13 octobre 1946, sans tenir compte du contre-projet qu'il a présenté à Bayeux, le 16 juin 1946 (*La Constitution de Bayeux*). Et de Gaulle, à travers le *Rassemblement du peuple français* (RPF) * – qu'il crée en avril 1947 et anime jusqu'à sa mise en sommeil, pour cause d'échec, le 13 septembre 1955 – poursuivra en vain, huit ans durant, son combat pour la révision de la Constitution de 1946. Après quoi il se retirera dans son village de Colombey-les-deux-Églises, s'enfermant dans le silence, pour ce qu'on nommera plus tard sa « traversée du désert ».

Deuxième temps – celui de la revanche institutionnelle – en mai-juin 1958. Les députés de la dernière Assemblée de la IVe République et les chefs de partis – Guy Mollet (parti socialiste SFIO), Pierre Pflimlin (MRP) et Antoine Pinay (indépendants) – rappellent de Gaulle au pouvoir pour prendre en charge la guerre de décolonisation en Algérie et la révolte de l'armée. Ils ne sont plus en mesure de s'opposer à ses exigences : pouvoirs spéciaux pour l'Algérie ; autorisation de gouverner pendant six mois par ordonnances (c'est-à-dire de faire des « lois » à la place du Parlement) ; enfin, et surtout, mandat « d'élaborer puis de proposer au pays par la voie du référendum les changements indispensables » en matière constitutionnelle. Contrairement à la tradition constitutionnelle française le général de Gaulle et son gouvernement se voient ainsi attribuer le pouvoir « constituant ». À l'exception du Parti communiste et de quelques socialistes (Édouard Depreux) ou radicaux (Pierre Mendès France, François Mitterrand), en rupture avec leurs partis, toute l'élite politique de la IVᵉ République se résigne au changement de Constitution imposé par le général de Gaulle. Et la Constitution de la Vᵉ République, telle qu'il l'avait proposée douze ans plus tôt à Bayeux, est adoptée massivement par le peuple français lors du référendum du 28 septembre 1958.

Le troisième et dernier temps de ce combat institutionnel se joue en octobre-novembre 1962. La guerre d'Algérie terminée, en avril 1962, les dirigeants politiques et les partis de la IVᵉ République cherchent à fermer la parenthèse gaulliste par un retour aux traditions parlementaires françaises. De Gaulle, au contraire, entend bien installer définitivement, au-delà de sa propre personne, les institutions de la Vᵉ République. Le 22 août 1962 il a échappé, de peu, à un attentat. Le 12 septembre suivant, en Conseil des ministres, il annonce son plan pour qu'après lui le président de la République demeure l'homme fort du régime qu'il a institué en 1958. Il propose aux Français, appelés à se prononcer par référendum, que le Président soit désormais élu directement par eux, au lieu de l'être par un peu plus de 80 000 grands électeurs – parlementaires et élus locaux – comme le prévoit la Constitution et comme cela a été le cas en décembre 1958. Investi de la légitimité conférée par le suffrage universel, grâce à cette révision constitutionnelle, le président de la République et les gouvernements nommés par lui conserveraient la maîtrise du pouvoir politique face au Parlement et tout retour à la IVᵉ ou à la IIIᵉ République serait impossible. Tous les partis – communiste, extrême-gauche non communiste, socialiste, MRP, indépendant – à la seule exception du parti gaulliste (*l'Union pour la Nouvelle République*) se mobilisent contre ce projet. En renversant, d'abord, le gouvernement Pompidou faute de pouvoir mettre directement en cause la responsabilité politique du président de la République, Charles de Gaulle ; et en appelant unanimement à voter *non* au référendum du 28 octobre 1962 pour l'élection du

président de la République au suffrage universel direct.
Pour les tenants du *non* seuls les représentants du peuple,
à l'Assemblée nationale, sont à la fois suffisamment
formés et informés pour pouvoir prendre des décisions
politiques et assez nombreux pour éviter la confiscation
du pouvoir par un homme. « Pour nous, Républicains,
s'écrie le 2 octobre 1962 au Palais Bourbon l'ancien président du Conseil modéré de la IIIe République, Paul
Reynaud, la France est ici et non ailleurs. Depuis 1789 les
représentants du peuple, si décriés aujourd'hui, savent
qu'ils ne sont, pris isolément, que des porte-parole
modestes, précaires, faillibles, vilipendés souvent. Mais
ils savent aussi qu'ensemble, ils sont la Nation, et qu'il
n'y a pas d'expression plus haute de la volonté du peuple
que le vote qu'ils émettent après une délibération
publique. » Pour ces élus il n'est de démocratie que parlementaire et représentative ; les systèmes présidentiels et
toute forme de démocratie directe (comme le référendum)
sont à leurs yeux de nature démagogique et plébiscitaire.
Pour les tenants du *oui*, à commencer par le général de
Gaulle, rien ne peut être plus démocratique, au contraire,
que l'élection par le peuple souverain du président de la
République, « la clé de voûte de notre régime », ou que la
consultation directe du peuple par référendum, sur une
question d'importance pour l'avenir des institutions, du
pays. L'opposition entre les deux points de vue était totale
et le conflit ne pouvait être tranché que par le peuple. En
disant *oui* (par 62,2 % des suffrages exprimés, 46,6 % des
électeurs inscrits), le 28 octobre 1962, à l'élection du
président de la République au suffrage universel direct, les
Français donnaient raison à de Gaulle, confirmaient et
pérennisaient la Ve République et mettaient un point final
à deux décennies de luttes institutionnelles – ouvrant la
voie au ralliement progressif de ses adversaires à la
Constitution de la Ve République.

Les pièces maîtresses de la Constitution de 1958

S'il fallait ramener la Constitution de la Vᵉ République à l'essentiel, on pourrait la résumer en trois dispositions majeures et une demi-douzaine d'articles sur la centaine, ou presque, qu'elle comporte : l'élection du président de la République au suffrage universel direct (*art. 6 et 7**) ; les pouvoirs propres attribués au président de la République (*art. 19**) – notamment la nomination du Premier ministre (*art. 8**), la possibilité de consulter le peuple par référendum (*art. 11**) et le droit de dissoudre l'Assemblée nationale (*art. 12**) ; la difficulté, pour l'Assemblée nationale, d'user de son pouvoir de renverser les gouvernements (*art. 49**) et, plus largement, de contrôler le pouvoir exécutif. Le reste – hormis le scrutin majoritaire pour les élections législatives, qui n'est pas inscrit dans la Constitution mais est sans doute aussi nécessaire à son fonctionnement que ces quelques articles – pourrait être modifié sans mettre en cause la survie des institutions de 1958-62 telles que les a voulues et pratiquées le général de Gaulle.

Dans les Républiques précédentes le peuple souverain ne pouvait s'exprimer qu'à travers ses députés, seuls élus au suffrage universel direct ; le régime d'Assemblée était légitimé par le vote des Français. Depuis qu'en 1962 le président de la République est également élu par le peuple, le pouvoir et la légitimité du Président concurrencent le pouvoir et la légitimité de l'Assemblée nationale. Dans la pratique le pouvoir et la légitimité du Président – sauf en période de *cohabitation* entre un Président d'une tendance et une Assemblée plus récente, de tendance opposée, l'emportent sur ceux de l'Assemblée. Seul le Président, en effet, peut se prévaloir d'être l'élu du peuple tout entier, dans la France entière, et de la moitié au moins des électeurs exprimant un choix. De plus les électeurs s'identifient plus aisément à une personne qu'à une Assemblée.

Le président de la République, dans les Républiques antérieures, ne pouvait rien faire sans l'accord du chef de gouvernement et des ministres compétents, qui étaient,

eux-mêmes, à la discrétion du Parlement. La Constitution
de 1958, au contraire, énumère à l'*article 19* toute une
série de décisions que le Président peut prendre de lui-
même – ses « pouvoirs propres » – sous sa seule signature
(« sans contreseing »). Le Président s'est ainsi vu reconnaître une entière liberté de parole, puisqu'il a désormais
le droit de s'adresser, par voie de message, au Parlement
(*art. 18*) et de parler au peuple (*art. 16*) sans subir la
censure préalable du chef du gouvernement. Il a également acquis d'importants pouvoirs d'arbitrage politique :
la possibilité d'accepter ou de refuser une consultation du
peuple par référendum, à la demande du gouvernement ou
des deux Assemblées parlementaires, sur l'organisation
des pouvoirs publics ou l'approbation de traités et accords
extérieurs (*art. 11*) ; le pouvoir de dissoudre l'Assemblée
nationale (*art. 12*) ; celui de saisir le Conseil constitutionnel – dont il nomme un tiers des membres – sur la
constitutionnalité des lois, des traités et des règlements
des Assemblées (*art. 54, 56, 61*). Il dispose enfin, toujours
en propre, de deux pouvoirs de décision essentiels. Le
pouvoir de nommer le Premier ministre et, sur sa proposition, les ministres (*art. 8*), d'abord. La totalité des
pouvoirs exécutif et législatif ensuite en cas de menace
grave et immédiate contre les institutions de la République, l'indépendance de la Nation, l'intégrité du territoire, l'exécution des engagements internationaux de la
France, et d'interruption du fonctionnement régulier des
pouvoirs publics constitutionnels (*art. 16**). Ces pouvoirs
propres du Président, il est vrai – hormis les pouvoirs tout
à fait exceptionnels de l'article 16 – ne lui permettent pas,
en droit, de gouverner en chef suprême mais plus modes-
tement d'arbitrer les conflits de pouvoir. Le Président
nomme librement le chef du gouvernement et (avec son
accord) les ministres ; mais, selon la Constitution, c'est le
gouvernement qui « détermine et conduit la politique de la
Nation » (*art. 20*), et non pas le Président. Le Président
peut appeler le peuple à trancher un conflit politique, par
référendum ou par des élections législatives anticipées
grâce à la dissolution de l'Assemblée nationale ; mais
c'est le peuple qui tranche, pas le Président. De même, s'il
saisit le Conseil constitutionnel, c'est celui-ci qui juge,

pas le Président. Cependant, sauf en période de cohabitation, le président de la République est bien *en pratique* l'autorité suprême au-dessus de tous les autres pouvoirs. Le Premier ministre est *son* Premier ministre, le gouvernement *son* gouvernement – chargé d'appliquer *son* programme sous sa direction, avec le soutien de *sa* majorité parlementaire à l'Assemblée nationale. Selon l'analyse qu'en faisait le général de Gaulle, le président de la République est « réellement à la tête du pouvoir », il répond « réellement de la France et de la République » – bref « émanent réellement de lui toute décision importante aussi bien que toute autorité ». Il a suffi d'interpréter systématiquement la Constitution de 1958 dans un sens présidentiel pour que cela soit possible. C'est ainsi que le contreseing, quand il est nécessaire, a changé de sens. Sous la IIIe et la IVe République le refus de contresigner un texte était, dans les mains du président du Conseil et du gouvernement un moyen de bloquer et limiter le pouvoir du Président ; depuis 1958 il est devenu à l'inverse, dans les mains du président de la République, la façon de contrôler et, le cas échéant, de bloquer le pouvoir du Premier ministre et des ministres. Le Président, de même, usera de son prestige pour révoquer un ministre ou le Premier ministre, pour prendre l'initiative d'un référendum – des pouvoirs que la Constitution ne lui reconnaît pas – en obtenant des intéressés – ministres, Premier ministre, gouvernement – qu'ils régularisent ses initiatives après coup. La légitimité démocratique du Président, son pouvoir de faire les Premiers ministres et de dissoudre l'Assemblée le placent, en fait, au-dessus de toutes les autres autorités de la République – sauf en période de cohabitation [1].

Dans ce système fortement présidentialisé, le contrôle parlementaire – bien que le gouvernement soit responsable devant l'Assemblée nationale – se trouve limité. Pour renverser le gouvernement il faut que la majorité absolue (la moitié plus un) des députés lui refusent la confiance, le censurent. Seuls les votes hostiles au gouver-

---

1. Sur la cohabitaiton, cf. ci-après, chapitre 9.

nement sont recensés – autrement dit les abstentions et les votes favorables au gouvernement ne sont pas différenciés, seuls sont décomptés les votes de censure. Les choses, dès lors, sont claires : ou bien la moitié des députés prend ouvertement le risque de renverser le gouvernement et celui-ci doit présenter sa démission au président de la République ; ou bien les votes de censure sont inférieurs à la majorité absolue des députés, et le gouvernement reste en place, le projet de loi sur lequel il a engagé son existence, s'il s'agit d'une question de confiance, étant par ailleurs adopté. Il n'y a plus de situation intermédiaire permettant, comme sous la IVe République, de refuser à la majorité simple le projet de loi d'un gouvernement sans le renverser constitutionnellement faute d'une majorité absolue de votes de défiance.

La combinaison de l'*art. 49* – qui fait tout pour rendre difficile la mise en œuvre du pouvoir parlementaire de renversement des gouvernements – avec l'*art. 12* – qui donne au Président, sans condition, le pouvoir de dissoudre l'Assemblée – a suffi pour mettre fin à l'instabilité gouvernementale chronique des Républiques précédentes. Les députés ont non seulement davantage de difficultés à renverser un gouvernement, ils savent, de surcroît, qu'au cas où ils y parviendraient ils auraient toutes chances d'être immédiatement renvoyés par le président de la République devant leurs électeurs, comme en octobre 1962. Depuis 1958, de ce fait, un seul gouvernement a été renversé par l'Assemblée nationale – celui de Georges Pompidou le 5 octobre 1962. La durée de vie moyenne des gouvernements est passée de six mois, sous la IVe République, à trois ans et trois mois sous la Ve. Et les changements de Premier ministre ont cessé d'être provoqués par les députés pour dépendre désormais du président de la République, ou des électeurs à la faveur d'un changement de majorité lors des élections législatives ou présidentielles.

Conformément aux objectifs du général de Gaulle la Constitution de 1958 a bien donné « une tête à l'État », dans la personne du président de la République, et assuré la légitimité et la durée du pouvoir gouvernemental, sous l'autorité du Président. Tout en demeurant dans le cadre d'un *régime parlementaire**, la Vᵉ République s'est affirmée comme un *régime semi-présidentiel**, capable de neutraliser, par un ensemble de contraintes institution- nelles, les tendances à l'instabilité des gouvernements et à l'impuissance du pouvoir liées aux divisions des Français et à la fragmentation de leurs partis.

Le fait majoritaire

Pour de Gaulle l'importance du mode de scrutin – qu'il ne nie pas – reste tout à fait secondaire par rapport à celle du régime. Il n'existe pas de mode de scrutin parfait ou idéal, le choix que l'on en fait est affaire de circonstances. C'est pourquoi il optera pour la *représentation propor- tionnelle** en 1945, pour le *scrutin majoritaire unino- minal à deux tours** en 1958. Et refusera d'inscrire dans la Constitution de 1958 le mode d'élection de l'Assem- blée nationale. Il est clair, aujourd'hui, que le général de Gaulle sous-estimait grandement les effets politiques des lois électorales et que le mode de scrutin législatif auquel il s'était finalement rallié, le scrutin uninominal majori- taire à deux tours (SUMADT), s'est avéré, pour diverses raisons, l'un des fondements les plus solides de la Vᵉ République. La loi électorale, au même titre que la distribution des pouvoirs par la Constitution, peut créer un ensemble de contraintes qui atténue, voire neutralise, les tendances naturelles des Français et de leurs partis à la division. Elle peut même « fabriquer » une majorité parle- mentaire, comme l'ont découvert, en novembre 1962, les Français.

En novembre 1962 lors des élections législatives provo- quées par la dissolution présidentielle de l'Assemblée nationale et dans la foulée du référendum du 28 octobre sur l'élection du président de la République au suffrage universel, le parti gaulliste obtient, avec l'appoint du petit groupe d'élus giscardiens, une majorité absolue des sièges à l'Assemblée nationale. Toutes les élections législatives désormais – à la seule exception de celles de 1988 –

permettront de dégager une majorité parlementaire pour
gouverner. C'est la fin des gouvernements de minorité,
des gouvernements fondés sur des coalitions instables,
grâce au « fait majoritaire » que nul n'avait prévu, car on
le croyait impossible dans le système de multipartisme de
la France. C'est un changement fondamental qui donne au
président de la République (ou au Premier ministre en cas
de cohabitation) une majorité durable de soutien à sa politique au Parlement. Le système politique de la Ve République allie ainsi les avantages du système présidentiel
américain (un Président légitime et fort à la tête de
l'exécutif) et du système parlementaire britannique (une
majorité parlementaire fidèle qui soutient le gouvernement
et son chef). L'explication de cette mutation parlementaire
se trouve, pour l'essentiel, dans le mode de scrutin que la
Ve République a emprunté à la IIIe, et qu'elle a peu à peu
durci dans ses modalités et ses effets.

La majorité parlementaire de novembre 1962, en effet,
est une majorité « fabriquée » par le mode de scrutin – au
sens que le politologue américain D.W. Rae donne à ce
terme : obtenir 50 %, ou plus, des sièges dans une Assemblée avec *moins* de 50 % des suffrages exprimés. Calcu-
lant à partir d'un grand nombre de cas la prime en sièges
dont bénéficie le parti le plus fort en suffrages (par une
simple soustraction : pourcentage de sièges obtenus
moins pourcentage de suffrages exprimés reçus lors de
l'élection), Rae démontre que cette prime est en moyenne
de + 8,12 points avec le scrutin majoritaire, contre 1,24
point seulement avec la représentation proportionnelle au
plus fort reste, + 1,78 point avec la représentation proportionnelle à la plus forte moyenne. Autrement dit, avec un
mode de scrutin majoritaire comme celui de la Ve République, il suffit – en moyenne – d'obtenir 42 % des
suffrages pour emporter plus de 50 % des sièges grâce à la
prime majoritaire de 8 points. En réalité, au *tour décisif**,
la prime dont a bénéficié depuis 1962 en France le parti de
tête (ou la coalition de partis en tête des résultats) a été de
+ 10,5 en 1962 ; + 6,3 en 1967 ; + 22,6 en 1968 ; + 7,6 en
1973 ; + 7,6 en 1978 ; + 11,5 en 1981 ; + 3,8 en 1988 et
+ 26,4 en 1993. Un coup de pouce important du mode de
scrutin, qui a même été décisif, dans 6 cas sur 9, dans la

mesure où il était nécessaire pour la fabrication d'une majorité parlementaire : en 1962, 1967 et 1973 ainsi qu'en mars 1986 (avec la RP) pour la droite gaulliste et giscardienne ; en 1981 et 1988 (il s'agissait en 1988 d'une « quasi »-majorité de 48 % des sièges) pour le Parti socialiste et ses alliés de centre-gauche. Les seules élections législatives de la Ve République où le scrutin majoritaire n'a fait que grossir, sans la fabriquer, une majorité parlementaire sont celles de 1968, 1978 et 1993, toutes trois gagnées par la droite. En 1993, par exemple, l'alliance RPR-UDF (sous l'étiquette commune d'Union pour la France) avait, au tour décisif, une nette majorité de voix – 57,6 % des suffrages exprimés ; le scrutin majoritaire n'a fait qu'amplifier cette large victoire en lui attribuant 84 % des sièges. La gauche unie, communistes inclus, avait également une nette majorité absolue en voix en 1981 au tour décisif (55,5 %) ; mais pas le Parti socialiste qui n'aurait pas pu s'appuyer sur une majorité de 58 % des sièges à lui seul quand le Parti communiste a rompu l'union en 1984, sans la prime majoritaire dont il avait bénéficié trois ans plus tôt.

Le scrutin majoritaire prend naturellement aux petits partis ce qu'il donne aux grands. Aux premiers partis le *bonus* en sièges, aux derniers partis, les plus faibles en voix, le *malus*. Comme il se trouve que sous la Ve République les petits partis sont les partis de l'extrême-gauche et de l'extrême-droite, le scrutin majoritaire a pour effet de limiter, en amputant leur représentation en sièges, la force parlementaire, donc la crédibilité politique des partis extrêmes – Parti communiste et Front national – au profit des partis de gouvernement – Parti socialiste à gauche ou RPR-UDF à droite. Il renforce ainsi doublement le système politique, en assurant une majorité parlementaire à l'un des grands partis à vocation gouvernementale, de gauche ou de droite alternativement, et en affaiblissant les partis extrémistes. Le Front national, aux élections législatives de 1986, à la proportionnelle, avait obtenu 35 sièges pour 9,9 % des suffrages exprimés au premier tour ; au scrutin majoritaire, en 1988 il n'en a eu qu'une seul pour le même score en voix, 9,9 % des exprimés ; et en 1993, toujours au scrutin majoritaire, il n'a enlevé aucun siège

malgré un pourcentage de voix très supérieur : 12,6 % des
exprimés. Le scrutin majoritaire contraint les partis, s'ils
veulent être bien représentés au Parlement, à se trouver
des alliés au premier tour si possible, au second tour en
tout cas. Les partis extrêmes, faute de trouver facilement
des alliés, sont naturellement pénalisés par lui.

On pourrait pousser plus loin l'analyse des effets du
scrutin majoritaire et, plus particulièrement, de sa version
française, le SUMADT. Il suffira de souligner deux caractéristiques essentielles de la Ve République de ce point de
vue. Le fait, d'abord, que de tous les modes de scrutin elle
ait choisi, pour l'élection de ses députés, le plus contraignant – ou presque – pour les partis et leurs dirigeants : un
scrutin majoritaire – qui désavantage les partis faibles et
sans alliés, plutôt que proportionnel ; un scrutin, de
surcroît, uninominal (un seul siège à pourvoir par circonscription), qui maximise le *bonus* en sièges des grands
partis, plutôt qu'un scrutin de liste ; un scrutin à deux
tours, enfin, avec seuils de qualification de plus en plus
élevés pour figurer au second tour (5 % des suffrages
exprimés en 1958 ; 10 % des inscrits en 1966 ; 12,5 % des
inscrits depuis 1975), qui élimine du second tour la plupart
des candidats des petits partis. Le SUMADT est, après le
scrutin majoritaire uninominal à un seul tour pratiqué en
Angleterre, le mode de scrutin le plus contraignant de
tous. La deuxième caractéristique de la Ve République est
qu'elle a été de surcroît fondée sur une accumulation
cohérente de contraintes majoritaires. L'élection présidentielle, comme les élections législatives, se fait au scrutin
uninominal majoritaire à deux tours ; deux candidats
seulement peuvent figurer au second tour – les candidats
arrivés en premier et en second rang au premier tour, sauf
le cas improbable où l'un d'eux se retirerait au profit du
troisième. Le référendum, remis à l'honneur par le général
de Gaulle, oblige aussi à un choix binaire entre *oui* et *non*.
Parmi les élections locales, les cantonales (élection des
assemblées départementales) se font également au
SUMADT et les élections municipales avaient été mises à
l'heure du scrutin majoritaire jusqu'à ce que la gauche, en
1983, y introduise une dose de proportionnalité pour
assurer la représentation des minorités sans abandonner la

prime accordée à la tendance majoritaire. Il aura fallu l'institution, par Valéry Giscard d'Estaing en 1979, de l'élection européenne à la représentation proportionnelle nationale, et celle des élections régionales, par François Mitterrand en 1986, à la représentation proportionnelle départementale, pour que ce concert majoritaire soit troublé par quelques fausses notes. Sans parler du retour à la proportionnelle opéré par les socialistes pour les élections législatives de 1986, aussitôt effacé par la majorité parlementaire de droite qu'il n'avait pu empêcher. La tendance actuelle – après les assemblées régionales sans majorité sorties des élections à la proportionnelle de 1992 et l'Assemblée nationale à majorité écrasante issue des élections au SUMADT de 1993 – est au maintien du scrutin majoritaire corrigé par une certaine dose de proportionnelle pour assurer la représentation des petits partis sans leur donner la possibilité d'arbitrer entre les grands ou d'empêcher ceux-ci de gouverner. Tout est dans le dosage. Un peu trop de proportionnelle et le système Vᵉ République pourrait bien changer de nature sans que la Constitution de 1958 ait besoin d'être modifiée.

Réviser la Constitution de 1958 ?

La légitimité d'une Constitution se mesure aux soutiens qu'elle suscite, dans le peuple et les élites politiques, ainsi qu'à la faiblesse des mouvements « révisionnistes » qu'elle provoque. À cet égard la différence est grande entre une IVᵉ République, mal acceptée dès le départ et de plus en plus contestée à l'usage, et la Vᵉ République, plébiscitée au départ et de plus en plus consensuelle avec le temps. Rejetée par 52,8 % de *non*, au référendum du 5 mai 1946, dans sa première mouture, la Constitution de la IVᵉ République avait été adoptée par lassitude – au référendum du 13 octobre 1946 – avec 53,2 % de *oui* exprimés mais 33,6 % d'abstentions, votes blancs ou nuls dans l'ensemble de l'électorat. Ce qui avait permis au général de Gaulle, son principal adversaire, de constater :

« Neuf millions [d'électeurs] environ ont accepté cette Constitution, huit millions l'ont refusée, neuf millions l'ont ignorée. Elle n'est donc pas, à beaucoup près, ratifiée par la raison ni par le sentiment du peuple français. » Et de se lancer dans son long combat pour une révision de ces institutions. La Constitution de la Ve République, au contraire, a été largement ratifiée par le peuple français, lors du référendum du 28 septembre 1958 – 79,3 % de *oui*, 20,7 % de *non* exprimés ; 16,2 % seulement d'abstentions, votes blancs et nuls dans l'électorat tout entier. Et contestée par les seuls communistes plus une poignée de personnalités politiques de gauche – dont François Mitterrand et Pierre Mendès France. Le soutien aux institutions nouvelles, très fort dans l'électorat, était cependant davantage forcé que sincère dans les élites politiques issues de la IVe République comme l'a montré leur attitude dans la bataille constitutionnelle d'octobre-novembre 1962 sur l'élection du président de la République au suffrage universel. Pour que ces élites se rallient finalement aux institutions, il ne faudra pas moins que l'expression de la volonté du peuple, lors du référendum du 28 octobre 1962, confirmée dans les élections législatives de novembre 1962 ; la retraite politique forcée du général de Gaulle, en avril 1969, et l'élection populaire, pour lui succéder, d'un défenseur des institutions de la Ve république, Georges Pompidou, plutôt qu'Alain Poher ; et l'alternance droite-gauche, le 10 mai 1981 avec l'élection de François Mitterrand à la présidence de la République, suivie en juin d'une vague « rose » d'élus socialistes à l'Assemblée nationale. Avec le départ du général de Gaulle les institutions nouvelles avaient été, aux yeux de leurs adversaires les plus sourcilleux, lavées de leur péché originel – avoir été imposées en 1958 à la faveur d'un « coup d'État » en Algérie sans lequel le général de Gaulle n'aurait pu revenir au pouvoir. Avec l'alternance de mai-juin 1981, surtout, la gauche découvrait que ces institutions faites par le général de Gaule et, pensait-elle jusque-là, pour le seul bénéfice du général de Gaulle, la servaient à son tour en lui assurant, pour la première fois de son histoire, la légitimité et la durée au pouvoir.

Les Français ont donc contraint leurs dirigeants politiques – en 1962 lors du référendum d'octobre, en 1969 lors de l'élection du successeur du général de Gaulle à la Présidence – à maintenir les institutions de la Ve République. Ils y demeurent très attachés, malgré la crise économique et sociale qui tend à dévaluer l'action des hommes politiques pour cause d'inefficacité. Selon la SOFRES, en novembre 1991, 61 % des Français estiment que les institutions, depuis près de trente-cinq ans, ont bien fonctionné, contre 32 % qui disent qu'elles ont mal fonctionné. Les pièces maîtresses de la Constitution de la Ve République sont massivement approuvées : 89 % des Français, contre 7 %, se déclarent favorables à l'élection du président de la République au suffrage universel ; 91 %, contre 6 %, à la possibilité de recourir au référendum ; 69 %, contre 24 %, à la possibilité pour le président de la République de nommer le Premier ministre de son choix ; 59 %, contre 30 %, au droit pour le président de la République de dissoudre l'Assemblée nationale. Et 67 %, contre 23 %, s'opposent à l'évolution du régime vers un véritable régime présidentiel (suppression du poste de Premier ministre, le président de la République gouvernant lui-même, et accroissement des pouvoirs du Parlement). Il n'est que l'*article 49.3* qui soit contesté, dans la mesure où il permet l'adoption sans vote d'une loi si aucune motion de censure ne vient s'y opposer (*Le Monde,* 19 novembre 1992).

Cette forte légitimité de la Constitution de la Ve République n'a pas empêché François Mitterrand, après dix années au pouvoir, de mettre à l'ordre du jour une révision constitutionnelle approfondie : le 10 novembre 1991 par une déclaration d'intentions assez générale ; le 30 novembre 1992 par une série de propositions de révision qu'il soumettait à un Comité consultatif (présidé par Georges Vedel) nommé, en Conseil des ministres, dès le 2 décembre suivant ; et le 10 mars 1993 – onze jours avant la défaite annoncée des socialistes aux élections législatives – par un projet de loi portant révision de la Constitution, élaboré au vu des conclusions du Comité Vedel et confié au bon vouloir de la nouvelle majorité parlementaire RPR-UDF. Le nouveau Premier ministre, Édouard Balladur, estimant sans doute qu'après avoir tiré

profit des institutions douze ans durant, le Président avait
découvert un peu tard la nécessité de les revoir, a jugé
qu'il n'était ni urgent, ni nécessaire et peu opportun d'y
toucher. Il s'est contenté de retouches limitées – pour
assurer l'indépendance de la justice, le 19 juillet 1993, ou,
à la suite d'une décision contraire du Conseil constitutionnel, pour limiter le recours au droit d'asile dans le
cadre européen, le 19 novembre 1993.

Le débat sur la révision de la Constitution, limité aux
élites politiques et aux experts, porte essentiellement sur
trois points. Faut-il raccourcir le mandat présidentiel – en
diminuant sa durée ou en le rendant non renouvelable –,
septennat non renouvelable ou double quinquennat ?
L'usure et l'impopularité de François Mitterrand, après
plus de dix années de présidence – comme du général de
Gaulle avant lui en 1968 –, poussent dans la voie d'une
révision de la Constitution en ce sens. Faut-il rééquilibrer
le partage des pouvoirs entre exécutif et législatif, en
faveur de l'Assemblée nationale ? En instituant, notamment, comme le propose le Comité Vedel, une double
investiture présidentielle et parlementaire du Premier
ministre – qui serait contraint d'engager la responsabilité
de son gouvernement devant l'Assemblée nationale dans
les quinze jours suivant sa nomination, au risque d'être
renversé à la majorité simple (*art. 49.1*) ; ou en limitant
l'utilisation de l'*art. 49.3*, qui permet au Premier ministre
d'imposer l'approbation d'un de ses projets de loi si
l'Assemblée n'est pas prête à aller jusqu'au renversement
du gouvernement. L'idée d'un rééquilibrage des pouvoirs
en faveur du Parlement, périodiquement défendue par les
parlementaires, l'opposition ou une majorité en fin de
course, repose sur le sentiment, justifié, que le balancier
est peut-être allé trop loin du côté de l'exécutif depuis
1958. Les contraintes constitutionnelles nouvelles, en
effet, avaient été élaborées pour brider un Parlement
atomisé, sans majorité politique durable. L'élection présidentielle, le scrutin majoritaire, les alliances entre partis et
la discipline partisane des députés ont engendré, de façon
totalement imprévue, le « fait majoritaire » qui assure
suffisamment l'autorité du pouvoir gouvernemental pour
justifier, selon certains, un desserrement des contraintes

limitant le pouvoir du Parlement. Le problème est de savoir si l'effacement du Parlement en France, contrairement à l'Angleterre, par exemple – où les contraintes institutionnelles et majoritaires sont aussi fortes –, n'est pas une question de mœurs politiques, de pratiques qui poussent les hommes politiques français à ignorer le forum parlementaire, plutôt que de règles institutionnelles. Faut-il, enfin, accroître le pouvoir du peuple, que la Ve République a déjà considérablement élargi en multipliant les types de consultations électorales – au niveau national par l'ajout du référendum (dès 1958), de l'élection présidentielle (1965) et des élections européennes (1979), au niveau local par celui des élections régionales (1986) ? On débat, à ce propos, de l'élargissement du champ référendaire aux projets portant sur les garanties fondamentales des libertés publiques, voire de la création d'un référendum d'initiative minoritaire (le Comité Vedel propose l'initiative première d'un cinquième des membres du Parlement, soutenue, après déclaration de conformité par le Conseil constitutionnel, par une pétition signée par un dixième des électeurs inscrits) ; on envisage également la possibilité, pour tout justiciable, de saisir le Conseil constitutionnel de l'application qui leur est faite d'une loi qu'il juge contraire à ses droits constitutionnels fondamentaux, ce recours étant filtré par le Conseil d'État, la Cour de Cassation ou une autre juridiction selon les cas. Sur la question de la loi électorale pour les élections législatives, le Comité Vedel a proposé une solution de compromis qui, partant du système majoritaire en vigueur, le corrigerait par une dose de proportionnalité afin de « donner une représentation à des opinions et à des forces politiques dont l'existence et l'importance ne sont pas niables », étant entendu qu'il n'est pas question de « priver le parti ou la coalition majoritaire des avantages que lui assure le scrutin ». Les neuf dixièmes des sièges seraient pourvus au scrutin uninominal majoritaire à deux tours, le dixième restant l'étant à la proportionnelle.

Quel que soit l'avenir de ces propositions de révision constitutionnelle, ou de cette réforme électorale, une chose est certaine : elles ne remettent plus fondamentalement en cause la Ve République.

CHAPITRE 2

GAUCHE–DROITE ET SYSTÈMES DE PARTIS :
LA FORCE DES HABITUDES

Le multipartisme – caractéristique essentielle de la vie politique française – n'a nullement disparu avec l'instauration, en 1958, de la Vᵉ République. Il avait justifié, aux yeux du général de Gaulle, une révolution institutionnelle pour éliminer ses effets pervers – instabilité gouvernementale, manque de légitimité et d'autorité du pouvoir exécutif, paralysie et impuissance des hommes politiques et des mécanismes de décision dans l'État. Il justifie aujourd'hui le maintien de contraintes constitutionnelles et électorales fortes pour obliger les multiples partis qui continuent à compter dans la vie politique française à se dépasser eux-mêmes en s'alliant à d'autres, au pouvoir ou dans l'opposition. Grâce à quoi le *système des partis** français, tout en demeurant de type multipartite, a changé de nature et fonctionne autrement que sous les Républiques antérieures.

Un multipartisme tempéré
par les contraintes institutionnelles

Si l'on s'en tient à la typologie des systèmes de partis selon Maurice Duverger – typologie classique mais relativement grossière distinguant parti unique, bipartisme et multipartisme – la France, depuis 1958, avec quatre à six partis qui comptent selon les périodes, vit toujours à l'heure du multipartisme. À peine peut-on avancer que ces partis – pour les trois principaux d'entre eux (PS, RPR, UDF) – sont électoralement plus forts que les partis de la IVe République.

Dans une typologie plus fine, Jean Blondel distingue au sein du multipartisme : le multipartisme « parfait », dans lequel aucun parti ne s'impose faute d'un soutien électoral suffisant (les deux premiers partis, en suffrages exprimés, totalisent moins de la moitié des voix lors des élections) ; et le multipartisme « imparfait », ou « à parti dominant », dans lequel un parti émerge (avec 35-40 % des suffrages exprimés) au point de dominer tous les autres (le deuxième parti recueillant en gros moitié moins de voix que lui, ce qui porte le total des voix mobilisées par les deux premiers partis à 55-60 % des suffrages exprimés). Selon cette grille d'analyse affinée, la Ve République est passée du multipartisme « parfait », que l'on pourrait aussi bien appeler « sauvage », de la IVe République, toujours présent en novembre 1958, à un multipartisme à parti dominant : l'alliance gaulliste de 1962 à 1973 sous de Gaulle et Pompidou, le Parti socialiste (*PS**) sous François Mitterrand en 1981-86 et 1988-93, l'*UPF** (RPR-UDF) depuis 1993. Avec des périodes intermédiaires de bipolarisation gauche-droite, sorte de substitut à un impossible bipartisme : 1978-81 sous Giscard, 1986-88 sous Mitterrand lors de la première cohabitation. La France a ainsi connu, grâce à ces systèmes de partis bâtards que sont le multipartisme imparfait à parti dominant ou la bipolarisation gauche-droite, des effets politiques stabilisateurs et performants comparables à ceux du bipartisme à l'anglaise, toujours hors de sa portée.

Si l'on enrichit encore cette grille d'analyse en prenant en considération avec Giovanni Sartori l'intensité idéologique des partis, donc leur distance idéologique ou le degré de polarisation idéologique de l'ensemble, le système de partis français aurait évolué d'un multipartisme polarisé sous la IVe République (du fait de deux grands partis extrêmes, le *PCF** et le *RPF** gaulliste) à un multipartisme modéré, sans véritable parti extrémiste de 1962 à 1984 du moins – jusqu'au durcissement du Parti communiste et à l'émergence du Front national (*FN**). Le multipartisme de la Ve République, moins fortement pola-

1. SCHÉMA SIMPLIFIÉ DE LA FILIATION DES PRINCIPAUX PARTIS FRANÇAIS ACTUELS

risé et mieux structuré – par la bipolarisation gauche-droite et par l'existence à certains moments d'un parti ou d'une alliance de partis dominants – n'est donc plus ce qu'était le multipartisme éclaté de la IVᵉ République.

Cela dit le système de partis français, depuis 1958, est loin d'être stabilisé. Comme si les contraintes institutionnelles, si fortes soient-elles, ne pouvaient suffire à canaliser l'expression politique de forces culturelles et sociales anciennes et conflictuelles, il balance sans cesse entre réduction et augmentation du nombre des partis, entre sectarisme et modération idéologique des partis dans le système.

Balancement, d'abord, entre défractionnement et refractionnement du système, en termes de nombre et de force électorale relative des partis. La tendance est initialement au défractionnement jusqu'en 1981. Lors des dernières élections législatives de la IVᵉ République, en janvier 1956, la France comptait six partis jouant un certain rôle dont un seul, le Parti communiste avec 25,6 % des suffrages exprimés, pouvait être considéré comme un « grand » parti, les cinq autres attirant 15 % des suffrages (*SFIO* *, *CNI* *, *parti radical* *) ou encore moins (*mouvement poujadiste* * à 12,5 %, *MRP* * à 11 %). Aux élections législatives de juin 1981, on peut dénombrer quatre partis d'un certain poids, dont trois « grands », le PS (38,4 % avec le *MRG* *), le *RPR* * (20,8 %) et l'*UDF* * (20,4 %) – plus le PC, ex-grand devenu moyen (à 16,1 % des suffrages exprimés). C'est la « bande des quatre », enviée et dénoncée par tous les groupuscules politiques et qui a connu son expression la plus équilibrée – joliment qualifiée par Maurice Duverger de « quadrille bipolaire » – lors des élections législatives précédentes de mars 1978 : PS à 24,9 %, PC à 20,6 % à gauche ; RPR à 22,5 %, UDF à 19,6 % à droite.

Après 1981 cependant, la tendance est à nouveau au refractionnement du système de partis, avec la percée du Front national en 1984 et l'émergence des *Verts* * en 1989, à l'occasion des élections européennes. Déjà, aux élections législatives de 1988, le système n'est plus à quatre partis (trois grands plus un moyen) comme en 1981, mais à cinq (trois grands – le PS à 37,7 %, le RPR à

19,2 % et l'UDF à 18,5 % ; deux moyens : le PC à 11,1 %
et le FN à 9,7 %). Aux législatives de mars 1993, avec la
percée de l'Entente écologique entre Verts et *Génération
Écologie* *, on en revient à un système à six partis : RPR
(20,2 % des exprimés), UDF (19,3 %), PS (18,7 %) au
niveau des « grands » ; FN (12,4 %), PC (9,1 %) et Entente Écologiste (7,8 %) au niveau des partis « moyens ».
Un multipartisme à six partis, comme sous la IVe République, avec la différence essentielle, il est vrai, de la
supériorité toujours marquée en 1993, des trois partis à
vocation gouvernementale (58,2 % des suffrages exprimés
au total ; 62,6 % avec les « divers droite ») sur les trois
partis contestataires.

Le système de partis français, depuis 1958, balance
également entre dépolarisation et repolarisation. Sous la
IVe République le régime et la société étaient contestés
par le Parti communiste – premier parti d'alors avec 25 à
28 % des suffrages exprimés ; le régime, mais pas la
société, était combattu par le parti gaulliste (deuxième
parti, en 1951, avec 22,3 % des suffrages exprimés aux
législatives, après avoir obtenu jusqu'à 40 % aux municipales d'octobre 1947 et 31 % aux élections cantonales de
1949) ; la société et le régime étaient honnis par le parti
poujadiste, à l'extrême-droite, en 1956 (12,5 %). C'est
dire le degré de polarisation idéologique créé par le
nombre – deux à trois – et la force électorale – jusqu'à
près de la moitié des suffrages en 1951 – des partis
extrêmes dans le système de partis. La première période
de la Ve République, jusqu'en 1984, est marquée par une
nette dépolarisation : à partir de 1958, dès lors qu'il
a réalisé le changement de régime qu'il voulait, le
parti gaulliste cesse bien évidemment d'être un parti
« anti-système » pour devenir, au contraire, un parti
« constituant » ou, si l'on préfère, le rempart des institutions nouvelles. Et de 1962 à 1984, en s'intégrant bon gré
mal gré à l'union de la gauche, le Parti communiste
gomme sa différence radicale avec les partis voisins. La
rupture de l'union de la gauche, en 1984, au moment où
de surcroît, reparaît l'extrême-droite sous la forme du
Front national, inverse la tendance, repolarise le système
de partis aux extrêmes, sans parler du potentiel contesta-

taire que représente l'apparition des Verts en 1988. Il reste que les partis extrêmes ne représentent plus au milieu des années 90 près de la moitié de l'électorat, comme sous la IVe République en 1951, mais un tiers au plus.

Divisions et alliances

Effectivement multiples, potentiellement plus nombreux qu'ils ne peuvent l'être avec les contraintes que leur impose la Ve République, les partis français sont, dans l'ensemble, non seulement faibles mais souvent évanescents. Ils ont du mal à durer sur le créneau qu'ils ont eux-mêmes choisi d'occuper. Ils ont même, parfois, du mal à exister, à avoir une certaine visibilité.

D'après un sondage inédit d'IFRES, en février 1983, 38 % seulement des électeurs peuvent citer spontanément le nom ou le sigle de six partis français ; la proportion monte à 62 % des électeurs pour cinq partis, 80 % pour quatre, 90 % et plus pour trois partis ou moins. La visibilité du PS, du PC et du RPR est très grande (8 à 9 électeurs sur 10 les citent spontanément). Celle de l'UDF (citée par 66 % des électeurs), et du FN (cité par 62 %) est sensiblement moindre. Les autres partis – les Verts, qui n'ont pas encore fait, il est vrai, leur percée, et les principales composantes partisanes de l'UDF (*PR** et *CDS**) ou encore le *MRG**, les petites formations d'extrême-gauche (*LO** : Lutte ouvrière ; *LCR** : Ligue communiste révolutionnaire) – n'existent pas, selon ce critère, pour huit ou neuf Français de dix-huit ans et plus sur dix. (Sondage IFRES, 9-11 février 1989, échantillon national représentatif de 996 électeurs).

Il faut dire que la plupart des partis français, contrairement à leurs équivalents américains, britanniques, voire allemands, n'ont pas la qualité première qui permet aux organisations d'acquérir une certaine visibilité : l'ancienneté. Presque tous les partis actuels ne datent, dans leur forme actuelle, que des années 1970 : le Parti socialiste (1971), le Front national (1972), le MRG (1973), le RPR

(1976), le CDS (1976), le PR (1977), l'UDF (1978) – sans parler des Verts (1984) et de Génération Écologie (1990) encore plus récents. Seuls le Parti communiste (1920) et le Parti radical (1901) sont antérieurs à la Ve République et à la retraite politique du général de Gaulle en 1969 (*voir graphique 1*). Des grands partis de la IIIe République il ne reste donc plus que l'ombre du Parti radical et un Parti communiste en plein déclin à son tour. Et le Mouvement républicain populaire, qui fut la révélation politique de la Libération et des débuts de la IVe République, a disparu.

Les frontières entre partis manquent aujourd'hui de netteté, ce qui ne facilite pas non plus la perception de leur réalité dans sa spécificité. Faut-il distinguer le Parti socialiste et le Mouvement radical de gauche ? Leur alliance de premier tour pour la plupart des consultations électorales et l'incapacité du MRG – chaque fois qu'il l'avait tenté – de réunir sur ses seuls candidats un nombre de suffrages lui assurant une véritable autonomie politique (2,2 % de suffrages exprimés pour Michel Crépeau aux présidentielles de 1981, par exemple) faisaient du MRG un parti satellite dont la fonction essentielle consistait à assurer à ses présidents un strapontin ministériel quand la gauche socialiste était au pouvoir. Jusqu'à sa reprise par Bernard Tapie, le PS lui apporte plus qu'il ne peut lui donner. Faut-il prendre en compte les diverses composantes partisanes de l'Union pour la démocratie française – Parti républicain, Centre des démocrates sociaux, Parti radical, Parti social-démocrate (*PSD**) ? Si l'on veut comprendre l'UDF de l'intérieur, sans doute. Ces composantes éclairent le fonctionnement et la vie interne de l'UDF, comme les courants expliquent le fonctionnement du PS. Mais comme force électorale, parlementaire et gouvernementale, seule l'UDF émerge et compte. Ses composantes ont essayé à maintes reprises, depuis sa création en 1978, de recouvrer leur autonomie – en 1981, en 1988, en 1989 –, elles n'y sont pas parvenu, pour les mêmes raisons que le MRG vis-à-vis du PS : elles sont trop faibles pour exister par elles-mêmes dans le contexte contraignant de la Ve République.

Allons plus loin : faut-il considérer l'Union pour la démocratie française et le Rassemblement pour la République comme un tout, ou comme deux entités partisanes différentes comme on le fait généralement ? La réponse est moins évidente que dans les deux cas précédents. Le RPR et l'UDF, qui peuvent chacun recueillir, sur leurs seuls candidats, un minimum de 20 % des suffrages exprimés, disposent d'une visibilité politique et d'une autonomie électorale que n'ont pas le MRG, le PR, le CDS et autres petites formations évoquées précédemment. Il reste que depuis 1962, pour les gaullistes et les giscardiens, depuis 1969 ou 1974 pour les centristes qui les ont ralliés, cette alliance qu'on appelle aujourd'hui UPF (Union pour la France) est solidaire au pouvoir comme dans l'opposition ; qu'elle a présenté des candidats d'union dès le premier tour des législatives dans 72 % des circonscriptions, en moyenne, depuis 1978 (88 % en 1993), qu'elle a élaboré, pour chaque consultation législative une plate-forme de gouvernement commune ; qu'elle a soutenu, dans les scrutins de confiance ou de censure à l'Assemblée nationale les gouvernements qu'elle avait formés en commun (de 1962 à 1981, de 1986 à 1988, depuis 1993). Bref, l'UPF se conduit sur l'essentiel comme un ensemble politique solidaire et doit être traitée comme un tout électoral, même s'il lui manque toujours, pour être véritablement intégrée, une capacité de régulation des ambitions présidentielles en son sein qui soit égale à sa faculté de régulation des ambitions législatives. Et même si les appareils gaullistes et giscardiens ne manifestent pas une volonté réelle de fusionner ou, au moins, d'accepter d'être effectivement coiffés par des instances communes supra-partisanes. La réalité de l'ensemble UPF est confirmée par l'absence d'électorat propre au parti gaulliste, sociologiquement et géographiquement distinct de l'électorat giscardien, même lors des élections présidentielles de 1974, 1981 et 1988 où les champions gaullistes et giscardiens se sont affrontés au premier tour. Ces deux sous-ensembles électoraux, au-delà de quelques nuances, n'en font en réalité qu'un, comme le montre la sociologie des électorats chiraquien et barriste en 1988. Meilleur que Raymond Barre chez les agriculteurs, les commerçants et artisans, les inactifs ; moins bon chez les cadres supérieurs et professions libérales ; plus mauvais

encore que lui chez les employés et les ouvriers – Jacques
Chirac, c'est vrai, attirait alors un électorat socialement
plus conservateur que Raymond Barre. Mais ces deux
présidentiables avaient les mêmes points d'ancrage
sociaux (inactifs, agriculteurs, cadres) et les mêmes points
faibles (employés et, surtout, ouvriers). Ce qui explique le
yo-yo des intentions de vote, au fil des sondages, entre les
deux hommes. Il n'y a finalement qu'un seul ensemble
électoral UPF, différent de l'électorat d'extrême-droite
d'un côté, de l'électorat socialiste de l'autre (celui-ci étant
lui-même nettement différencié des électorats communiste
ou écologiste que ne le sont, entre eux, le RPR et l'UDF).

Si l'on accepte la réalité politique et électorale de
l'ensemble UPF, au-delà de ses composantes RPR et
UDF, le système de partis français se simplifie beaucoup,
bien entendu. En 1993 il est ainsi fait d'un parti dominant
– l'UPF avec 39,5 % des suffrages exprimés (sans
compter les divers droite) – face à un PS réduit, avec ses
satellites, à 18,7 % des voix et aux trois partis contestataires que sont le FN (12,4 %), l'écologie (de 7,8 à 10,7 %
selon qu'on y inclue les « divers » écologistes), le PC
enfin (9,1 %). Surtout l'UPF, ou ses équivalents antérieurs, représente un potentiel électoral plus important que
celui du PS. Ses meilleurs scores législatifs – 36,5 % des
électeurs inscrits en 1968, 34,4 % en 1978 – sont nettement supérieurs au meilleur score du PS – 26,1 % en
1981 ; et l'UPF n'est jamais tombée aussi bas, électoralement, que le PS – réduit à 13 % des inscrits en 1993
contre, au pire, 24 % côté UPF en 1962 ou 1988. Bref, il a
fallu la dynamique de l'élection présidentielle associée à
celle du second tour, présidentiel et législatif, pour que le
socialisme français se hisse au pouvoir en 1981 et 1988...
L'alternance n'était nullement inéluctable et sa régularité
depuis 1981 ne préjuge en rien d'un retour prochain.

Clivages politiques :
la force du clivage gauche-droite

Pour s'y retrouver dans la complexité d'un système de partis nombreux, faibles et changeants, les Français disposent depuis que la politique est devenue aussi l'affaire du peuple, c'est-à-dire depuis la Révolution de 1789, des grands repères que sont la gauche et la droite. Aucun autre système d'identification politique, aucun autre clivage n'a eu la force et la durée de ce couple gauche-droite ; aucun autre clivage n'a eu la même capacité de dominer les autres divisions en les rapportant, plus ou moins difficilement selon les époques, à lui. C'est une idée reçue, aujourd'hui, que ce clivage gauche-droite serait archaïque et dépassé. Mais c'est loin d'être une certitude.

En réalité, avec l'élévation du niveau d'éducation, donc la compétence politique accrue des citoyens, et depuis que la gauche modérée, socialiste, a rompu avec sa « culture d'opposition » pour se convertir à une « culture de gouvernement », il apparaît que les clivages politiques sont moins durables qu'on ne le pensait et, quand ils perdurent, sont moins intenses qu'autrefois, même pour les militants. La mortalité des clivages politiques est attestée par la réduction à l'état de traces, de vestiges dans certaines familles politiques et dans le discours politique, de grandes oppositions fortement prégnantes il n'y a pas si longtemps : l'opposition entre républicains et nostalgiques réels ou supposés de l'Ancien Régime (monarchistes, bonapartistes, etc.) ; entre laïcs militants de la séparation de l'Église et de l'État et cléricaux ; entre prolétaires et bourgeois, au sens marxiste de ces termes ; entre communistes et anticommunistes ; entre gaullistes et anti-gaullistes. Ces divisions ont pourtant dominé le débat politique en France pendant des décennies, leur agencement complexe et changeant commandant les unions et désunions successives à gauche et à droite. À gauche, notamment, le clivage institutionnel – républicains / anti-républicains – et le clivage religieux – laïcs / cléricaux – poussaient à l'union sur la base de valeurs communes héritées de la Révolution de 1789, tandis que la question

sociale (clivage prolétaires/bourgeois) et le modèle
communiste hérité de la Révolution de 1917 (clivage
Est/Ouest) poussaient à la division. Le Parti communiste,
sauf dans sa période sectaire « classe contre classe »
(1928-1933), n'avait pas renoncé à des ententes, voire des
alliances avec les autres partis « laïcs » et « républicains ».
Et le parti socialiste SFIO, même quand son chef Guy
Mollet déclarait que le Parti communiste n'était « pas à
gauche mais à l'Est », restait sensible au modèle marxiste,
sinon communiste, et continuait à rêver de la réunification
du parti de la classe ouvrière, de l'effacement de la rupture
consommée en décembre 1920 au congrès de Tours. Le
temps a eu raison de ces clivages. La question du régime
républicain réglée – par le « ralliement » des catholiques
en 1893 et, surtout, par la fraternité des combats durant la
Première Guerre, puis la Seconde Guerre mondiale – le
clivage a été longtemps entretenu par le débat sur la forme
des institutions républicaines : domination parlementaire
(seule forme jugée acceptable par les « républicains ») ou
domination gouvernementale – de type autoritaire du
temps du fascisme et de Vichy, ou de type démocratique
telle que la voulait le général de Gaulle. La légitimité des
institutions de la Ve République et le départ du général de
Gaulle en 1969 ont mis le point final à ce vieux débat ou,
du moins, l'ont écarté du centre des enjeux et combats
politiques français.

L'évolution a été semblable sur l'opposition entre laïcs
et cléricaux. Dès 1932 Albert Thibaudet, dans son essai
sur *Les idées politiques de la France*, notait que le radicalisme, fondé sur le soutien absolu des idées de la Révolution française – à commencer par l'idéal rationaliste des
Lumières, donc la laïcité contre « l'obscurantisme »
clérical – « se trouva fort dépourvu quand la séparation
[de l'Église et de l'État] fut venue ». Après celle-ci,
cependant, la querelle sur l'école publique et l'école
privée, entre enseignement laïc et enseignement religieux,
avait conservé une actualité à ce clivage. La baisse de la
pratique religieuse et l'attachement des Français à une
concurrence des systèmes scolaires qui laisse une chance
aux élèves rejetés par l'un d'eux ont fini par dévitaliser ce
vieux clivage malgré quelques résurgences militantes

comme en janvier 1993 autour de la loi Falloux. Les clivages dus à la révolution russe – prolétaires contre bourgeois, communistes contre anticommunistes – se sont, quant à eux, effondrés d'un coup avec le mur de Berlin et la mort des systèmes communistes à l'Est, en 1989. Mais leur effondrement avait été annoncé, en France, par le déclin du Parti communiste et le rééquilibrage de la gauche au profit d'un Parti socialiste de moins en moins révolutionnaire et marxiste.

Que reste-t-il donc aujourd'hui pour structurer le débat et l'action politique en France ? Trois clivages essentiels : le vieux clivage – socio-économique et culturel – entre gauche et droite, plus ou moins remodelé mais toujours en usage ; un nouveau clivage, sur les relations du pouvoir politique, opposant partis à vocation gouvernementale et partis contestataires ; le nouveau clivage institutionnel, enfin, sur lequel s'affrontent les « eurofédéralistes » et les « euronationalistes ».

L'Union européenne a suscité des affrontements qui traversent la gauche comme la droite, voire certains partis comme le Parti socialiste et, surtout, le RPR. La bataille provoquée par la ratification du traité de Maastricht, lors du référendum du 20 septembre 1992, en a été le plus bel exemple. Dans le camp des *oui* on trouvait, côte à côte, Génération Écologie, le Parti socialiste et l'UDF ; dans celui des *non* le Parti communiste et le Front national ; entre les deux, les Verts et le RPR, qui laissaient la liberté de choix à leurs membres et à leurs électeurs, sous la pression d'une base en majorité hostile au traité. Des voisinages inhabituels qui donnaient – par rapport aux positionnements politiques courants – une impression de désordre d'autant plus grande que certains partis se trouvaient divisés en leur propre sein par l'enjeu : tendance Séguin-Pasqua, au RPR, activement engagée dans la campagne du *non* quand la direction du mouvement gaulliste – Jacques Chirac, Alain Juppé – appelait à voter *oui* contre l'inclination majoritaire des députés et des militants RPR ; courant minoritaire de Jean-Pierre Chevènement, favorable au *non,* en rupture de bans avec le Parti socialiste ; minorité du *non* animé par Philippe de Villiers en dissidence avec la masse de l'UDF... Sur le fond le débat

oppose pour l'essentiel aux partisans de Maastricht à
propos de l'union monétaire et économique d'une part, de
la citoyenneté européenne d'autre part, ceux que l'on
nomme généralement les « eurosceptiques » mais que nous
préférons appeler « euronationalistes » pour ne pas contri-
buer, par le choix des mots, à l'appropriation de l'idée
européenne par le camp des fédéralistes supranationaux
fidèles à la pensée de Jean Monnet. Pour les « eurofédéralistes » qui veulent des États-Unis d'Europe, l'Union européenne doit se faire dans un dépassement volontaire et
progressif des États-Nations qui la composent ; pour les
« euronationalistes », au contraire, il faut faire l'Europe
certes – plus par nécessité que par enthousiasme pour
certains d'entre eux – mais sans défaire les États-Nations,
comme la France, en son sein. Certains observateurs
avaient annoncé et, quelquefois, espéré une « reconquête »
politique sur la base de ce nouveau clivage : union des
« eurofédéralistes » – PS (allégé des amis de Jean-Pierre
Chevènement), UDF (sans de Villiers) et autres partisans
du *oui* à Maastricht (Génération Écologie, radicaux, etc.) –
dans une grande force centriste et modérée, qui rejetterait
aux extrêmes et dans l'opposition permanente le Parti
communiste, les Verts, l'essentiel du RPR et le Front
national. Mais dès le soir du référendum du 20 septembre
Jacques Chirac, président du RPR, appelait son propre
parti et l'ensemble de l'opposition d'alors (UDF-RPR) à
restaurer son unité sur l'essentiel : « Notre pays est dans
une situation très préoccupante. Le chômage, l'insécurité,
le malaise des banlieues, la crise du monde rural inquiètent
à juste titre les Français. Nous devons les convaincre
qu'une autre politique est possible. Nous n'avons pas le
droit de nous abandonner à des querelles secondaires. » De
fait, six mois plus tard, les élections législatives de mars
1993 se faisaient sur la base de l'affrontement retrouvé de
la droite et de la gauche.

    Les raisons pour lesquelles le clivage « eurofédéra-
listes/euronationalistes » s'avère secondaire par rapport
au clivage gauche/droite, tout en étant capable de le
perturber à certains moments et sur certains enjeux, sont
assez claires. L'enjeu européen n'est pas perçu par la
plupart des électeurs et des élus français comme un enjeu

politique prioritaire, même en pleine actualité « européenne » référendaire ou électorale (élections européennes) ; au point qu'il est presque toujours ramené à des considérations de politique intérieure française. Et le pouvoir politique ne se prend ni ne se perd dans les consultations européennes – à vrai dire il n'y a pas de pouvoir européen à prendre, démocratiquement, même dans les élections « européennes » – il se conquiert dans les scrutins nationaux, élection présidentielle et élections législatives, sur des enjeux de politique intérieure.

Le fait que toutes les tentatives de recomposition du système de partis français fondées sur la destruction du moule gauche-droite aient échoué depuis 1958 est sans doute la meilleure preuve de la résistance de ce vieux clivage renforcé par les institutions de la Ve République : échec du centrisme d'opposition de Jean Lecanuet et Jean-Jacques Servan-Schreiber en 1962-1974 ; échec de la tentative d'autonomie du centre, avec Pierre Méhaignerie et Simone Veil, en 1988-1992 ; échec de l'alternative écologiste « ni gauche ni droite » en 1993. Le Parti communiste, à gauche, après avoir rompu l'union gouvernementale avec le Parti socialiste, et le Front national, à droite, dans sa volonté de punir la droite modérée qui lui refuse l'alliance, se gardent bien l'un et l'autre de faire la « politique du pire » et d'appeler leurs électeurs à voter dans les deuxièmes tours pour l'autre camp. Et les électeurs, même quand ils le déclarent dépassé et en voie de disparition, continuent de se servir du clivage gauche-droite pour se situer politiquement, pour prendre position sur les valeurs politiques et sur les questions politiques du moment, pour voter. Bref l'opposition gauche-droite résiste au point d'être toujours aujourd'hui le clivage dominant du débat et de l'action politique en France. Car il est ancré dans deux sous-systèmes de partis, partis de gauche et partis de droite, dont chacun est caractérisé par des rapports privilégiés entre ses composantes, des pratiques et des conventions – comme les désistements pour un second tour d'élection – politiquement coûteuses à transgresser, des souvenirs communs, une symbolique partagée. Ce qui n'empêche pas des tensions lorsque l'un des partis du sous-système, en se radicalisant, se coupe

des autres (le PC à l'Est au plus fort de la guerre froide, le
FN droite extrême aujourd'hui). Si l'on doute de la réalité
des représentations vécues de la gauche et de la droite
aujourd'hui en France, des enquêtes comme celle de la
SOFRES pour *Le Figaro Magazine* en août 1992 suffisent
à confirmer leur prégnance. Il s'agissait, dans une liste
proposée de vingt-quatre mots politiquement et symboli-
quement « chargés », de dire pour chacun d'eux s'il
convenait « plutôt à la droite ou plutôt à la gauche ». La
liste des mots de gauche, pour les électeurs de gauche, et
de droite pour les électeurs de droite parle d'elle-même
(SOFRES, 28 au 31 août 1992, échantillon national 1 000
personnes, 18 ans et plus) :

Mots de GAUCHE pour les électeurs de gauche		Mots de DROITE pour les électeurs de droite	
- protection sociale	80 %	- sécurité	69 %
- tolérance	70 %	- entreprise	67 %
- droits de l'homme	68 %	- ordre	64 %
- liberté	66 %	- propriété	63 %
- égalité	64 %	- progrès	60 %
- Europe	54 %	- patrie	59 %
- participation	53 %	- religion	58 %
- changement	52 %	- rigueur	58 %
- culture	50 %	- nation	56 %
		- libéralisme	54 %
		- compétition	54 %
		- liberté	51 %
		- effort	50 %

La « liberté » – seul mot commun à la majorité des électeurs de gauche comme de droite – mais aussitôt tempérée,
à gauche, par l'« égalité » et à droite par l'« ordre » ; la
« protection sociale » mise en avant par la gauche, la
« sécurité » par la droite ; la « participation », le « changement », valeurs de gauche, la « propriété », la « rigueur »,

le « libéralisme », la « compétition », l' « effort », valeurs de droite ; les « droits de l'homme » d'un côté, la « religion » de l'autre : rien de surprenant dans ces identifications différentes, bien typées, presque caricaturales. Plus inattendu : la forte valorisation de la « tolérance », de l' « Europe », de la « culture » par la gauche, face aux valeurs « patrie » et « nation » à droite. C'est que le contenu des notions de gauche comme de droite est variable : il s'agit davantage de formes, de contenants que de contenu, bref, d'une opposition rationalisée *a posteriori*. Ce qui, en les rajeunissant continuellement, protège les idées de gauche et de droite de tout archaïsme, contribuant à leur actualité permanente.

La nouveauté, dans la vie politique actuelle, n'est donc pas dans le dépérissement annoncé mais peu probable de l'opposition gauche-droite. Elle serait plutôt dans la baisse d'intensité de cette opposition au sein du Parti socialiste d'un côté, de l'ensemble RPR-UDF de l'autre, libérés tous deux, par la faiblesse électorale relative des partis extrêmes qui les flanquent, des surenchères et chantages d'antan. D'où l'importance du nouveau clivage entre « partis de gouvernement » (PS, UDF, RPR) et « partis contestataires » (PC, FN, Verts) qui vient qualifier, en le nuançant, le vieux clivage gauche-droite. Ce nouveau clivage ne conduit nullement à une entente entre PS et UDF-RPR, mais à une marginalisation de l'extrême-gauche dans la gauche et de l'extrême-droite dans la droite. La baisse d'intensité des croyances, attitudes et comportements des socialistes et des giscardiens-gaullistes a une autre conséquence, souvent soulignée : elle rend l'opposition gauche-droite plus floue qu'autrefois. Encore faut-il préciser que ce flou est plus perceptible pour le parti au pouvoir, l'alternance ayant vite fait d'amener le parti dans l'opposition à forcer la différence avec l'adversaire.

CHAPITRE 3

LES DIMENSIONS EUROPÉENNE
ET EXTÉRIEURE : LA RELATIVISATION
DU POUVOIR NATIONAL

« Les partis font-ils une différence ? » L'alternance au pouvoir entre socialistes et UPF (RPR-UDF) a-t-elle des effets concrets sur les politiques suivies, autrement dit ces politiques sont-elles différentes ou bien pratiquement identiques faute d'une autre politique possible, comme le prétend souvent l'équipe au pouvoir, contrairement à ce qu'affirme généralement l'opposition ?

Le politologue britannique Richard Rose a tenté de répondre à cette question pour la Grande-Bretagne des années 1960-1970. Ses conclusions, fermes et nuancées à la fois, valent pour la France depuis qu'en 1981 elle connaît, à son tour, l'alternance au pouvoir.

Richard Rose avait démontré qu'en Grande-Bretagne les partis à vocation gouvernementale – Conservateur et Travailliste – présentent devant les électeurs, à chaque élection générale, un programme complet et spécifique, comportant une centaine de propositions concrètes et effectivement transformables en décisions gouvernementales et législatives quoiqu'un peu trop nombreuses pour être réalisées en une seule législature. Mieux encore : l'expérience prouvait que ces promesses électorales étaient, pour l'essentiel, respectées par ceux qui les avaient faites. Les retournements complets étaient rarissimes, les promesses non réalisées un peu plus fréquentes mais nettement minoritaires. C'est également le cas en France. Les 110 propositions de François Mitterrand, lors de la campagne présidentielle de 1981, avaient été réalisées à 90 % dès la première année de pouvoir socialiste, en 1981-82 : substantielle augmentation des bas salaires et des prestations sociales ; retraite à 60 ans au lieu de 65 ans ; cinquième semaine de congés payés ; extension des droits des travailleurs dans les entreprises ; nationalisation de 39 banques et de 9 grands groupes industriels ; impôt sur les grandes fortunes ; lois de décentralisation en faveur des régions, des départements et des communes ; abolition de la peine de mort. Quelques promesses n'avaient été que partiellement honorées – comme la réduction du temps hebdomadaire du travail, de 40 à 39 heures sans baisse de salaire, au lieu des 35 heures annoncées. D'autres avaient été tenues tardivement, tel le retour à la représentation proportionnelle pour l'élection des députés en 1986. Rares avaient été les promesses abandonnées : l'intégration de l'enseignement privé dans l'Éducation nationale, après une vague de grandes manifestations contre le projet de loi Savary en 1984 ; ou le droit de vote aux élections locales pour les immigrés non naturalisés, sous la pression d'une opinion hostile. La nouvelle majorité parlementaire RPR-UDF et le gouvernement Chirac en 1986-88 ont été tout aussi respectueux du contrat passé avec leurs électeurs : retour au scrutin uninominal majoritaire à deux tours pour les élections législatives ; suppression de l'impôt sur les grandes fortunes ; privatisation de 30 entreprises industrielles ou bancaires (programme de privatisations réalisé pour les deux tiers, en une année, avant d'être stoppé par le krach boursier d'octobre 1987, puis repris en 1993). La droite gouvernementale, cependant, avait dû retirer, elle aussi, un projet de loi (Devaquet) sur l'éducation, sous la pression de manifestations. Et renoncer à ses projets de réforme du Code de nationalité dans l'attente de circonstances plus favorables, qui se présentèrent finalement en 1993.

Ces démentis aux idées reçues selon lesquelles les hommes et les groupes politiques ne se sentent pas engagés par leurs promesses électorales ont été à nouveau apportés lors des alternances de 1988, par les socialistes, et de 1993, par l'UPF. Le résultat des élections, en France comme en Grande-Bretagne, influe donc bien sur les politiques suivies, qui changent avec les gouvernements et les majorités parlementaires.

Richard Rose, cependant, apportait une nuance de taille
à ce constat de fidélité globale des partis de gouvernement
à leurs engagements électoraux. Il est relativement facile,
pour un gouvernement disposant d'une majorité parlementaire disciplinée, de faire des lois nouvelles pour
mettre en œuvre les réformes promises ; il est autrement
plus difficile de gérer l'économie et les finances du pays,
surtout en période de crise où la latitude d'action gouvernementale est doublement limitée par les contraintes inté-
rieures – montée des besoins d'argent public quand les
recettes fiscales et sociales diminuent – et par les régulations extérieures – régulations monétaires par le Fonds
monétaire international, le Système monétaire européen et
le marché des changes, régulations commerciales par les
accords du GATT, l'Union européenne et la concurrence
mondiale. Un vaste domaine où nécessité fait souvent loi.
L'économie est largement influencée par des tendances
internationales lourdes de longue durée qui n'ont pas
grand-chose à voir avec les partis au pouvoir. Comme
l'écrit Richard Rose : « Les élections portent sur les *désirs*
du peuple... le gouvernement sur les satisfactions
possibles du peuple. » Et l'art de gouverner, pourrait-on
ajouter, sur la limitation volontaire des premiers et la
maximisation des secondes. En tout cas, « la nécessité,
plus que le consensus idéologique, est la clé des simila-
rités de politiques ».

La « contrainte [1] » extérieure

Les socialistes, en France, semblent avoir pris l'exacte
mesure de la contrainte extérieure sur le pouvoir national
en 1981-83, lors de leur retournement politique en faveur

1. La compétition à l'extérieur est autant, sinon plus, une
chance pour un pays qu'une contrainte. D'où nos guillemets.
Nous parlons de « contrainte » ici du point de vue de la politique
du gouvernement français.

de la défense du franc par une politique de rigueur. Leur stratégie, de 1981 à 1982, consistait à lutter contre le chômage sur le front intérieur, par la relance de la consommation populaire et des commandes publiques, tout en espérant une reprise internationale de la croissance qui aurait tiré, à son tour, la croissance intérieure. Surtout ils voulaient, coûte que coûte, donner immédiatement à leurs électeurs les fruits d'une alternance politique si longtemps attendue, attitude qu'exprime bien la formule prêtée à François Mitterrand, fin 1981 : « Pour le moment je fais de la politique ; la rigueur, on verra plus tard. » C'était vouloir sortir de la crise sans peine, une solution trop belle pour être efficace, trop inefficace pour durer : une première dévaluation du franc sans politique de rigueur pour l'accompagner, le 4 octobre 1981 ne pourra empêcher une seconde dévaluation, le 12 juin 1982, assortie cette fois, d'un blocage des prix et des revenus pour quatre mois. Mais les déséquilibres demeureront : déficit record du commerce extérieur, montée de la dette publique et des découverts budgétaires, cumul de l'inflation et de la stagnation économique (« stagflation »), aggravation du chômage. Et la Banque de France épuisera ses réserves et fera monter les taux de l'argent sans parvenir à casser la spéculation contre le franc. Le président de la République – pressé par son Premier ministre Pierre Mauroy et le ministre de l'Économie et des Finances, Jacques Delors, était acculé à changer de stratégie. Il avait le choix entre deux politiques : sortir le franc du Système monétaire européen pour le laisser flotter, baisser les taux d'intérêt, désendetter les entreprises, relancer l'investissement ; ou rester dans le Système monétaire européen, dévaluer une troisième fois le franc et renforcer la politique de rigueur inaugurée en juin 1982. Le flottement du franc présentait l'avantage de déconnecter la politique financière et économique française de celle de l'Allemagne et de permettre une nouvelle tentative de politique nationale de lutte contre le chômage. Le maintien dans le SME et la rigueur évitaient la rupture de l'axe franco-allemand en Europe, écartait le risque de mesures de rétorsion des partenaires commerciaux de la France qui annuleraient les avantages et la compétitivité tirés d'une dévaluation rampante. L'attachement à la construction européenne, la peur d'une débâcle du franc en cas de flottement compte tenu de l'incapacité où était la Banque de France de le soutenir faute de réserves suffisantes, la pression de Pierre Mauroy et de Jacques Delors ont conduit le président de la République, contre ses propres préférences, à se rallier finalement, le 21 mars 1983, au maintien dans le SME, à la troisième dévaluation du franc en dix-huit mois, à la désinflation compétitive, autrement dit la rigueur, pour la modernisation des entreprises et de l'équipement en France dans le cadre européen. « Pour Mitterrand, dira plus tard le premier secrétaire du Parti socialiste, Lionel Jospin, ce fut un choix philosophique et psychologique profond. Il a eu l'impression de faire une concession extrêmement difficile à la réalité imposée par les autres, de devoir se plier à une sanction exigée par l'étranger. »

Il est clair que la « contrainte » extérieure et, d'abord, européenne, vaut pour tous les gouvernements, qu'ils soient de gauche ou de droite. L'alternance politique de mars 1993 en apporte une nouvelle illustration. Le débat sur l'« autre politique » – sortie du SME et flottement du franc – relancé à droite par Philippe Séguin, notamment, a été tranché par Édouard Balladur et son gouvernement de la même façon qu'en 1983, à gauche, par Pierre Bérégovoy et le sien. Quitte à accepter, sous la pression du marché monétaire international et par tactique, un allégement des normes de régulation existantes, au moyen d'une importante extension des marges de flottement autorisées au sein du SME entre les monnaies, dont le franc, qui continuent d'en faire partie. La réduction des prélèvements obligatoires promise par l'UPF durant la campagne électorale a été renvoyée à plus tard, pour cause de redressement des finances publiques : « Je ne vois pas comment on peut redresser les comptes publics, dans une période de croissance nulle, déclare le premier ministre au *Monde*, sans faire appel à la fois à des économies importantes et à des prélèvements nouveaux... C'est pour moi un choix plus difficile que pour les autres car c'est contraire à ma conviction fondamentale selon laquelle la France subit des prélèvements trop lourds et qu'il faut diminuer... Dès lors que nous avons fait le choix de gouverner, nous ne pouvons pas avoir d'autres ambitions que de redresser la situation... Laisser se creuser encore davantage les déficits était un danger mortel pour notre économie, pour notre crédibilité, pour nos taux d'intérêt et pour notre équilibre social. » « Hiérarchie du détestable ? » interroge *Le Monde*. « Je dirai plutôt la hiérarchie du nécessaire », répond Édouard Balladur (*Le Monde*, 18 mai 1993).

Le cadre européen

Il aura fallu la campagne référendaire, pour ou contre la ratification du traité de Maastricht, de juin à septembre 1992, pour que les Français s'interrogent et expriment leurs espoirs, leurs craintes, en matière de construction européenne. Les élections à l'Assemblée européenne, de 1979 à 1989, avaient toujours été dominées par des enjeux nationaux et non pas « européens ». Le vote référendaire du 20 septembre 1992, au contraire, comme le démontrera Philippe Habert, « avant d'être un vote social, un vote politique ou même un vote culturel... a été un vote européen », grâce à un « découplage des préoccupations de politique intérieure – sur fond général de contestation du pouvoir – et des jugements à l'égard de l'Europe que les électeurs ont opéré à l'occasion de ce scrutin... » À en juger par les sondages « sortie d'urnes » – sondage des votants à leur sortie des bureaux de vote – les 51 % d'électeurs ayant voté *oui* étaient animés par le désir d'« assurer une paix durable en Europe », de permettre « la poursuite de la construction européenne » et de « mieux lutter économiquement contre le Japon et les États-Unis ». Quant aux 49 % d'électeurs du *non*, ils réprouvaient avant tout « une perte de souveraineté pour la France » et se refusaient à « laisser la France aux mains des technocrates de Bruxelles » (BVA-*Libération*, 22 septembre 1992).

Avec les Danois et les Britanniques, voire les Allemands, nombre de Français, d'un coup, découvraient

l'ampleur de l'intégration communautaire et, craignant
pour leur identité nationale, refusaient une dynamique
européenne qui conduirait à faire de la France une super-
région de la Communauté. Une réaction de recul aggravée
avec la récession et le chômage, par la peur des moins
instruits et des moins qualifiés devant les conséquences de
la modernité, de l'ouverture, de la concurrence européenne. D'après l' « Eurobaromètre », sondage périodique
réalisé par la Communauté européenne, au lendemain du
référendum sur Maastricht 17 % des Français de plus de
quinze ans (+ 4) disent avoir « beaucoup de crainte »
devant « la réalisation du grand marché européen fin
1992-début 1993 », contre 10 % (- 5) qui en tirent « beaucoup d'espoir », le total des craintes fortes et faibles
(49 %, + 10) l'emportant sur celui des espoirs (44 %, - 8).
Quelles craintes ? « Plus de chômage et moins d'emploi »,
« la perte de notre identité nationale », « une trop grande
immigration » pour l'essentiel. Quels espoirs ? « La possibilité de travailler partout dans la Communauté européenne », « mieux faire face à la concurrence des États-Unis
et du Japon », « plus d'emplois et moins de chômage »,
« des échanges commerciaux plus faciles » (Eurobaromètre, 38, décembre 1992).

Par le jeu des *traités** ratifiés par elle, des *actes
communautaires** , (règlements, décisions et directives),
pris par les organes communautaires en application de ces
traités, de la jurisprudence de la *Cour de justice des
communautés européennes** , la France a progressivement
accepté une large « communautarisation » de sa politique
nationale et la primauté, dans les domaines concernés, de
l'ordre juridique communautaire sur l'ordre juridique
national. Cette primauté est juridiquement fondée sur
l'article 55 de la Constitution de 1958 – qui donne aux
traités régulièrement ratifiés, dès leur publication, une
autorité supérieure à celle des lois. Elle a été confirmée et
explicitée par la révision constitutionnelle du 25 juin 1992.
Un nouveau titre, intitulé « Des communautés européennes
et de l'Union européenne », consacre en effet le fait européen ; il définit l'esprit de la « communautarisation » de
certaines politiques nationales : « La République participe
aux communautés européennes et à l'Union européenne,

constituées d'États qui ont choisi librement, en vertu des traités qui les ont instituées, d'exercer en commun certaines de leurs compétences » (*art. 88.1*) ; et il donne valeur constitutionnelle aux transferts de compétences prévus par le traité de Maastricht qui étaient contraires à la Constitution avant cette révision : établissement de l'Union économique et monétaire européenne et détermination des règles relatives au franchissement des frontières (*art. 88.2*), droit de vote et éligibilité des citoyens de l'Union européenne aux élections municipales (*art. 88.3*). La Cour de justice des communautés européennes à Luxembourg avait précédé depuis longtemps le Conseil d'État, le Conseil constitutionnel et le pouvoir constituant en France en forgeant, dès 1964, ce concept de primauté du droit communautaire qui n'est pas mentionné dans les traités. Elle s'appuyait, pour cela, sur trois motifs essentiels : le droit communautaire resterait lettre morte si un État membre pouvait s'y soustraire : les pouvoirs étatiques souverains ne sauraient, sous peine d'incohérence, remettre en cause les compétences qu'ils ont eux-mêmes attribuées aux communautés ; l'unité de l'ordre juridique communautaire et l'uniformité de son application, enfin, ne peuvent s'accommoder de pratiques législatives internes centrifuges. « Le droit né des traités ne pouvait donc, en raison de sa nature spécifique, originale, se voir judiciairement opposer un texte interne. » Gardienne des traités et de la légalité communautaire, la Commission européenne saisit systématiquement la Cour de justice européenne en cas de manquement d'un État membre à ses obligations communautaires, si ses mises en demeure ne suffisent pas à mettre fin à l'infraction. Or les juges de Luxembourg, comme le reconnaît l'un d'eux en 1984, se font « une certaine idée de l'Europe » – favorable à une « union sans cesse plus étroite » (comme le proclame le préambule du traité de Rome), et qui l'emporte, dans les affaires importantes à forte incidence politique, sur les « arguments basés sur les questions de technique juridique » ; d'où une tendance à accepter les réglementations nationales, fussent-elles contraires au droit communautaire, quand elles concordent avec une politique communautaire, et à les annuler dans le cas contraire.

« Dans dix ans, annonce en juillet 1988 le président de la Commission européenne Jacques Delors, 80 % de la législation économique peut-être même fiscale et sociale, sera d'origine communautaire. » De fait, le champ des compétences de la Communauté n'a cessé de s'élargir de traité en traité. Du traité de Rome, en 1957, au traité de Maastricht en 1992, les catégories d'actions communautaires dûment énumérées sont passées de onze à vingt. Les compétences de la Communauté s'exerceront désormais dans des domaines aussi variés que la libre circulation intérieure des marchandises, des personnes, des services et des capitaux ; les monnaies ; l'énergie ; les transports ; l'agriculture ; la pêche ; l'industrie ; la concurrence ; l'aménagement régional ; l'environnement et la sécurité nucléaire ; la recherche ; l'éducation ; l'information et la culture ; la santé ; l'emploi et les politiques sociales ; les échanges extérieurs ; le développement ; la politique étrangère et la sécurité commune ; la coopération en matière de police et de justice, etc. « Depuis la signature de l'Acte unique de 1986 – soulignait déjà le député Pierre Mazeaud, dans l'exposé des motifs d'une proposition de loi visant à ce que tous les projets de directives et règlements européens soient soumis à l'Assemblée nationale ou au Sénat – sur 230 lois, 102 sont originaires de Bruxelles, soit près de 45 %. » « Il n'est pas admissible – ajoutait-il – que la moitié environ de notre droit interne émane du Conseil des communautés, réunion de ministres par spécialité, qui décide et légifère, adoptant directives et règlements, sans qu'aucun contrôle ne s'exerce sur eux. » Il obtiendra partiellement satisfaction avec la révision constitutionnelle du 25 juin 1992, à l'occasion de la ratification du traité de Maastricht. Selon l'*article 88.4* de la Constitution adopté alors, l'Assemblée nationale et le Sénat peuvent désormais voter des résolutions sur les propositions d'actes communautaires comportant des dispositions de nature législative que le gouvernement est tenu de leur soumettre dès leur transmission au Conseil des communautés. Mais il ne s'agit que des actes communautaires à incidence législative (8 % environ des actes communautaires), le gouvernement ayant veillé à éviter tout empiétement du pouvoir parlementaire sur le sien ;

c'est le gouvernement qui fait le tri entre les actes à transmettre aux Assemblées et les autres, toute « omission » dans la transmission ne pouvant avoir aucune conséquence juridique, ni du point de vue de l'Europe qui n'est pas liée par la Constitution française, ni du point de vue des juridictions françaises qui ne sont pas juges de la constitutionnalité des accords internationaux ; et les résolutions prises par les Assemblées ne lieront pas davantage le gouvernement. Le pouvoir rendu aux parlementaires français, en ce domaine, est donc un simple pouvoir d'influence, de pression politique sur le gouvernement français qui, s'il le veut, peut s'en prévaloir à Bruxelles. Pouvoir non négligeable, il est vrai, dans le contexte de l'après-Maastricht.

Contrairement au mythe de l'« Eurocratie », renforcé par les controverses sur Maastricht, les décisions de l'Union européenne ne sont pas prises, en droit ou en fait, par les « technocrates » formant la Commission européenne assistés de quelque vingt-cinq mille fonctionnaires européens dont les deux tiers directement à leur service. L'Union, en réalité, est fondée, dans son fonctionnement, sur un dialogue permanent entre des administrations publiques – les administrations nationales des États membres et l'administration communautaire. Dans les domaines qui, d'après les traités, sont de la compétence exclusive de l'Union – comme la politique agricole commune (traité de Rome), la mise en œuvre du Grand marché (Acte unique) ou la citoyenneté de l'Union européenne (traité de Maastricht), par exemple – la *Commission européenne* * joue un rôle moteur dans la décision communautaire. Elle détient le monopole de l'initiative des actes communautaires proposés au Conseil et se trouve finalement chargée de leur mise en œuvre avec l'aide, et parfois sous contrôle, de divers comités ; elle veille de surcroît au respect du droit communautaire. Il reste que même dans ces domaines la décision communautaire appartient finalement au *Conseil de ministres compétents* * (agriculture, économie et finances, affaires étrangères, etc.), sur le rapport du *Comité des représentants permanents* * des États membres – autrement dit à l'entité politique représentative des gouvernements nationaux. Pour éviter que la France soit mise en minorité dans une décision du Conseil, le général de Gaulle, en 1966, avait imposé à ses partenaires le « compromis de Luxembourg » en vertu duquel l'unanimité était requise dès lors qu'un État membre estimait qu'un « intérêt national essentiel » était en jeu. Cette facilité a été abolie par l'Acte unique pour tout ce qui concerne la mise en œuvre du grand marché intérieur (les 300 mesures prévues par la Commission pour l'élimination de toutes les barrières physiques, techniques et fiscales entre les pays membres) et remplacée par un système de *majorité qualifiée**. Depuis l'entrée en vigueur du traité de Maastricht la règle de la majorité qualifiée joue dans la majorité des affaires courantes – agriculture, commerce, libre circulation des travailleurs et des capitaux, etc. Mais les questions sensibles comme la fiscalité, les droits des travailleurs, la sécurité sociale, etc., continuent à ne pouvoir être réglées que par consensus.

Dans les domaines qui ne relèvent pas de la compétence exclusive de l'Union mais d'un partage de compétences entre elle et les États membres – comme la politique étrangère et de sécurité commune, les politiques de coopération en matière de police et de justice, l'éducation et la formation professionnelle, la culture, la santé publique, la protection des consommateurs, l'industrie, les réseaux transeuropéens, etc. – le processus de décision communautaire est différent. Partant de l'idée qu'il s'agit d'un partenariat, l'Union européenne, en vertu du *principe de subsidiarité**, s'engage à n'intervenir, si l'action envisagée présente une dimension européenne, que « dans la mesure » où cela s'avère « nécessaire », dans un but d'efficacité optimale. Mis en avant par les défenseurs du traité de Maastricht, pour répondre aux accusations de ses adversaires touchant à l'accroissement continu des pouvoirs de l'Union européenne aux dépens des prérogatives nationales, le principe de subsidiarité ne vaudra que par son application. Or, outre qu'il ne s'applique qu'aux domaines ne relevant pas de la compétence exclusive de l'Union, sa mise en œuvre, sauf disposition antérieure, dépend de l'appréciation du « législateur » européen, c'est-à-dire en dernier ressort du Conseil, sous les pressions de la Commission ; et le contrôle de son application, sauf disposition antérieure, revient à la Cour de justice européenne, dont on sait les penchants fédérateurs, sur recours en annulation ou question préjudicielle venant d'un État membre. Il reste que dans les domaines où les compétences sont partagées entre l'Union et les États membres, le centre de gravité du pouvoir tend à se rapprocher des États membres aux dépens de la Commission et de l'administration communautaire. Le *Conseil européen**, ou sommet périodique des chefs d'État et de gouvernement des pays membres, joue ici une fonction essentielle qui ne se limite pas à donner des impulsions initiales comme dans les affaires strictement communautaires. Pour les questions les plus sensibles, la règle de la décision unanime a été maintenue. Enfin, dans le champ précis et nouveau de la coopération européenne en matière de politique étrangère et de sécurité commune, de police et de justice, la Commission, tout en étant pleinement associée aux travaux, partage son droit d'initiative avec les États membres ; la préparation, la décision et la mise en œuvre reviennent au Conseil, assisté de son secrétariat général et du Comité des représentants permanents des États membres ; et la Cour de justice des communautés européennes ne joue ici aucun rôle.

Au total l'Union européenne fonctionne comme un système de décision politique intergouvernemental, sous pression des groupes d'intérêts concernés, dans lequel la Commission et l'administration communautaire jouent le rôle d'aiguillon et de gardien des acquis de l'Union, les États membres et leurs administrations nationales prenant les décisions d'orientation et de principe au niveau du Conseil européen, de mise en œuvre à celui du Conseil des ministres. Le *Parlement européen** et les parlements nationaux, notamment en France, n'ont qu'un rôle secondaire. Dans ces conditions c'est surtout l'appareil gouvernemental, et d'abord l'Administration centrale, qui, en France comme dans les autres pays membres, ont été conduits à s'adapter au développement du pouvoir communautaire. Il s'agissait pour l'administration française d'assurer le suivi régulier de l'information sur le développement des travaux communautaires ; d'habituer

les représentants des ministères à négocier – juridiquement et politiquement – dans le cadre communautaire et
pas seulement national ; de coordonner les positions et
l'action en matière communautaire au sein des ministères
intéressés et de l'ensemble de l'appareil gouvernemental
français ; d'assurer au niveau national la mise en œuvre
obligatoire des règles communautaires. La coordination
interministérielle des politiques communautaires est
assurée par le *SGCI – Secrétariat général du Comité
interministériel pour les fonctions de coopération économique européenne* * créé dès 1948 pour arbitrer entre les
positions du ministère des Affaires étrangères et du ministère de l'Économie, des Finances et du Budget qui avaient
tous deux vocation à avoir une approche globale de
l'action de la France dans les instances européennes. La
création, en 1981, d'un ministère des Affaires européennes n'a pas entamé les pouvoirs de coordination du
SGCI : les Affaires européennes n'ont pas de services
propres et sont surtout chargées des relations avec les
parlementaires nationaux et européens ainsi qu'avec les
partenaires économiques et sociaux. Concrètement le
processus de décision français en matière européenne est
le suivant : alerté(s) par le SGCI, le plus souvent à la suite
d'une démarche communautaire, un (ou des) ministère(s)
pilote(s) prépare(nt) un projet de réponse ou d'action, le
transmet(tent) au SGCI qui le diffuse à tous les ministères
intéressés après en avoir évalué les aspects communautaires. Le SGCI organise ensuite la consultation interministérielle, le cas échéant par réunions, pour arriver à une
position acceptable par tous les ministères et conforme à
la ligne du gouvernement. En cas de désaccords persis-
tants, les arbitrages se font au niveau du cabinet du
Premier ministre – entre conseillers sectoriels –, voire de
l'entourage du président de la République. Le Premier
ministre lui-même et le président de la République inter-
viennent directement si besoin est. Dans ce système de
gouvernement à la française la décision est centralisée et
de nature énarcho-politique. Le Parlement et les collectivités locales sont oubliés. Si l'on en juge par les témoignages des hauts fonctionnaires qui y participent, la haute
fonction publique française n'a pas raté son adaptation à

l'Europe, mais pouvait mieux faire encore. La coordination interministérielle fonctionne plutôt mieux que chez la
plupart des partenaires à l'exception, peut-être, de la
Grande-Bretagne. Il existe de véritables réseaux de fonctionnaires qui se connaissent, chacun sait exactement avec
qui préparer une réunion, une instruction et lorsqu'il faut
envoyer des instructions à Bruxelles cela se passe généralement bien. Encore que certains représentants des ministères techniques se plaignent de devoir attendre l'arbitrage
interministériel pour amorcer des marchandages. Les
représentants français dans les instances communautaires
sont vus comme de bons négociateurs. La faiblesse française, cependant, vient d'une conception trop étatique et
hiérarchique de l'action communautaire. On néglige trop
l'action en amont, l'information sur les positions des
administrations des autres pays membres, les pressions et
la constitution de coalitions, dossier par dossier, avec
celles-ci et l'association des régions et autres collectivités
locales, des professionnels, des entreprises, aux études et
pressions tout au long du processus de décision – bref
toutes les activités de *lobbying*, essentielles dans un
système communautaire où l'expérience montre qu'à
moins d'être rejetée au départ et en bloc par une majorité
de délégations une proposition de la Commission a toute
chance d'être adoptée sans modifications majeures.

On a beaucoup parlé du « déficit démocratique » de
l'Union européenne : poids de la Commission, perçue
comme technocratique, dans ses orientations et actions,
décisions intergouvernementales loin des élus et des électeurs des États membres. Le problème est qu'il y a deux
façons contradictoires de combler ce déficit entre
lesquelles les États membres et les forces politiques
n'arrivent pas à se décider. La première, favorisée par les
« eurofédérateurs », consiste à démocratiser la Communauté dans une optique fédérale en faisant de la Commission son gouvernement, du Conseil une sorte de sénat des
États et du Parlement européen un véritable parlement
exerçant le pouvoir législatif. Le 5 janvier 1992, dans la
perspective d'un élargissement de la Communauté à 24
voire 35 membres au lieu de 12, Jacques Delors, président
de la Commission, préconisait dans ce sens la désignation

par les chefs d'État ou de gouvernement d'une personnalité chargée de former le gouvernement de la Communauté, personnalité qui choisirait elle-même ses ministres
et serait responsable devant le Parlement européen ainsi
que devant le Conseil européen. Mais la reconnaissance
par le traité de Maastricht du Conseil européen, le rôle du
Conseil intergouvernemental de ministres dans le système
communautaire, ne vont pas dans ce sens fédéral, malgré
la limitation de la règle de l'unanimité pour les décisions
communautaires et l'élargissement modeste des pouvoirs
d'un Parlement européen qui reste privé du droit naturel
des parlements de faire la loi. L'autre solution, favorisée
par les « euronationalistes », consiste à démocratiser la
Communauté en restituant aux élus nationaux, à
commencer par les parlementaires, et aux opinions
publiques nationales, un pouvoir effectif de pression et de
contrôle dans les affaires européennes, ce qui suppose une
plus grande transparence des décisions prises à Bruxelles.
Et passe par le maintien de la règle de l'unanimité, donc
d'un droit de veto des États membres dans toute décision
mettant en jeu un intérêt national majeur (compromis de
Luxembourg) ; la limitation, en vertu du principe de
subsidiarité, des délégations de pouvoir à la Communauté
européenne – dans leur champ et dans leur mise en
œuvre ; l'exercice effectif et jaloux de leur pouvoir de
décision par les responsables politiques représentant les
États à Bruxelles, comme cela a été le cas, finalement,
dans la négociation des accords du GATT, fin 1993, entre
les États-Unis et l'Union européenne.

Le traité de Maastricht – qui reflète les contradictions
des pays membres sur l'Union européenne, les débats
auxquels il a donné lieu – révélateurs de l'attachement des
opinions politiques aux identités nationales, peuvent
conduire à un renforcement de l'« Europe des États »
après une longue période de « communautarisation »
discrète, progressive et, semblait-il, irrésistible des politiques nationales. L'élargissement programmé de l'Union
européenne contraindra celle-ci, de toute façon, à une
réforme de ses institutions et de son fonctionnement.

CHAPITRE 4

LES MÉDIAS ET LES SONDAGES :
LE CONTRÔLE CONTINU DU POUVOIR

La télévision est devenu le lieu essentiel de l'échange politique entre gouvernants et gouvernés, professionnels de la politique et citoyens. Elle a marginalisé le Parlement et la réunion publique, mais aussi la radio, la presse écrite et les actualités cinématographiques comme tribunes politiques. Cette révolution dans la communication politique ne s'est pas faite en un jour. Apparue en 1935 la télévision ne touchait en 1958, au début de la Ve République, qu'un ménage français sur dix, moins de deux sur trois encore en 1968. Le premier « journal » télévisé ne date que de 1949. C'est la radio qui avait assuré le lien entre le général de Gaulle et la France occupée en 1940-1944 ; entre Pierre Mendès France et l'opinion, par-dessus la Chambre des députés en 1954 ; et, grâce au transistor, entre la France métropolitaine et les jeunes appelés du contingent, hors de toute hiérarchie militaire, lors du putsch des généraux en Algérie en avril 1961. Charles de Gaulle, qui a vécu l'essor de la télévision, avait dû et su s'adapter à ce nouveau mode d'expression politique. Aujourd'hui, en tout cas, l'information et les campagnes politiques – notamment électorales – passent par le petit écran. En 1987-88, d'après l'INSEE, 82,6 % des Français regardent la télévision tous les jours ou presque, 74,2 % écoutent la radio, 41,2 % seulement lisent régulièrement un quotidien.

La radio, du temps de la IVe République, était sous le contrôle direct ou – pour les radios périphériques (RTL, Europe 1, RMC) – indirect du pouvoir politique. Le général de Gaulle, pour cause d'opposition au régime, y était interdit d'antenne même en période électorale. De

retour au pouvoir en 1958, il va traiter la télévision de
même façon en organe d'information officiel de la
Vᵉ République – sauf en période de campagne électorale,
notamment présidentielle. La télévision dépendra directement, comme la radio avant elle, du ministère de l'Information et d'un service spécialisé rattaché au Premier
ministre. La justification donnée de cette tutelle était
que l'opposition détenant un quasi-monopole de la
presse écrite, la télévision rétablissait l'équilibre. Georges
Pompidou, après avoir laissé faire une expérience de libéralisation de l'audiovisuel par son Premier ministre
Jacques Chaban-Delmas, en reviendra vite à cette conception gaullienne : « L'ORTF, dira-t-il le 2 juillet 1970,
qu'on le veuille ou non, c'est la voix de la France. »

La fin du monopole d'État dans l'audiovisuel

Jacques Chaban-Delmas avait cru possible de couper le
cordon ombilical entre pouvoir et télévision par une
simple opération de décentralisation. Il avait créé deux
unités d'information autonomes dans chacune des deux
chaînes de l'époque, confiant, pour marquer sa volonté de
changement, la direction de la première à Pierre Desgrau-
pes, ancien animateur du magazine de grand reportage
Cinq colonnes à la une et ancien gréviste de l'ORTF en
mai 1968. L'échec de l'expérience obligera – pour assurer
la liberté et le pluralisme de l'information télévisée – à
aller plus loin, jusqu'à la remise en cause et à l'abandon
progressif du monopole de l'État, autrement dit de la
conception de l'information audiovisuelle comme un
service public. Le pouvoir de l'État dans le secteur de la
communication en France est fondé sur le monopole qu'il
s'était octroyé dès le XIXᵉ siècle sur toutes formes de télé-
communications existantes ou à venir. Un monopole de
droit qui lui avait permis de placer sous contrôle public,
dès leur apparition, le télégraphe (1845), le téléphone
(1876), la radio (1900), la télévision (1935), puis les satellites (1963), la télématique (1978), la téléinformatique

(1980) et la télédistribution (1983). Dans le domaine audiovisuel cependant, ce monopole public était, à terme, condamné par l'évolution politique, financière et technologique. Évolution politique : la révolte des journalistes contre la tutelle de l'État en mai 1968, leur volonté d'émancipation et d'indépendance d'une part, le progrès des idées néolibérales dans les années 1980, d'autre part, contredisent l'idée que la qualité de l'information télévisée passe par le maintien du service public de l'audiovisuel – d'autant que les Français ont pu constater que les radios commerciales et privées (RTL, Europe 1) étaient plus ouvertes et plus dynamiques, du point de vue de l'information, que la radio d'État. Évolution financière : la multiplication des chaînes de télévision publique, l'accroissement des coûts de production de programmes font que la redevance obligatoire payée par tout possesseur d'un poste de télévision ne suffit plus à assurer l'équilibre financier de la télévision. L'État, pour ne pas avoir à financer le service public de l'audiovisuel sur le budget de la nation, devra se résoudre, en 1968, à autoriser la publicité de marques dans les programmes. Ce financement privé du service public y introduisait la logique commerciale du maximum d'audience pour la satisfaction des annonceurs publicitaires, gommant la différence entre télévision publique et télévision privée. Évolution technique : les satellites de diffusion directe d'images et de son réduiront à néant dans l'avenir toute velléité de contrôle de l'État sur l'offre de programmes télévisés. Le libre choix dont disposaient déjà les téléspectateurs dans les régions frontalières sera étendu par le haut à l'ensemble du territoire.

L'abolition du monopole d'État s'est faite en deux étapes. Dans un premier temps, avec la loi socialiste du 29 juillet 1982, le principe de la liberté de la communication audiovisuelle a été posé et l'État a renoncé à son monopole de programmation en se donnant la possibilité légale de créer des chaînes privées. De fait, un espace audiovisuel privé a été aussitôt aménagé, à côté du service public, par la création d'une quatrième chaîne, Canal +, chaîne privée financée par abonnements et confiée à l'Agence Havas pour la diffusion de films. Cette chaîne connaîtra une réussite commerciale extraordinaire. À la veille des élections législatives de mars 1986, dans la précipitation et les polémiques, les socialistes créeront de surcroît une cinquième chaîne (La Cinq) et une sixième chaîne (à vocation musicale) toutes deux privées et financées par la publicité commerciale. Dans un deuxième temps, avec la loi RPR-UDF du 30 septembre 1986, un pas de plus a été franchi avec un début de privatisation du service public lui-même. Sa chaîne vedette, la Une, a été cédée pour moitié à des repreneurs privés (conduits par le groupe Bouygues – bâtiments et travaux publics), choisis par une *Commission nationale de la communication et des libertés* (CNCL*), pour moitié par la mise en vente d'actions (40 % dans le public, 10 % chez les salariés de la chaîne). Les chaînes publiques (France 2 et FR 3) allaient devenir minoritaires par leur audience et, finalement, très semblables dans leur conception et leur style aux chaînes privées en concurrence avec elles.

Le Conseil constitutionnel – dans ses décisions des 13 octobre 1984, 29 juillet 1986 et 18 septembre 1986 – a consacré cette évolution du paysage audiovisuel français – « l'objectif à réaliser [était] que les lecteurs [auditeurs ou téléspectateurs], qui sont au nombre des destinataires essentiels de la liberté proclamée à l'*article 11* de la Déclaration des droits de l'homme et du citoyen de 1789, soient à même d'exercer leur libre choix, sans que, ni les intérêts privés, ni les pouvoirs publics puissent y substituer leurs propres décisions, ni qu'on puisse en faire les objets d'un marché ». Le Conseil constitutionnel laisse cependant le soin au législateur de concilier l'exercice de la liberté de communication avec les contraintes techniques des médias et les autres objectifs constitutionnels que sont « la sauvegarde de l'ordre public, le respect de la liberté d'autrui et la présentation du caractère pluraliste des courants d'expression socioculturels auxquels [les modes de communications audiovisuelles], par leur influence considérable, sont susceptibles de porter atteinte ». L'État, en effet, s'est réservé les moyens d'organiser la liberté donnée à la communication audiovisuelle par la fin du monopole public et la concurrence entre chaînes privées et publiques. Pour l'essentiel cette régulation de la télévision (et de la radio) passe, depuis 1982, par une autorité administrative mais indépendante de l'État, instituée par la loi – ce qui veut dire qu'elle peut également être modifiée par une nouvelle loi si les décisions qu'elle a prises déplaisent trop au pouvoir du moment. C'est ce qui est arrivé une première fois en septembre 1986 quand la nouvelle majorité parlementaire RPF-UDF a supprimé la *Haute Autorité**, créée en juillet 1982, pour la remplacer par la *Commission nationale de la communication et des libertés**, et en janvier 1989 lorsque les socialistes, revenus au pouvoir, ont remplacé à leur tour la CNCL par le *Conseil supérieur de l'audiovisuel**. Une preuve, s'il en fallait, qu'il est dur, pour les hommes politiques de tous bords, de renoncer au vieux privilège qui leur donnait, au pouvoir, le contrôle des moyens de communication radiotélévisuels. Il reste qu'il est difficile, voire quasiment impossible à la longue, de changer la loi sur l'audiovisuel à chaque alternance politique et que le bouclier d'une autorité indépendante de l'État entre pouvoir politique et presse radiotélévisée remplira de mieux en mieux ses fonctions à mesure que cette autorité légitimera, par son indépendance effective, son existence et que celle-ci passera dans les mœurs. Encore que le pouvoir politique possède, avec la réglementation et le financement des sociétés nationales de radio et télévision, de moyens de pression sur les chaînes publiques, ou, par l'intermédiaire de relais dans les conseils d'administration, de moyens de pressions indirects sur les chaînes privées, qui leur permettent de changer les responsables sans toucher aux structures, comme en 1993-94.

Dans sa dernière version – celle du *Conseil supérieur de l'audiovisuel* – l'autorité régulatrice est composée de 9 membres de moins de 65 ans, 3 (dont le président) étant désignés par le président de la République, 3 par le président du Sénat, trois par le président de l'Assemblée nationale, comme c'est le cas pour le Conseil constitutionnel. Nommés pour six ans, ces « sages » ne sont ni révocables, ni renouvelables. Leur pouvoir est grand puisqu'il leur appartient de délivrer les autorisations d'émettre en radio et télévision ; d'imposer aux opérateurs un cahier des

charges (notamment des quotas d'œuvres françaises et
européennes, un minimum de programmes éducatifs et
culturels – bref, des règles générales de programmation et
des conditions générales de productions télévisées) ; de
faire respecter par les opérateurs les engagements pris,
ainsi que les obligations légales et réglementaires, au
moyen de mises en demeure, ou – en saisissant le Conseil
d'État – au moyen d'injonctions assorties de sanctions
pécuniaires ; de nommer, voire de démettre les présidents
directeurs généraux des chaînes publiques. Il n'est pas
certain que les personnalités nommées en 1989 par François Mitterrand, Alain Poher et Laurent Fabius, avaient
l'autorité nécessaire et l'expérience requise pour gérer
avec la compétence et l'indépendance espérées un
domaine aussi complexe et tellement convoité. Le CSA a
choisi, pour diriger les chaînes publiques, un PDG. dont le
pouvoir socialiste ne voulait pas – Philippe Guilhaume –
puis l'a remplacé quinze mois plus tard, après l'avoir
contraint à la démission, par l'homme que le pouvoir
aurait voulu – Hervé Bourges –, lequel a dû renoncer à
demander la prolongation de son mandat, après l'alternance de 1993, et a été remplacé par Jean-Pierre Elka-
bach, début 1994, selon les désirs du nouveau pouvoir
UPF. Le CSA n'a pas su non plus éviter la première
faillite d'une société de télévision française – La Cinq –
en 1992. Le problème est de savoir si la faute en incombe
au choix des hommes ou à l'institution, à la volonté française de confier à une instance administrative la définition
du paysage audiovisuel, la désignation des opérateurs,
voire de certains PDG, et la réglementation précise du
cadre des programmes et des modes de financement des
entreprises de télévision.

Le pouvoir de la télévision

   L'intérêt du pouvoir politique pour la télévision est
étroitement lié à l'idée que l'on se fait du pouvoir de la
télévision. Quand les milieux politiques et les électeurs

découvrirent, en 1962-65, l'importance électorale de la télévision, ils eurent naturellement tendance à l'exagérer. La victoire du *oui* à l'élection du président de la République au suffrage universel direct, lors du référendum du 28 octobre 1962, avait surpris les partis qui tous, à la seule exception du parti gaulliste, avaient pris position pour le *non* ; on l'attribua donc à l'influence nouvelle de la télévision. La mise en ballottage du général de Gaulle, le 5 décembre 1965 au premier tour de l'élection présidentielle, et le résultat inattendu du candidat centriste Jean Lecanuet (15,9 % des suffrages exprimés), étonneront également. Ils seront aussitôt mis sur le compte du refus du général de Gaulle d'utiliser au premier tour son temps d'antenne gratuit, et du choc provoqué, au contraire, par la campagne très médiatique de Jean Lecanuet. Très vite, cependant, les chercheurs français redécouvrent ce que les spécialistes américains savaient depuis Lazersfeld : le pouvoir de la télévision n'est ni direct ni absolu, mais indirect et limité. Il n'est pas direct parce que le message télévisé est passé au crible de la critique de l'entourage avec lequel le téléspectateur le discute – parents, amis, collègues... tous ces proches parmi lesquels Lazersfeld a repéré ceux qu'il nomme des « prescripteurs d'opinion » (*opinion leaders**) – des gens ordinaires qui ont le don d'influencer le point de vue des autres. Il est limité parce que les valeurs, les exigences, les préjugés du téléspectateur font que sa propre perception du message télévisé est sélective. Sans parler de son attention, dont toutes les enquêtes montrent qu'elle est, pour le moins, intermittente et inégale. Bref il ne suffit pas de parler à la télévision pour être écouté et, encore moins, entendu des téléspectateurs. Et les chercheurs de constater, en effet, qu'il n'y a pas de corrélation entre le *oui* à l'élection du Président par le peuple et la possession d'un poste de télévision en 1962 ; et que les téléspectateurs les plus fidèles et les plus attentifs à la campagne télévisée de 1965, pour le premier tour de l'élection présidentielle, sont ceux qui s'avèrent les moins influençables dans leur choix électoral. Paradoxe d'un moyen d'information politique dominant qui n'arrive à influencer, à la marge, que le vote des électeurs qui le regardent peu et distraitement... Les recherches accumulées et l'expérience maintenant prolongée de la communication audiovisuelle ont permis de mieux cerner, peu à peu, le pouvoir politique de la télévision. On peut le résumer en deux propositions : pouvoir considérable de sélection et de mise en scène des informations – dont les hommes politiques ont appris à tenir compte ; mais pouvoir beaucoup plus limité d'orientation des choix politiques, surtout à court terme et chaque fois que le téléspectateur est sur la défensive – comme lorsqu'il s'agit de voter.

Les journalistes et leurs médias – à commencer par la télévision – sont les intermédiaires incontournables de toute communication politique de masse et exercent, au passage, sur les nouvelles et enjeux politiques un double pouvoir de mise en avant ou d'ignorance – *fonction d'« agenda* * »* et de mise en scène favorable ou défavorable –, fonction d'évaluation critique. Les acteurs politiques – gouvernants, opposants, représentants des intérêts, etc. – s'efforcent bien de ramener le débat électoral et politique sur leur terrain autour des enjeux qui leur tiennent à cœur, surtout quand ils sont « porteurs », pour eux, dans l'opinion publique. Mais ce sont les journalistes, par la sélection qu'ils sont de toute façon contraints de faire dans la masse des intervenants et des informations, qui donnent à chaque porte-parole et à chaque nouvelle son véritable poids. Et ce sont les électeurs (téléspectateurs/lecteurs) qui, en dernier ressort, attribuent aux hommes et aux enjeux qui leur sont présentés un impact électoral et politique plus ou moins fort. Dans ce processus de construction collective et continue de l'ordre du jour politique, le rôle d'intermédiaire des médias, sans être irrésistible, est de toute évidence crucial. À court terme les médias ont le pouvoir de dire haut et fort ce qui fait l'actualité, donc ce qui ne la fait pas. À plus long terme ils peuvent favoriser ou, à l'inverse, retarder voire bloquer l'émergence de certains enjeux politiques et des hommes, des groupes qui les expriment. L'« agenda » politique que le milieu journalistique élabore au jour le jour tend à structurer celui des hommes politiques, par la force des choses, et des citoyens, par effet d'influence.

L'influence de l'« agenda » des médias est d'autant

plus grande que les journalistes, tout en s'opposant sur le contenu des enjeux, sont fréquemment d'accord sur l'importance qu'il convient de leur donner. Les gros titres des journaux télévisés, la « une » des quotidiens mettent le plus souvent en avant les mêmes nouvelles – sans doute parce que les journalistes politiques, de formation identique, partagent les mêmes critères de sélection des informations (nouveauté, proximité, dimension humaine et dramatique, aspect ludique), mais aussi à cause de l'existence dans la profession de véritables prescripteurs d'opinion – tel *Le Monde* en France – que l'on copie volontiers. Lors de la campagne électorale des élections législatives de mars 1986, les médias se sont ainsi emparés de la question de la cohabitation probable, souhaitée ou rejetée, entre un président de la République socialiste – François Mitterrand, en place jusqu'à 1988 – et une majorité de droite RPR-UDF. Ils en ont fait, par le temps d'antenne (ou la surface imprimée) qu'ils lui ont donné, l'enjeu numéro un de l'élection. Contre la volonté des porte-parole des partis politiques, telle qu'on pouvait l'apprécier d'après ce dont ils avaient choisi de parler dans leurs émissions propres de campagne télévisée – emploi, politique sociale, politique économique ; contre les attentes des électeurs aussi, mesurées par sondages (emploi, crise, formation, sécurité, protection sociale).

De la même façon qu'ils peuvent peser sur l'ordre du jour de la politique, les médias ont la possibilité de favoriser ou d'entraver la présence, donc l'existence, de certains acteurs sur la scène politique. Acteurs collectifs comme Médecins sans frontières, SOS racisme ou tous les organismes de bienfaisance promus par le Téléthon. Acteurs individuels comme les « présidentiables » reconnus et potentiels ou vedettes projetées sur la scène politique par la télévision, de Coluche et Montand à Bernard Tapie. Ce sont les journalistes qui font les invitations de personnalités politiques dans les journaux télévisés et, surtout, les grandes émissions politiques comme *L'Heure de vérité*, *Sept sur Sept* ou, il y a vingt ans, *À armes égales*. Par le succès de ces émissions, ils ont contribué à la personnalisation de la vie politique française, en faisant appel – de façon répétée – aux mêmes étoiles politiques ;

ils ont facilité l'émergence de quelques hommes et forces
nouvelles – de Jean-Marie Le Pen (avec sa première
Heure de vérité, le 13 février 1984, avant sa percée électorale aux élections européennes de juin), à Bernard Tapie
plus récemment ; et ils participent aujourd'hui à la crise
du politique par leurs émissions qui tournent le personnel
politique en dérision – comme le *Bébête-show* ou les
Guignols de l'info. Il va de soi que les hommes politiques
ont appris à se servir de la télévision pour retrouver une
certaine autonomie dans le jeu des contraintes du système
audiovisuel. Ils savent ainsi éluder certaines questions et,
répondant aux questions qu'ils posent eux-mêmes, dire ce
qu'ils avaient l'intention de dire. Ils gèrent leurs interventions publiques en fonction du temps télévisé – pour être
repris dans le journal de 20 heures, par exemple, ou pour
tirer le meilleur parti d'une invitation dans une grande
émission politique. Ils s'efforcent, à l'occasion, de créer
l'événement – manifestations, congrès, colloque, action
symbolique, publication d'un livre, etc. – susceptible
d'attirer l'attention de la télévision et des téléspectateurs.
Et, quand leur position – à l'Élysée, à Matignon, à la
direction d'un grand parti ou ailleurs – le leur permet, ils
n'ont garde d'oublier que les journalistes aussi ont besoin
des hommes politiques pour puiser à la source les informations dont ils vivent. Ce qui crée certaines connivences.

Les journalistes et les hommes politiques ne sont pas en
concurrence uniquement pour la mise au point de l'ordre
du jour politique, pour l'appréciation de la hiérarchie et de
l'urgence des enjeux d'actualité. Ils le sont également
pour la mise en scène des événements politiques ainsi
privilégiés. Comme les pièces de théâtre qui en valent la
peine, les événements politiques d'une certaine importance ont une complexité – multiplicité des associations,
des significations, des effets auxquels ils peuvent donner
lieu – qui les rend passibles de mises en scène variées ;
leurs dimensions multiples fait qu'on peut les prendre et
les présenter par bien des côtés, sous des jours très différents. L'affaire du foulard, en octobre 1989, en est un
parfait exemple. À l'origine un événement mineur : trois
jeunes Maghrébines refusent, pour raison religieuse,
d'ôter leur foulard en classe dans un collège public de

Creil, à effectifs multi-ethniques ; le principal du collège, lui-même d'origine antillaise, veut prendre des sanctions allant, s'il le faut, jusqu'à l'exclusion des élèves incriminées. En quelques jours, du 20 au 26 octobre, 62 commentaires et 55 reportages radios et télés, plus d'une centaine d'articles dans la presse écrite nationale, autant dans la presse régionale, donnent un retentissement considérable à l'incident. Et chacun est amené à prendre position – au gouvernement, dans l'opposition, dans les Églises et groupes de pensée, dans les médias. L'événement est riche de significations symboliques puisqu'il peut être relié aux représentations de l'identité française, de l'Islam, de l'École publique et de la femme. Si bien que le foulard devient, selon les intervenants dans le débat, signe d'identification à l'Islam, d'intégrisme et de fanatisme religieux, d'islamisation de la France ; forme d'expression normale d'un droit à la différence ou au contraire d'atteinte à la neutralité de l'école publique et laïque ; marque de pudeur et de bonnes mœurs, à moins que ce ne soit d'aliénation de la femme... Les solutions au conflit, dans cet enchevêtrement de symboles et principes contradictoires, divisent d'autant plus les familles politiques que l'affaire se déroule sur fond de controverses à propos de l'immigration – controverses attisées par Jean-Marie Le Pen et le Front national à un moment où, comme le note Alain Touraine, l'immigré est de moins en moins vu en travailleur au bas de l'échelle socioprofessionnelle et de plus en plus perçu comme musulman. Certains, de gauche et de droite, s'en tiendront pour des motivations diverses au principe de neutralité religieuse et politique de l'école laïque et républicaine, donc à la fermeté de l'interdiction du foulard islamique dans les salles de classe. D'autres prôneront au contraire le droit à la différence, la tolérance, la dédramatisation du conflit. Le gouvernement socialiste, non sans mal, se ralliera à une solution de compromis : défense de la laïcité sans aller jusqu'à l'exclusion des jeunes musulmanes de l'école publique, leur meilleure chance d'intégration dans la culture française. Profitant de la mobilisation des opinions provoquée par l'affaire, le Front national – le 3 décembre 1989 – retrouvera à Dreux, avec Marie-France Stirbois, un siège de député à l'Assemblée nationale, à la faveur d'une élection législative partielle ; tandis que le Premier ministre, Michel Rocard, dans l'autre sens, précipitera le lancement de son plan d'intégration des étrangers en France, mais dira le 3 décembre à l'émission télévisée *Sept sur Sept* sa volonté de lutter, tout en évitant la dramatisation médiatique, contre toute immigration nouvelle : « Nous ne pouvons accueillir toute la misère du monde. »

La mise en scène des événements politiques – par les hommes politiques comme par les médias – procède de toute évidence d'une évaluation critique où les oppositions idéologiques et partisanes retrouvent toute leur force. En ce domaine la liberté des médias est grande, dans une démocratie en général, surtout avec une télévision de plus en plus indépendante et pluraliste comme en France depuis 1982. Mais les dirigeants politiques, de leur côté, sont conscients de l'importance d'une bonne gestion de leur communication politique et ont un certain savoir-faire dans ce domaine. Le pouvoir politique a le sentiment justifié d'agir toujours « sous le feu des médias » et l'œil critique de l'opinion publique. Une opinion publique faite de Français plus libres de leurs attachements socioculturels et idéologiques parce qu'ils sont plus éduqués, plus indépendants financièrement et économiquement, mais aussi mieux informés – de façon contradictoire – par les médias radiotélévisés.

La force de l'opinion publique

Lors des élections présidentielles de 1965, les premières au suffrage universel direct sous la Ve République, il existait en France deux *Instituts de sondages* * – l'IFOP (depuis 1938) et la SOFRES (depuis 1962), qui réalisèrent à eux deux une douzaine de *sondages* * préélectoraux. En 1981, pour les élections présidentielles de la première alternance droite-gauche depuis 1958, 12 instituts de sondages publieront au total 160 sondages préélectoraux, sans compter les sondages privés commandités par les candidats. Le *Sondoscope-Revue française des sondages* a recensé – en onze ans de parution – 6 595 sondages politiques publiés, soit 600 l'an environ – 500 au début de la période en 1981, 721 exactement en 1991, deux par jour en moyenne.

Les hommes politiques, peu à peu, ont pris conscience de l'importance et de l'utilité des sondages d'opinion. Au point d'en arriver par la *loi de 1977* * à les interdire dans les huit jours précédant un tour de scrutin et à les faire contrôler, le reste du temps, par une *Commission des sondages* *. C'est de Gaulle, en 1945, qui a commandé – à l'IFOP – les premiers sondages pour le compte du gouvernement ; sur la recommandation d'André Malraux qui lui avait dit que les sondages étaient comme la médecine : « moins précis que les sondeurs ne le disent, mais plus précis que tout le reste ». Actuellement un service administratif spécial, le *Service d'information et de documentation* *, analyse chaque semaine les sondages publiés dans les médias pour en tirer tous renseignements utiles pour l'élite gouvernementale ; fait réaliser chaque mois, par un institut de sondage commercial, une enquête de type *baromètre* * sur l'action gouvernementale, les politiques suivies, etc. ; commande, chaque fois que nécessaire, des sondages sur les points chauds de l'actualité (grève, conflit extérieur et autres crises), ou sur tel ou tel projet politique du gouvernement. Nombreux sont, par ailleurs, les sondages politiques privés réalisés pour le compte de partis, de candidats à la présidence et à tous autres mandats électifs, de groupes de pression, etc. Les effets de ce suivi régulier et organisé de l'opinion publique par les élites politiques, à commencer par les gouvernants, sont loin d'être négligeables. Au-delà des mouvements d'opinion cycliques, dont les hommes politiques sont très conscients et dont ils tiennent compte – « état de grâce » initial, popularité décroissante en cours de mandat, embellie finale de fin de mandat, mais aussi phénomène éphémère de ralliement autour du drapeau et du chef en cas de grave crise internationale comme la guerre du Golfe – les élites politiques s'avèrent spécialement sensibles aux variations d'opinion en cas de crise intérieure ou quand les élections approchent, autrement dit quand le Peuple souverain se trouve ou se retrouve en position de reprendre et donner le pouvoir. Mai 1968 en est un bel exemple. Michel Jobert, alors au cabinet du Premier ministre Georges Pompidou, s'étonne le 12 mai que ni la classe politique, ni le Parti communiste n'aient encore mesuré la faiblesse de l' « État... sans le soutien de l'opinion publique... vulnérable, mal assuré de lui-même et de ce qu'il représentait ». Georges Pompidou, Premier ministre, intériorise un certain contrôle de la violence par l'opinion : « Éviter le drame avec les étudiants (la France n'accepte pas qu'on tue des jeunes et moi-même ne pouvais en supporter l'idée), et les intrigues politiques s'écrouleraient dans le ridicule. » De Gaulle, président de la République, trouve la situation insaisissable et attend, avant d'agir, d'avoir à nouveau prise sur l'événement. Et son Premier ministre cherche de son côté à gagner du temps en misant sur un retournement de l'opinion : « La crise n'avait pris une tournure aussi grave que dans la mesure où l'opinion – et essentiellement l'opinion parisienne – avait brusquement donné libre cours au prurit anti-gaulliste qui l'avait démangée à plusieurs reprises dans le passé [...] Le désordre dans la rue, l'incroyable spectacle donné par la Sorbonne ou l'Odéon, la paralysie économique devaient tôt ou tard permettre de renverser la vapeur. Déjà la province laissait percer sa lassitude et son irritation. » Les élections de juin 1968 montreront finalement que les « révolutions », dans la France d'aujourd'hui, ne se jouent plus dans la rue et à Paris, mais dans les consciences de tous les Français et dans les urnes.

Ces moments dramatiques, où le peuple réapparaît dans sa majesté, ne doivent cependant pas faire oublier le suivi quotidien de l'opinion à travers les sondages, tellement banal désormais que les hommes politiques n'en parlent guère dans leurs *Mémoires*. Le gouvernement de Michel Rocard illustre bien l'usage que le pouvoir peut faire des sondages. Ses collaborateurs chargés par lui du suivi de l'opinion faisaient procéder à des sondages répétés, qui s'ajoutaient au baromètre gouvernemental du SID, sur le moral des fonctionnaires, les attentes et les peurs des Français devant le Grand Marché européen, sur l'immigration ; durant la période cruciale de l'effondrement du communisme à l'Est et de la réunification allemande ils avaient mis en place un observatoire de l'opinion allemande et française. Sur certains projets gouvernementaux, comme celui de la contribution sociale généralisée (CSG), l'opinion était testée trois fois : une première fois, très en amont, avant même la mise en chantier du projet, pour mesurer les refus et rejets des Français dans le domaine politique concerné ; une seconde fois, avant l'arbitrage politique du Premier ministre et du Président, pour une évaluation par l'électorat des propositions de réformes multiples et parfois contradictoires proposées par les ministères intéressés ; une dernière fois à la veille de la publication du projet pour connaître les réactions globales et spécifiques de l'opinion. Ces consultations par sondages ne semblent pas avoir été sans effets. Le gouvernement Rocard a ainsi mis l'accent sur l'insertion dans son projet de loi de revenu minimum d'insertion (RMI), conformément aux attentes du public. Le faible moral des fonctionnaires l'a conduit, entre autres choses, à une révision de la grille de leurs rémunérations. L'attachement des Français à l'héritage l'a renforcé dans sa volonté de s'opposer aux demandes du groupe parlementaire socialiste d'un alourdissement des droits de succession. L'intensité, enfin, du rejet par l'opinion du droit de vote pour les immigrés non naturalisés n'est pas étrangère à l'abandon par le pouvoir socialiste de cette promesse du candidat François Mitterrand en 1981.

Michel Rocard a été plus loin, jusqu'à l'élaboration d'une théorie nouvelle des rapports entre les élites politiques et le peuple, dans son discours de Joué-les-Tours, le 20 septembre 1990. Évoquant l'impopularité des gouvernements socialistes de Pierre Mauroy et Laurent Fabius avant lui, il déclarait : « Nos gouvernements doivent, dans la société d'aujourd'hui, rechercher l'appui de l'opinion, avec toutes les difficultés que ceci représente. » Et précisait que « dans une démocratie moderne comme la nôtre, les partis ne sont ni légitimes, ni fondés à vouloir autre chose que ce que veulent les Français », contrairement à la conception léniniste du parti d' « avant-garde consciente et organisée des masses populaires, sachant mieux qu'elles où est leur intérêt ». Convaincu que le peuple,

collectivement, est plus intelligent que quiconque, qu'il
sait ce qu'il veut et, surtout, ce qu'il ne veut pas, Michel
Rocard souligne qu'« il n'y a pas synonymie entre
mesures difficiles et impopulaires » – contrairement au
mythe de l'homme d'État qui va toujours à l'encontre de
l'opinion, et que « lorsqu'un effort est demandé aux Français ils y consentent toujours dès lors qu'ils en mesurent
la nécessité et la justesse ». Autrement dit les réformes
voulues par les élites politiques « pour être durables et
profondes » doivent « avancer au rythme que le pays
accepte, jamais moins vite, mais jamais trop non plus ».
Ces positions, mal comprises et mal reçues par les pairs de
Michel Rocard – Pierre Mauroy, qui les condamne au
nom du devoir d'État, et Laurent Fabius, qui leur opposera
son idée d'un « parti de transformation sociale » – trouveront après coup une certaine justification dans la longue
popularité d'Édouard Balladur, malgré sa politique rigoureuse de redressement et de réforme en 1993 ou, *a
contrario*, dans la crise de l'idée d'Union européenne
provoquée par le traité de Maastricht.

On peut débattre de la valeur des sondages comme
indicateurs d'opinion, de la place qu'il convient de leur
donner dans la décision politique[1]. On se contentera de
noter, au point où nous en sommes, que la multiplication
des sondages et l'usage de plus en plus attentif qu'en font
les décideurs politiques changent le rapport entre les élites
politiques et le peuple. En faisant, pour l'essentiel, de
l'évaluation politique des gouvernants par les gouvernés
un contrôle continu et détaillé au lieu d'un contrôle périodique et global, lors des seules élections.

---

1. Voir ci-après, la conclusion de la deuxième partie, « Une
démocratie d'opinion ? »

LES MAÎTRES DU POUVOIR

De la démocratie des partis à une démocratie d'opinion ?

CHAPITRE 5

« PRÉSIDENTIABLES »
ET PARTIS DE GOUVERNEMENT (RPR, PS, UDF)

Le pouvoir politique – national, local, partisan... – peut être concentré dans les mains de son détenteur. On parlera alors de *personnalisation* du pouvoir, voire de « pouvoir personnel ». Il peut également s'incarner dans un homme qui en vient à le symboliser et à qui gouvernés, représentés, partisans s'identifient. On parlera dans ce cas de *personnification* du pouvoir. Sous la IVe République, au sommet de l'État et des collectivités locales, toute personnalisation du pouvoir était exclue dans les principes – par fidélité à une certaine conception de la République et de la démocratie et du fait de la pratique d'un pouvoir sans durée ni moyens. Et sa personnification était honnie. Les rares présidents du Conseil qui aient alors réussi à personnifier un temps le pouvoir d'État – Antoine Pinay en 1952 et Pierre Mendès France en 1954 – sont restés, dans l'élite politique de l'époque, des marginaux. Ils étaient trop populaires pour n'être pas suspectés de démagogie. Personnification et personnalisation du pouvoir ne vont donc pas nécessairement de pair. Pinay et Mendès personnifiaient un pouvoir fort peu personnel tant il leur était mesuré. Cependant la personnalisation du pouvoir – dans la présidence de la Ve République par exemple – entraîne presque naturellement sa personnification.

En donnant du pouvoir aux dirigeants politiques, la Ve République a personnifié et présidentialisé le pouvoir d'État dans la personne du président de la République, le pouvoir municipal dans celle du maire – en attendant que la décentralisation en 1982 étende le « présidentialisme » aux présidents des conseils généraux puis régionaux. Les indices de cette personnification du pouvoir politique ne manquent pas. C'est ainsi que les biographies d'hommes politiques vivants – exceptionnelles avant 1958 (seuls De Gaulle, Pinay, Mendès et Edgar Faure y avaient eu droit) – se sont multipliées sous la Ve République. On a recensé, entre autres, 37 biographies de François Mitterrand, 28 de Valéry Giscard d'Estaing, 25 de Jacques Chirac, 8 de Raymond Barre – sans parler des collections de portraits politiques comme ceux de Pierre Viansson-Ponté, en 1963, *Sur les gaullistes* ; d'Alain Duhamel, en 1983, *Sur les Prétendants*, ou de Serge July, en 1989, dans *Le salon des artistes*.

Le succès des cotes de popularité politique périodiques participe du même phénomène. Elles ne se limitent plus au président de la République et au Premier ministre mais concernent désormais tous les hommes politiques que leur fonction – au gouvernement, dans l'opposition, à la tête des partis, ou à la télévision, ont poussés sur la scène politique nationale. Et chaque institut de sondage de proposer sa propre mesure en la matière. L'homme politique, avec sa personnalité propre, son caractère, devient un élément de l'offre politique, une motivation dans le choix électoral au même titre que l'étiquette de parti ou le programme.

Les « présidentiables »

En faisant ce constat de la personnalisation et de la personnification du pouvoir dans le régime semi-présidentiel de la Ve République, il faut se garder de l'assortir d'une condamnation sans jugement. S'il s'agit des principes, il est difficile d'attribuer à l'élu individuel du peuple souverain une légitimité inférieure à celle du collectif partisan, fût-il majoritaire ; ou à la prise en considération des qualités et défauts personnels une moindre valeur que celle des côtés positifs et négatifs d'un groupe ou d'un autre. Le pouvoir anonyme peut se révéler au moins aussi peu démocratique, aussi fermé et inefficace que le pouvoir « personnel ». Quant à la réalité du rôle des acteurs individuels en politique elle est trop complexe pour qu'on en soit quitte par un jugement à l'emporte-pièce. On sait aujourd'hui que l'histoire ne peut se réduire à l'histoire des grands hommes, des Rois et des Présidents ; qu'il faut étudier l'évolution des structures économiques et sociales, celle des mentalités, l'histoire des peuples, bref l'histoire collective. Peut-on, pour autant, ignorer tous les acteurs individuels dans toutes les circonstances ? Les spécialistes en sciences sociales et humaines le pensent de moins en moins. L'acteur poli-tique individuel n'explique pas tout mais il peut, dans certains rôles politiques et dans certaines circonstances, faire une différence, parfois même la différence entre le succès et l'échec, voire le drame, entre une avancée et un recul. Le politologue américain Fred Greenstein suggère ainsi que l'impact individuel sur un événement ou une situation sera d'autant plus fort que la question sera ambiguë, mal définie, du fait de sa nouveauté, de ses caractères contradictoires (dans le cas d'une crise par exemple) ; que les acteurs susceptibles d'agir dans ces circonstances se trouveront au bon endroit, au bon moment ; et que leur caractère, une forte implication affective, bref des prédispositions intenses leur donneront l'autonomie personnelle nécessaire pour qu'ils prennent l'affaire en mains. Des conditions qui nous rappellent, dans un style moins classique, le portrait et le destin du chef de guerre tel que le futur général de Gaulle le définis-sait dans *Le Fil de l'épée*. On pourrait ajouter qu'outre « l'homme des tempêtes », l'homme politique placé en position de décider au sommet de l'État, d'une institution ou d'une association quelconque, en petit comité, jouit normalement d'une latitude d'action suffisante pour imprimer sa propre marque, positive ou négative, sur l'événement.

Il serait également hasardeux d'assimiler le vote pour ou contre une personnalité politique à un choix dénué de signification politique. Un homme politique, par ses prises de position et actions passées, les qualités et les défauts qu'on lui prête pour l'exercice du pouvoir, les idées et mesures concrètes qu'il préconise, sans parler de ses attaches partisanes, se trouve jaugé et jugé par les électeurs, en termes politiques beaucoup plus que pour des qualités ordinaires. D'après les témoignages des électeurs eux-mêmes, recueillis dans des entretiens « non directifs » (où l'enquêteur laisse la personne interrogée s'exprimer spontanément, librement, longuement, à sa façon), le Président idéal ne ressemble guère au Français moyen, mais plutôt au général de Gaulle qui en a fixé le modèle au début de la Ve République. On attend de lui honnêteté, esprit d'indépendance et courage face aux pressions, une compétence exceptionnelle attestée par l'expérience, dynamisme et efficacité, calme et pondération en toutes circonstances ; et l'on se soucie peu qu'il soit sensible, modeste ou sympathique. L'homme politique assez chevronné et ambitieux pour vouloir devenir un « présidentiable » devra correspondre à cette haute idée que les Français se font désormais de la fonction présidentielle. Être vu comme le meilleur ; proche des préoccupations des Français tout en étant capable de les conduire ; au-dessus des partis sans renier son credo politique ; digne de confiance et suscitant le respect – une figure idéale impossible à incarner en tous points mais qui témoigne de la façon dont les Français ont intériorisé la conception gaullienne du chef de l'État et de la nouvelle République. Le jour du premier tour de l'élection présidentielle de 1988, le 24 avril, dans un sondage réalisé à la sortie des bureaux de vote auprès d'un échantillon représentatif de 4 108 votants, l'IFRES (pour FR 3 et RMC) a demandé aux votants les raisons de leur choix présidentiel : avaient-ils voté en pensant d'abord au candidat qu'ils avaient choisi plutôt qu'un autre ? 45 % des électeurs répondirent que oui – dont 29 % pour ses qualités personnelles, 16 % pour son action passée. Un peu moins (40 %) mirent en avant soit son programme (23 %), soit son parti (17 %). Les autres invoquèrent une autre raison (14 %) ou n'avancè-rent pas de raison (1 %). Les trois principaux candidats – les trois premiers de ce tour éliminatoire – étaient, de façon significative, ceux dont l'équation personnelle avait été décisive pour leurs électeurs : 64 % des électeurs de J. Chirac, 62 % des électeurs de R. Barre et 54 % des élec-teurs de F. Mitterrand avaient fait leur choix en pensant surtout aux qualités personnelles ou à l'action passée de leur élu – contre 8 % seulement des électeurs d'A. Waechter, 10 % seulement des électeurs de J.-M. Le Pen et 16 % seulement des électeurs d'A. Lajoinie. Les considérations de parti n'expliquaient le vote que de 8 % des électeurs de R. Barre, 16 % de ceux de J. Chirac, 24 % de F. Mitterrand – contre 35 % des électeurs Lajoinie, 16 % Waechter et 7 % Le Pen. « Une proposition dans son programme particulièrement importante à leurs yeux », enfin, avait motivé le choix de 61 % des électeurs de J.-M. Le Pen (qui citaient presque tous « l'immigration »), 48 % des électeurs d'A. Waechter (l'environnement pour l'essentiel), 39 % des électeurs d'A. Lajoinie (le chômage), alors que 8 % seulement des électeurs de F. Mitterrand, 12 % des électeurs de J. Chirac et 19 % des électeurs de R. Barre disaient les avoir préférés d'abord pour l'une de leurs propositions politiques. Bref les candidats susceptibles d'être élus Président – F. Mitterrand, J. Chirac, R. Barre – étaient jugés sur leurs capacités personnelles et, accessoirement, leur identité partisane, autrement dit sur leur compétence politique générale, tandis que les « petits » candidats servaient surtout à souligner des priorités politiques négligées ou traitées de façon inefficace, selon leurs électeurs, par les partis et les hommes de gouvernement.

La notion de « présidentiable » est mal définie. Le mot même est récent : il ne figure pas dans la première édition du *Robert* en 1965, lors de la première élection présidentielle directe de la Vᵉ République. Et l'usage qui en est fait varie : dans un sens large, on désignera ainsi tout candidat à l'élection présidentielle, voire tout candidat à la candidature ; à moins qu'on ne veuille parler des hommes politiques qui auraient la « stature » d'un Président, qui pourraient faire un bon Président ; dans un sens nettement plus restreint, on pensera plutôt aux personnalités susceptibles d'être élues, si elles se présentent. Sans ignorer les autres acceptions du terme, nous privilégierons ici sa définition la plus stricte, fondée sur la crédibilité du candidat effectif ou potentiel à l'Élysée en considérant qu'un « présidentiable » est une personnalité politique susceptible d'être effectivement élue Président, à la prochaine élection présidentielle ou à la suivante. Ce qui suppose en

fait qu'elle remplisse deux conditions indispensables pour
être prise au sérieux dans la course à l'Élysée : avoir une
expérience politique au plus haut niveau et être susceptible d'obtenir le soutien, l'investiture d'un grand parti de
gouvernement au minimum (RPR et/ou UDF ; ou PS).
L'exigence d'expérience politique au plus haut niveau
dérive naturellement de l'idée très élevée que les électeurs
se font du président de la Ve République. Concrètement,
pour entrer aujourd'hui dans le cercle étroit des « présidentiables », il faut avoir exercé les fonctions de Premier
ministre, ou des fonctions équivalentes. Dans le vivier des
treize Premiers ministres depuis 1959 – Debré, Pompidou,
Couve de Murville, Chaban-Delmas, Messmer, Chirac,
Barre, Mauroy, Fabius, Rocard, Cresson, Bérégovoy,
Balladur – quatre seulement n'ont jamais été candidats ne
serait-ce qu'à la candidature présidentielle : Maurice
Couve de Murville, Premier ministre de transition ; Pierre
Mauroy, trop marqué sans doute par son socialisme « de
tradition », mais qui acceptera d'être un candidat pour
témoigner, si on le presse ; Édith Cresson, à cause de son
échec à Matignon, et Pierre Bérégovoy, du fait de sa fin
tragique. Tous les autres se sont laissés convaincre, à un
moment ou à un autre, qu'ils avaient un « destin
national ». On dira peut-être, à l'inverse, qu'un seul de ces
anciens Premiers ministres – Georges Pompidou – a réussi
à devenir Président. Mais le nombre des Présidents – trois
seulement après de Gaulle – est trop faible pour autoriser
des généralisations. Et si Valéry Giscard d'Estaing n'avait
pas été Premier ministre, mais ministre d'État aux
Finances, avant d'entrer à l'Élysée, c'est que la domination gaulliste dans la majorité parlementaire l'en avait
empêché, comme l'absence d'alternance droite/gauche
avant 1981 n'avait pas permis à François Mitterrand et à
tous les socialistes ou autres dirigeants de gauche de
postuler à Matignon avant l'Élysée. Dans ce cas une expérience ministérielle ou de même niveau (à la Commission
européenne par exemple), ou encore la direction d'un
parti, peuvent servir d'équivalence. La conséquence de
cette sélection très sévère, selon le double critère de la
plus haute expérience politique et du soutien d'un grand
parti de gouvernement, est qu'il faut dix ans en France

pour fabriquer un « présidentiable », au lieu d'une simple élection « primaire » de quelques mois comme aux États-Unis. Du coup le cercle des « présidentiables » change peu, d'une élection présidentielle à la suivante, et les « rénovateurs » quadragénaires, voire quinquagénaires, sont considérés comme trop jeunes, trop tendres pour y entrer. Les Français disent bien, dans les sondages, qu'il faudrait renouveler en le rajeunissant le cercle étroit des « présidentiables » ; mais ils continuent de privilégier par leurs intentions de vote et leurs votes l'expérience, donc l'âge, sur la jeunesse. Si bien que le nombre des « présidentiables », à la veille de l'élection présidentielle de 1995, par exemple, se limite – au maximum – à une demi-douzaine de personnalités, trois de droite et autant de gauche, dont deux ou trois seulement semblent être véritablement dans la course pour succéder à François Mitterrand :

– Édouard Balladur, Premier ministre, 66 ans en 1995, RPR.

– Jacques Chirac, ancien Premier ministre (2 fois), 63 ans en 1995, président-fondateur du RPR.

– Valéry Giscard d'Estaing, ancien président de la République, 69 ans en 1995, président de l'UDF après en avoir été l'inspirateur en 1978.

– Jacques Delors, ancien président de la Commission européenne, 70 ans en 1995, PS.

– Laurent Fabius, ancien Premier ministre, 49 ans en 1995, ancien premier secrétaire du PS.

– Michel Rocard, ancien Premier ministre, 65 ans en 1995, ancien premier secrétaire du PS.

On aura noté que figurent parmi ces « présidentiables » les chefs ou anciens chefs des trois partis de gouvernement, les trois grands partis politiques d'aujourd'hui : Jacques Chirac pour le RPR, Valéry Giscard d'Estaing pour l'UDF, Laurent Fabius et Michel Rocard pour le PS. La perte de la direction de son parti, par Michel Rocard en 1994, l'a, pense-t-on, éliminé de la compétition présidentielle.

Les partis de gouvernement

Les trois partis à vocation gouvernementale actuels – RPR, UDF, PS – sont des acteurs essentiels du pouvoir politique, notamment depuis que la Ve République, en 1981, est passée de l'ère de la domination gaulliste et giscardienne à celle des alternances, entre gauche modérée et droite modérée. Nous les considérerons dans l'ordre défini par le nombre de Présidents issus de leurs rangs : le parti gaulliste d'abord, qui a donné jusqu'en 1994, deux Présidents pour quinze années de Ve République ; le parti socialiste ensuite, un Président pour quatorze années de Ve République ; le parti giscardien, enfin, un Président pour un septennat.

Le parti gaulliste : le Rassemblement

Le *Rassemblement pour la République* (RPR), fondé en 1976 par Jacques Chirac, est la dernière incarnation du mouvement politique gaulliste. Il descend en droite ligne du *Rassemblement du peuple français* (RPF) créé et présidé par le Général de Gaulle en 1947, en passant, notamment, par l'*Union pour la nouvelle République* (UNR) qui avait à nouveau rassemblé militants et électeurs gaullistes en 1958, pour consolider les institutions nouvelles et assurer leur pérennité (cf. chapitre 2 le schéma simplifié de la filiation des principaux partis français actuels). « Le Rassemblement n'existerait pas sans le général de Gaulle », peut-on lire dans le guide distribué à ses nouveaux adhérents. Du gaullisme, comme pensée politique et modèle d'action, il retient trois principes essentiels :

– « C'est un humanisme, une philosophie reposant sur la volonté de rétablir l'homme dans sa plénitude », à travers une politique de progrès social, le respect de la dignité et de la liberté de chacun, l'engagement en faveur des droits de l'homme et de l'émancipation des peuples.

– « C'est une certaine idée de la France et de l'indépendance nationale », dans une volonté de défendre l'identité française sans repliement sur soi car « la France a un grand rôle à jouer en Europe et dans le monde ».

– « C'est une conception de l'État exigeante et volontariste », un État fort qui puise sa force dans sa légitimité, sans être ni omniprésent ni omnipotent, mais rassemblé sur l'essentiel, sa souveraineté.

Pour la réalisation de ces principes le RPR, dans la tradition gaulliste, compte sur le *compagnonnage* de ses militants et responsables ; sur l'appel direct au *rassemblement* des Français sur la France au-delà de leurs divisions philosophiques, religieuses et politiques ; et sur la *participation* – dans l'entreprise, l'université, la cité, la nation – qui favorise l'épanouissement, à la fois, de la responsabilité individuelle et de la solidarité nationale.

Le général de Gaulle, après avoir longtemps mis le mot entre guillemets et répugné à le définir a fini, au lendemain de mai 1968, par léguer aux gaullistes sa définition du « gaullisme » : « Aucun système de pensée, de volonté et d'action ne saurait inspirer la France, comme il faut pour qu'elle soit la France, sinon celui que les événements ont suscité depuis juin 1940. [...] On voit donc quel est, pour longtemps, le devoir de cohésion et de résolution de ceux qui, à mesure du temps, ont adhéré, adhèrent, ou adhéreront à l'entreprise de rénovation nationale qui a le service de la France pour raison d'être, pour loi et pour ressort. Cette entreprise [...] on l'appelle "gaullisme" depuis 1940 » (conférence de presse, Élysée, 9 septembre 1968).

Ainsi défini le gaullisme est voué à perdurer, comme idéologie, après de Gaulle. Et il s'analyse, pour l'essentiel, comme un nationalisme – « une certaine idée de la France », inspirée autant par le sentiment que la raison, la France qui « ne peut être la France sans la grandeur » (Charles de Gaulle, début des *Mémoires de guerre*) – mais un nationalisme d'adhésion et non d'exclusion, ouvert, œcuménique, non belliciste contrairement à d'autres formes de nationalisme, notamment le « nationalisme intégral » d'un Charles Maurras dont procède aujourd'hui le Front national.

Comme beaucoup d'héritages dans l'univers des idéologies politiques, le gaullisme est devenu, après de Gaulle,

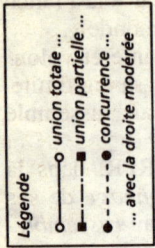

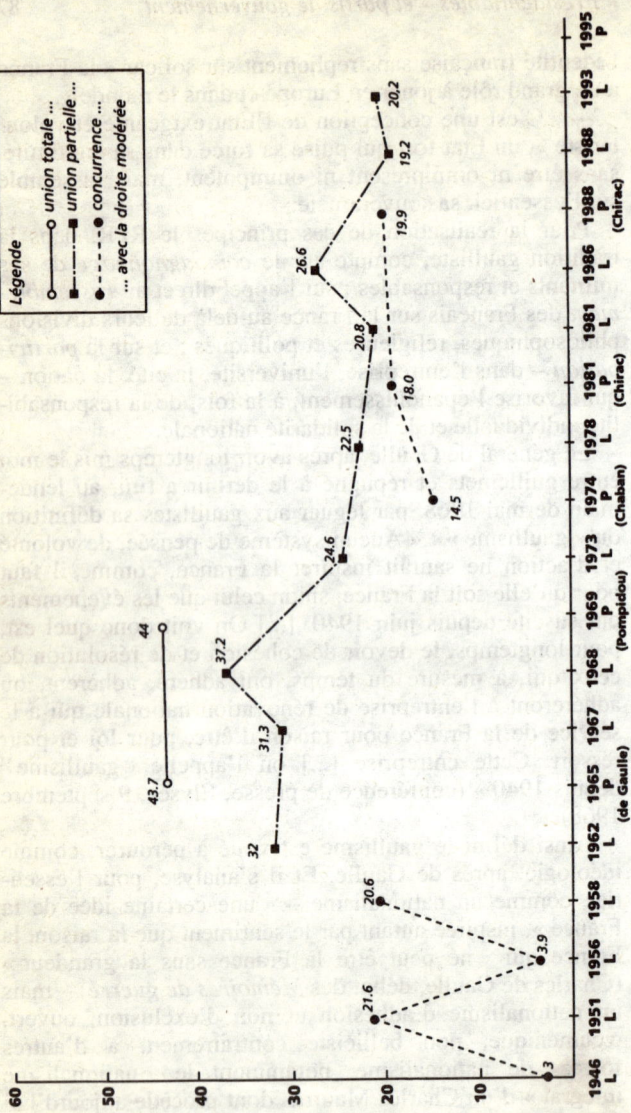

2. ÉVOLUTION DES SUFFRAGES GAULLISTES DEPUIS 1946
(LÉGISLATIVES ET PRÉSIDENTIELLES)

un enjeu politique. Est-il, aujourd'hui, dépassé comme référence politique ? D'après un sondage SOFRES (1 500 personnes de 15 ans et plus, 5-20 février 1990), la moitié exactement des Français estiment que « c'est une classification complètement dépassée » (56 % des Français de gauche, 59 % des écologistes, 58 % des proches de l'UDF, 36 % des proches du FN mais 29 % des proches du RPR) ; et l'autre moitié se partage entre ceux qui se disent « gaullistes » (20 %), « pas gaullistes » (16 %) ou sans opinion (14 %). Le gaullisme s'incarne-t-il alors dans le RPR et son chef, Jacques Chirac, qui se réclament de lui ? Ils sont souvent et de tous côtés accusés de captation de l'héritage gaullien qu'ils auraient ensuite trahi. Dans ces controverses pour l'appropriation du gaullisme, cependant, les Français donnent raison aux néo-gaullistes : 54 % estiment que le RPR est en 1990 un parti « proche des idées du général de Gaulle » – contre 20 % le Parti républicain, 9 % le Parti socialiste, 5 % le CDS, 3 % le Front national, 2 % les écologistes et 1 % le Parti communiste ; 44 % des Français placent de même Jacques Chirac en tête des personnalités politiques qui leur paraissent « proches des idées du général de Gaulle », devant Valéry Giscard d'Estaing (24 %), Charles Pasqua (20 %), Raymond Barre (18 %), Simone Veil (17 %), François Mitterrand (11 %), Michel Noir (11 %), François Léotard (8 %), Michel Rocard (3 %), Laurent Fabius (2 %), Jean-Marie Le Pen (1 %) et Georges Marchais (1 %) [SOFRES, *ibidem.* Totaux supérieurs à 100, les personnes interrogées ayant pu donner plusieurs réponses].

On a longtemps cru que le gaullisme, en tant que force électorale et politique, disparaîtrait avec de Gaulle. Il n'en a rien été, comme le montre l'évolution de ses suffrages pour peu que l'on fasse la différence nécessaire entre les élections où les gaullistes sont en concurrence avec la droite modérée et celles où ils mêlent plus ou moins leurs forces avec elle (*cf. graphique 2*). De 1946 à 1958, dépourvu d'alliances, le gaullisme oscille entre l'état groupusculaire sans de Gaulle (3 à 4 % des suffrages en 1946 et en 1956) et l'état de grand parti quand de Gaulle est présent (21,6 % en 1951 ; 20,6 % en 1958). Bref il n'existe, électoralement, qu'à l'ombre du général de

Gaulle. Le RPR, derrière Jacques Chirac, se situe, au contraire toujours à l'étiage 20 % lorsqu'il est en concurrence avec la droite et le centre (18 % en 1981 ; 19,9 % en 1988). Il est vrai que l'hégémonie électorale et politique dont jouissait le mouvement gaulliste sous de Gaulle et Pompidou a été remise en question, avec succès, par l'allié-rival giscardien depuis 1974. Et que le partage des circonscriptions négocié avec les centristes et les giscardiens, pour le premier tour des élections législatives, est de moins en moins favorable au parti gaulliste depuis 1973. Il reste que le gaullisme, sous Jacques Chirac, a continué de dominer l'alliance des centristes et des modérés aux élections législatives et a repris l'avantage sur eux, en 1988, aux élections présidentielles.

Le RPR est, de tous les partis gaullistes qui se sont succédé depuis 1947, le plus équilibré. Il possède la base militante qui faisait défaut à l'UNR et à l'UDR grâce à quelque 150 000 adhérents effectifs et un fichier d'anciens adhérents trois fois plus nombreux. Avec un cinquième environ des maires des villes de plus de neuf mille habitants, le quart des conseillers généraux et présidents de conseils généraux et près du tiers des présidents de régions, il a donné au gaullisme l'implantation locale qui lui a fait défaut jusqu'au milieu des années 1980 face aux notables de la droite modérée. Majorité de la majorité ou, le cas échéant, de l'opposition à l'Assemblée nationale, il dispose enfin, contrairement au RPF autrefois, d'une large élite gouvernante – de Jacques Chirac et Édouard Balladur à Nicolas Sarkozy, François Fillon, Michel Barnier, Dominique Perben, Michel Roussin, Michèle Alliot-Marie, Alain Carignon et Jacques Toubon, en passant par Charles Pasqua, Philippe Seguin et Alain Juppé – élite qu'il a su renouveler en 1986-88 et 1993-95.

Son organisation fait penser à celle du pouvoir dans la Ve République – les statuts du RPR ayant été volontairement transposés des articles de la Constitution française de 1958. Le président du Rassemblement correspond au président de la République, son secrétaire général au Premier ministre, la commission exécutive au gouvernement, le conseil national à l'Assemblée nationale et les assises nationales au peuple souverain. Le président, élu par les assises tous les trois ans, conduit le Rassemblement en fonction de la ligne ratifiée par les assises. Il nomme le secrétaire général et, sur la proposition de celui-ci, les secrétaires nationaux qui forment la commission exécutive. Le secrétaire général est responsable devant le conseil national, qui ratifie sa nomination par le président et peut le renverser ainsi que la commission exécutive, lors du vote de son rapport annuel sur l'activité et l'orientation du Rassemblement. De la même façon les secrétaires départementaux sont nommés par le secrétaire général, leur nomination étant ratifiée par le comité départemental (composé des élus parlementaires, européens, régionaux et cantonaux du Rassemblement dans le département, des secrétaires de circonscriptions législatives et, pour moitié au moins, des représentants élus des comités de circonscriptions législatives).

Traditionnellement le mouvement gaulliste est dominé par son chef qui, de plus, se ménage une certaine autonomie vis-à-vis de lui – l'homme en charge du rassemblement des Français ne pouvant pas être, par principe, prisonnier du rassemblement des siens. Les périodes les plus critiques de son histoire sont du même coup les périodes de succession à sa tête. Il lui avait fallu six mois, en 1974, pour surmonter la crise ouverte par la succession de Georges Pompidou et l'échec de Jacques Chaban-Delmas à l'élection présidentielle. Son nouveau chef charismatique, Jacques Chirac, a vu son autorité contestée au sein du RPR après sa défaite présidentielle et l'échec législatif de 1988. La révolte des « rénovateurs » RPR (Seguin, Noir, Carignon) et UDF – qui réclamèrent la fusion du RPR et de l'UDF ainsi que la relève des anciens (Chirac et Giscard) par la génération des quadragénaires – a tourné court du fait du succès de la liste Giscard/Juppé, patronnée par J. Chirac, aux élections européennes de juin 1989. La contestation Pasqua/Seguin, assortie d'un appel à un retour aux sources gaulliennes et populaires d'un Rassemblement empêtré et dilué, selon eux, dans l'alliance avec les giscardiens et les centristes, a été contrée par le soutien des deux tiers des militants à J. Chirac et A. Juppé aux assises nationales du RPR du Bourget, le 11 février 1990. La brillante victoire législative du RPR

Légende:
* union de la gauche
● union avec les radicaux (de gauche)
■ concurrence (SFIO/PS seuls)

Data points (right-hand axis years, bottom):
37.7 · 34.1 · 31.6 · 38.4 · 18.7
43.3 *
26.1 · 24.9 · 20.8 · 18.9 · 16.5 · 12.6 · 15.7 · 15.3 · 14.6 · 17.8 · 21.1 · 23.4 · 5.1

Years / elections:
1945 L · 6/46 L · 11/46 L · 1951 L · 1956 L · 1958 L · 1962 L · 1967 L · 1968 L · 1969 P (Deferre) · 1973 L · 1974 P (Mitterrand) · 1978 L · 1981 P (Mitterrand) · 1981 L · 1986 L · 1988 P (Mitterrand) · 1988 L · 1993 L

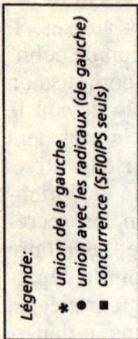

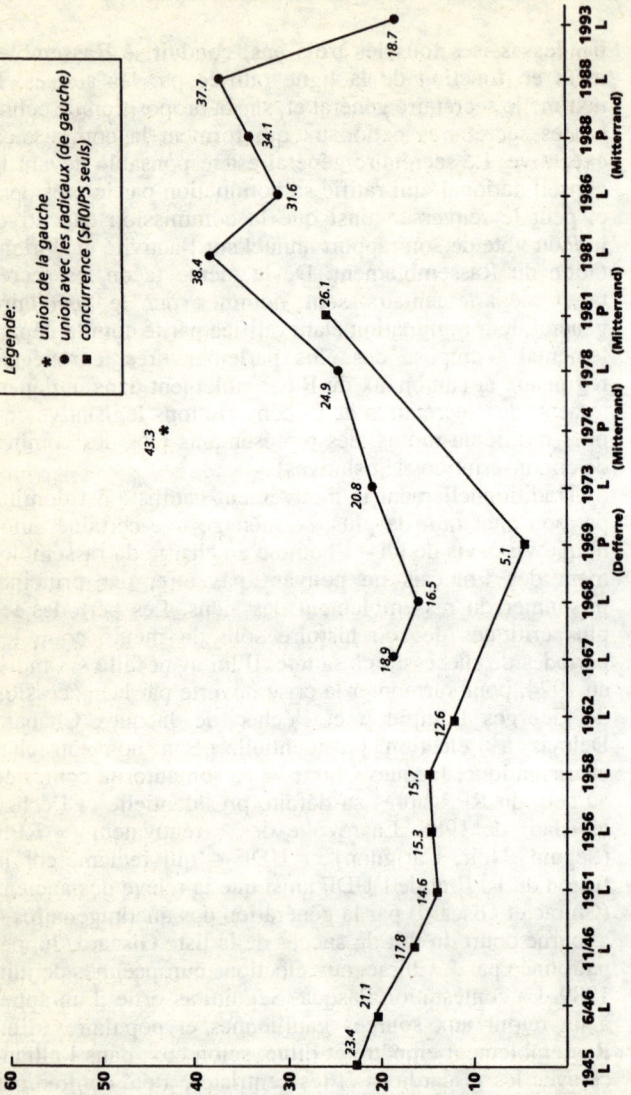

3. ÉVOLUTION DES SUFFRAGES SOCIALISTES DEPUIS 1945
(LÉGISLATIVES ET PRÉSIDENTIELLES)

en mars 1993 semblait avoir totalement restauré l'autorité de J. Chirac comme présidentiable et chef du mouvement gaulliste quand E. Balladur – l'ami de trente ans et le conseiller le plus écouté de J. Chirac se mua, à Matignon, en rival pour l'élection présidentielle de 1995.

Le Parti socialiste (PS)

En exergue à une brochure de 1991 remise aux nouveaux adhérents socialistes (*Repères*. Histoire, identité et fonctionnement du Parti socialiste) figure une pensée de Jean Jaurès : « Il ne s'agit pas de conserver une cendre, il s'agit d'entretenir une flamme. C'est la véritable fidélité à une tradition. » Les socialistes français cultivent volontiers leur mémoire, ne serait-ce que pour marquer à la fois leur filiation et leur capacité à refonder leur parti chaque fois qu'une crise d'identité le frappe, comme en 1920, à Tours, lors de la fracture entre socialisme et communisme ; en 1941-46 dans le creuset de la Résistance ; en 1971 à Épinay quand François Mitterrand assume la rénovation de ce qui reste de la SFIO (Section française de l'Internationale ouvrière) et, plus récemment, en 1993 lorsque Michel Rocard se saisit d'un parti en déroute après plus d'une décennie de mise à l'épreuve du pouvoir (*cf. chapitre 2 schéma 1*). La « synthèse » socialiste a changé selon les époques, mais elle a toujours été difficile et fragile. En 1905 il s'agissait d'allier l'idéologie marxiste, la discipline révolutionnaire prônées par Guesde et Vaillant avec l'idéologie républicaine, le parlementarisme, la liberté de discussion et d'organisation en tendances défendues par Jaurès et Briand. Aujourd'hui il faut marier le parti « d'électeurs », la culture de gouvernement chers à Michel Rocard et le parti « de militants », la culture d'opposition auxquels nombre de socialistes demeurent attachés. Avec cette différence que jusqu'en 1971 l'emportaient l'affirmation, de plus en plus creuse, du caractère prolétarien et « révolutionnaire » du parti ainsi que « le remords du pouvoir » chaque fois qu'il y goûtait – en 1936 avec Léon Blum, en 1944-47 sous le tripartisme et en 1956 avec Guy Mollet ; alors que depuis

1971 et, surtout, 1981 le spectre du déclin apparu à la fin
des années 1960, puis l'accoutumance au pouvoir ont fait
du PS un parti réformiste à vocation gouvernementale.

Le Parti socialiste est revenu de loin en 1971
(*cf. graphique 3*). Tombé à 16,5 % des suffrages exprimés,
avec l'allié radical, aux législatives de juin 1968 il s'était
effondré à 5,1 % lors des élections présidentielles de 1969.
Il avait alors moins d'adhérents (35 000 environ) que...
d'élus locaux sous son étiquette. En y adhérant pour en
prendre la tête, au Congrès d'Épinay (11-13 juin 1971),
avec l'aide de Pierre Mauroy, Gaston Defferre et Jean-
Pierre Chevènement contre Guy Mollet, Alain Savary et
Jean Poperen, François Mitterrand faisait un double pari :
que la gauche non communiste, rassemblée autour du
Parti socialiste, pouvait dépasser, électoralement, le Parti
communiste et que celui-ci était un allié acceptable pour
l'électorat de la gauche modérée et du centre. Paris
gagnés : dès 1974, à l'élection présidentielle, François
Mitterrand – candidat d'union de la gauche – manquait
d'un rien la victoire (43,3 % au premier tour ; 49,2 % au
second tour) ; en 1978, aux élections législatives, le PS
devançait le PC pour la première fois depuis 1945 ; et en
1981 il réussissait enfin l'alternance, devenant le nouveau
parti « dominant » de la Ve République.

Le PS arrive au pouvoir en 1981 avec une volonté de
rupture politique et sociale. Sa « déclaration de principes », fait de lui un parti de classe anticapitaliste dont la
vocation est de supprimer – démocratiquement contrairement au Parti communiste – « l'exploitation, et par là
même les classes, en restituant à la société les moyens de
production et d'échanges dont la détention reste, en
dernière analyse, le fondement essentiel du pouvoir ». Les
socialistes parlent de « changer la vie » – c'est le titre de
leur programme de 1971, de constituer un « front de
classe » pour engager de suite la « rupture avec le capitalisme ». Ils vivent leur double victoire présidentielle et
législative de 1981 comme celle du « peuple de gauche »,
contre « les gens du château », comme la destruction
populaire de l'« ancien régime » dans la tradition révolutionnaire de 1789. Et mettent en œuvre dès la première
année de leur venue au pouvoir l'essentiel de leur

programme – notamment la nationalisation de 39 banques et 9 grands groupes industriels, l'impôt sur les grandes fortunes et l'extension des droits des travailleurs dans les entreprises. Mais les solutions socialistes à la crise économique et au chômage – relance keynésienne par la demande, restructuration de l'industrie française par les industries nationalisées avec le soutien des banques nationales et du budget de l'État – ne résistent pas à l'épreuve du pouvoir. Et dès 1982-83 les socialistes sont contraints de se rallier aux solutions libérales : désinflation compétitive (la rigueur), modernisation des entreprises (les licenciements économiques), libération des prix, des changes et déréglementation des entreprises (la libre concurrence) dans le cadre de la communauté européenne (cf. ci-dessus, chapitre 3). Un tournant que les dirigeants socialistes commenceront par nier, préférant parler d'une seconde étape de leur action après la phase initiale de mise en place du « socle du changement » ; qu'il reconnaissent ensuite, pour le légitimer sur le thème : la gauche doit faire la preuve de sa capacité de gestion économique dès lors qu'elle est appelée à exercer durablement le pouvoir et non plus de façon exceptionnelle et brève, le temps de réaliser quelques réformes sociales. Et traduiront finalement, après 1988, dans les principes et les projets du parti. Dans une nouvelle « déclaration de principes », en janvier 1990, le PS se définit ainsi comme un « parti de rassemblement » et non plus de classe ; « un parti de transformation sociale » mettant « le réformisme au service des espérances révolutionnaires » dans la tradition historique du « socialisme démocratique », au lieu de parler de rupture avec le capitalisme. Le PS se dit d'ailleurs favorable à une société d'économie mixte qui, sans méconnaître les règles du marché, fournisse à la puissance publique et aux acteurs sociaux les moyens de réaliser des objectifs conformes à l'intérêt général. Parti démocratique, respectueux d'un État de droit reposant sur le suffrage universel et le pluralisme, il défend, « le plein exercice » de « toutes les libertés », estimant qu'avec l'effondrement du communisme « l'Histoire a tranché : le combat pour la liberté est indissociable de celui pour l'égalité ». « Ancré dans le monde du travail », particulièrement attentif aux intérêts des salariés et au développement de toutes leurs capacités d'action, il entend néanmoins participer « au combat pour le progrès de toute la société ». Pour le reste les valeurs du Parti socialiste demeurent la liberté de conscience, associée à « la laïcité de l'État et de l'École » ; l'égalité de tous les citoyens, manifestée par le refus de « toute mesure discriminatoire fondée sur le sexe, la race, les convictions philosophiques ou religieuses, les choix de vie personnels » ; le droit des peuples à disposer d'eux-mêmes, qui condamne « toute exploitation d'un peuple par un autre » ; « le choix de l'Europe pour donner aux Nations qui la composent les moyens d'affronter les défis de l'avenir » ; le « désarmement général équilibré » (qui implique le maintien de la force de frappe nucléaire française tant qu'il y aura dans le monde des armes nucléaires). Avec en plus, côté novation, une adjonction écologique, le PS se proposant de lutter pour un développement économique respectant l'environnement et les équilibres naturels de la planète. Le « Projet pour l'an 2000 – un nouvel horizon pour la France et pour le socialisme » adopté par 81,3 % des représentants des adhérents socialistes lors du Congrès extraordinaire de décembre 1991 – reprend en la précisant cette nouvelle vision du socialisme après une décennie d'exercice du pouvoir, mais avec des accents très rocardiens : affirmation que dans un monde complexe les réformes ne sauraient se décréter d'en haut, qu'il faut d'abord susciter l'adhésion pour changer la société et concilier les idées plutôt que de les opposer ; passage d'un socialisme fondé sur une « civilisation du travail » à un socialisme « du temps libéré », qui permettra le partage du travail, d'un socialisme tourné en priorité « vers les victimes » à un socialisme qui, sans oublier les « laissés-pour-compte de la modernisation », se préoccupe davantage de son « électorat naturel : cadres et techniciens, salariés moyens du secteur public, ménages d'employés et d'ouvriers qualifiés ». Bref un socialisme redistributeur – « prélever sur les 5 % les plus aisés afin d'aider fortement les 20 % les plus défavorisés » – sans être égalitaire ou hostile à la propriété privée, à la réussite et à l'épanouissement individuel. Un socialisme « modeste », en somme, comme devrait l'être l'État moderne selon le sociologue Michel Crozier.

L'évolution de la politique socialiste, puis la révision du corps de doctrine n'ont évidemment pas manqué de créer un malaise chez les militants. La plupart d'entre eux ont vécu sans difficulté la répudiation d'un marxisme qui servait davantage de marqueur à gauche que de schéma de pensée ou de modèle d'action, mais ils ont réagi à l'*aggiornamento* socialiste de façon différente selon leur courant au sein du parti. Les rocardiens, enfin reconnus, se sont sentis plus à l'aise ; les mitterrandistes, divisés et dépossédés de leur position dominante ont été, au contraire, désemparés ; et la gauche qui s'identifiait à *socialisme et République* (ex-courant CERES) s'est partagée entre le départ – au risque d'une marginalisation politique – derrière Jean-Pierre Chevènement et son *Mouvement des citoyens* et la fidélité malgré des désaccords.

Depuis sa sévère défaite législative de mai 1993, le PS a procédé avec rapidité et efficacité, dans un premier temps, à sa propre reconstruction. Son émancipation par rapport à François Mitterrand, entamée dès 1988 avec le refus d'avaliser le choix du Président pour le poste de premier secrétaire – Laurent Fabius, a paru consommée avec la prise du pouvoir à la tête du PS par Michel Rocard le 3 avril 1993, moins d'une semaine après le second tour des législatives – grâce à une alliance entre les courants Rocard et Jospin contre le courant Fabius. L'unité du parti, un instant menacée, a été sauvée par le ralliement à Rocard des dirigeants des deux grandes fédérations du Pas-de-Calais (Daniel Percheron, pourtant « fabiusien ») et du Nord (Pierre Mauroy). Les « États généraux des socialistes » (Lyon, 2-4 juillet 1993), ouverts aux sympathisants comme aux adhérents du parti, en donnant la parole à la base, ont permis – selon l'espoir exprimé par M. Rocard – « que la défaite soit analysée plutôt que ressassée » et que la vocation gouvernementale du parti soit réaffirmée. Et le Congrès du Bourget, les 22-23 octobre 1993, a légitimé Michel Rocard aux commandes d'un parti réconcilié et remobilisé face à la droite. L'échec rocardien aux élections européennes du 12 juin 1994 –

14,5 % seulement des suffrages exprimés –, échec facilité par la concurrence de la liste Tapie (12 %), a replongé le PS dans la crise et redistribué les cartes à sa tête : éviction de M. Rocard le 19 juin par Henri Emmanuelli, retour des mitterrandistes et fabiusiens, virage à gauche tempéré, ou contredit, par une aspiration à une candidature de Jacques Delors pour l'élection présidentielle.

Le PS a fonctionné, depuis 1971, selon une logique de division en « courants » de plus en plus exclusifs et dirigés par des « présidentiables » (CERES / Socialisme et République ; Poperen ; Mitterrand/Fabius et Jospin ; Mauroy ; Rocard), division favorisée par la représentation proportionnelle au « parlement » du parti, tempérée par les alliances nécessaires pour accéder à sa direction. Les excès de ce système de courants, apparus publiquement lors du congrès de Rennes en 1990, avaient déconsidéré le parti et de nombreux militants, lors des États généraux de Lyon, réclamaient avec Pierre Mauroy, sa remise en question. Mais la volonté des hommes clés du parti – Rocard, Jospin, Fabius – a été plus forte que celle des militants. Pour n'avoir pas à disparaître, les courants se sont faits discrets, se répartissant à l'amiable les mandats au conseil national avant le congrès du Bourget d'octobre 1993. Et le pouvoir a été partagé, au secrétariat national, entre rocardiens et jospinistes, pour l'essentiel, et même fabiusiens pour le reste. L'élection désormais directe du premier secrétaire et des premiers secrétaires fédéraux n'y change rien : le PS demeure un parti de coalition entre une poignée de chefs appuyés sur leurs fidèles. Et son avenir politique dépend de la volonté et de la capacité de son futur présidentiable de constituer autour du PS pour l'élection présidentielle une large alliance avec les communistes orthodoxes et contestataires, les syndicalistes de la CGT et de l'enseignement (FEN, FSU), les représentants d'associations diverses et les écologistes de toutes obédiences, sans oublier les radicaux façon Tapie, voire le centre droit. Pour faire la preuve que le PS est toujours le parti pivot de la gauche, à défaut d'en rester l'élément dominant.

L'Union pour la démocratie française (UDF)

Contrairement au PS et au RPR, l'UDF n'est pas un parti mais une confédération de partis qui ont conservé, chacun, leur propre organisation, leur nom, leur sigle, leur siège, leur chef, leurs instances de direction et de représentation, leurs permanents, leurs adhérents, leur presse et leur financement. L'UDF a été créée, à la veille des élections législatives de mars 1978, à l'initiative de Raymond Barre et de Jean-Jacques Servan-Schreiber, sous le patronage du président de la République Valéry Giscard d'Estaing, comme un cartel électoral. Il s'agissait de faire contrepoids à l'allié-rival RPR que chacune des composantes UDF – le *Parti républicain* (PR), le *Centre des démocrates sociaux* (CDS), le *Parti radical-socialiste*, le *Parti social-démocrate*, les *Clubs Perspectives et Réalités* – était incapable, faute d'avoir la dimension électorale et parlementaire suffisante, de concurrencer à elle seule. Inéluctable mais non désirée, union de raison plus que de sentiment, l'UDF vit depuis sa naissance les tensions d'une double concurrence – externe avec l'allié-rival RPR, interne entre ses deux composantes principales : le Parti républicain qui la domine et le Centre des démocrates sociaux qui aspire à la diriger à son tour. À quoi s'ajoute la difficulté supplémentaire de la succession – officiellement non ouverte – de son inspirateur et, depuis le 30 juin 1988, président, Valéry Giscard d'Estaing dont certains dirigeants et membres de l'UDF doutent qu'il puisse être à nouveau un « présidentiable » crédible.

Un parti-croupion né du refus de l'alliance des socialistes avec les communistes – le *Parti social-démocrate*, un parti-vestige qui n'est plus que l'ombre du radicalisme de la IIIᵉ République –, le *Parti radical-socialiste*, deux partis aux ambitions plus grandes que leurs moyens – le *Centre des démocrates sociaux* et le *Parti républicain*, plus des Clubs et quelques milliers d'adhérents directs peuvent sans nul doute s'associer, dans leur propre intérêt, pour jouer un rôle politique dans un système majoritaire et présidentiel, mais ils font difficilement un parti, fût-il confédéral. D'autant que ce parti prétend rassembler trois grandes traditions idéologiques – le radicalisme (Parti

radical-socialiste), la démocratie chrétienne (CDS) et le
libéralisme (PR) – qui se sont opposées depuis qu'elles
sont apparues (*cf. chapitre 2 le schéma 1*).

Un certain centrisme associé à l'anticommunisme a
sans doute contribué à <u>rapprocher</u> le Parti radical-socialiste de ses partenaires de l'UDF. Cela ne le prédispose
pas pour autant, avec son attachement aux valeurs de 1789
– aux « Lumières », à la « Raison », à la République
laïque et à son école –, à vivre en bonne harmonie avec les
néo-démocrates-chrétiens du CDS, pas plus, d'ailleurs,
qu'avec les libéraux modernistes du PR, les radicaux étant
davantage enclins à défendre les petits que les gros et les
notables provinciaux que les énarques. Bref le Parti
radical-socialiste ne cesse de rêver à la réunification de la
diaspora radicale dans un paysage politique nouveau qui
lui redonnerait un pouvoir d'arbitrage politique malgré sa
faiblesse numérique.

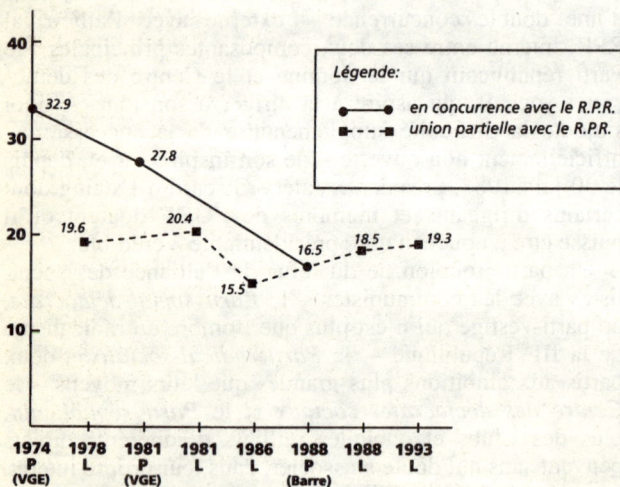

4. ÉVOLUTION DES SUFFRAGES DE L'UDF DEPUIS 1974-78
(LÉGISLATIVES ET PRÉSIDENTIELLES)

De même façon le CDS – dont les valeurs demeurent celles d'une démocratie chrétienne déconfessionnalisée mais d'inspiration sociale – a des ambitions sociales et planificatrices qui s'allient mal avec le libéralisme du Parti républicain et avec l'individualisme conservateur du Parti radical-socialiste. Il a aussi une foi dans les États-Unis d'Europe, dont il rêve, qui se heurte à l'hostilité gaulliste vis-à-vis de l'Europe supranationale, hostilité que les giscardiens désarment volontiers par des concessions. Bref le CDS, quand il est lui-même, se trouve mal intégré au sein de l'UDF comme dans l'alliance UDF-RPR et, quand il s'intègre, il est mal dans sa peau – déchiré, comme toujours, entre gauche et droite, entre l'alliance d'aujourd'hui et son alternative, entre ses militants et ses électeurs.

Le Parti républicain, enfin, parce qu'il a hérité de la rupture giscardienne, en 1962-66, avec le Centre national des indépendants, représente et impose largement au sein de l'UDF l'idéal d'un libéralisme modernisé. Totalement acquis à la Ve République, élitiste, réformateur, il est résolument tourné vers l'avenir français dans la dynamique créée par l'Union européenne et la libéralisation mondiale des échanges et imagine volontiers une France unifiée par une classe moyenne de plus en plus nombreuse. Tel quel le Parti républicain est sans doute plus proche de l'allié-rival RPR – ambitions politiques personnelles et collectives mises à part – que de ses partenaires de l'UDF, centristes et radicaux-socialistes.

La réussite électorale de l'ensemble UDF est moindre depuis 1981 (*cf. graphique 4*). Le score présidentiel de R. Barre en 1988 – 16,5 % – est très inférieur à celui de V. Giscard d'Estaing, même en 1981. Et les performances législatives de l'UDF, depuis 1981 qu'elle n'est plus tirée vers le haut par l'Élysée et Giscard, sont largement liées à sa capacité de marchandage électoral avec le RPR : plus les « primaires » avec le RPR sont nombreuses, comme en 1986, moins le résultat de l'UDF est bon. Autrement dit, comme l'ont confirmé les élections législatives de mars 1993, le potentiel législatif UDF est actuellement inférieur de deux à trois points au score qu'elle réalise en évitant largement la concurrence gaulliste.

Au sein de l'UDF, le Parti républicain – animé par Gérard Longuet, François Léotard, Alain Madelin, Charles Millon – est la composante dominante avec plus de la moitié des députés UDF élus en mars 1993 et près des deux cinquièmes des adhérents. Le deuxième parti de l'union, le CDS – dont Pierre Méhaignerie, Dominique Baudis et Bernard Bosson se disputent la direction – n'a que 27,5 % des députés et 30 % environ des adhérents UDF.

Les structures statutaires de l'UDF ont été révisées en 1991, à l'initiative de Valéry Giscard d'Estaing, son président, pour renforcer sa cohésion. Jusqu'à cette date les six composantes étaient représentées à égalité au sein de la direction de l'UDF, sans tenir compte de leur force électorale et militante inégale, ni des préférences des adhérents directs et indirects. Désormais le conseil national – avec son collège de 600 élus des adhérents à la proportionnelle départementale – est davantage représentatif de la base. C'est lui qui élit le président de l'UDF, pour un mandat de trois ans renouvelable une fois seulement. Et le bureau politique de l'Union, où les six composantes ne peuvent plus nommer chacune que deux représentants directs sur 36 membres, reflète mieux qu'autrefois les rapports de force internes. Ce renforcement de l'UDF, cependant, a été largement neutralisé par le manque d'un « présidentiable » UDF incontesté pour 1995, qui pousse bon nombre de ses membres, notamment CDS, vers Édouard Balladur, ravive les rivalités entre PR et CDS et accentue la crise de direction de l'union qui oppose Valéry Giscard d'Estaing et la génération de la relève, à commencer par François Léotard.

**
*

Selon certains politologues, tel Jean-Louis Quermonne, les grands partis politiques ont réussi à prendre le contrôle de l'élection présidentielle que le général de Gaulle avait conçue contre eux. D'autres politologues pensent au

contraire, comme Hugues Portelli, que l'élection présidentielle a dénaturé les partis en les « présidentialisant ». Les
deux thèses ne manquent pas d'arguments. Celle de la
« présidentialisation des partis » est attestée par le fait
qu'un parti incapable de présenter son chef à l'élection
présidentielle – pour la gagner s'il s'agit d'un des trois
grands partis de gouvernement (RPR, UDF, PS), pour se
faire entendre et montrer son influence dans le cas des
partis de moindre importance (FN, PC, écologistes, etc.) –
est considéré comme un parti en crise et en vient à se
poser lui-même la question de son avenir politique
(comme dans le cas du CDS). Certains spécialistes ont
ainsi noté combien l'élection présidentielle avait altéré les
règles de fonctionnement du Parti socialiste en favorisant
un transfert de pouvoir des instances statutaires élues
par les militants aux comités d'experts choisis par le
premier secrétaire présidentiable du parti, en faisant du
programme de son candidat à l'élection présidentielle le
programme du parti, plutôt que l'inverse. La thèse
contraire du retour en force des partis politiques dans
l'élection présidentielle est tout aussi convaincante. Aux
candidatures de rassemblement du début de la Ve République (De Gaulle et Pompidou en 1965 et 1969 à droite ;
F. Mitterrand à gauche en 1965 et 1974) ont succédé des
candidatures de partis, voire de fractions de partis, à
gauche comme à droite, dès 1981. Au lieu que les principaux candidats, suivant l'exemple du général de Gaulle,
se présentent d'eux-mêmes aux suffrages populaires sans
attendre l'aval des partis, l'investiture d'un grand parti
semble être, désormais, le préalable nécessaire à l'engagement dans la course à l'Élysée. Et certains hommes
d'appareil de parti de rappeler aux présidentiables, tel
Lionel Jospin à François Mitterrand après 1988, que le
parti les a faits autant qu'ils ont pu le faire. À dire vrai ces
deux thèses sont moins contradictoires qu'il n'y paraît.
C'est parce que les partis politiques hérités des Républiques parlementaires se sont « présidentialisés », pour
s'adapter à la République semi-présidentielle d'après
1958-62, qu'ils peuvent exercer un contrôle sur l'élection
présidentielle. Dans certaines limites d'ailleurs puisque
aucun des trois grands partis n'est en mesure d'assurer à

lui seul l'élection de son candidat à l'Élysée et que tout
« présidentiable » dès lors a intérêt, pour l'emporter, à
s'élever au-dessus de son parti d'origine. Le « présidentiable » et le parti de gouvernement qui le porte sont bien
comme le cavalier et le cheval solidaires dans l'ambition,
l'effort et l'issue de la compétition.

CHAPITRE 6

LES PETITS PARTIS CONTESTATAIRES :
PCF – FN – ÉCOLOGISTES

La petitesse, en politique, n'est jamais une qualité. C'est au pire la sanction de l'échec, au mieux l'espoir d'un avenir. Le pouvoir appartient pour l'essentiel aux gros bataillons. Mais les hommes politiques doués d'habileté tactique peuvent parfois tirer un maximum de pouvoir de ressources politiques limitées et faibles, et les cohortes politiques les plus maigres peser plus que leur poids réel dans la vie politique.

À quoi servent les petits partis ? Dans le système majoritaire et présidentiel qui est celui de la Ve République, il ne leur appartient plus d'arbitrer – comme le *Parti radical* ou le *Mouvement républicain populaire* autrefois – entre plus grands qu'eux, même si un positionnement au centre semble les destiner au rôle de courtier politique. La Ve République n'est pas propice au parti charnière, au parti-pivot, et ne laisse au petit parti de centre gauche ou de centre droit que le rôle mineur de parti d'appoint d'un grand parti de gouvernement – tel le *Mouvement des radicaux de gauche* auprès du *Parti socialiste*. L'influence de ces partis satellites sur leur tuteur politique, toujours faible, peut s'accroître quand celui-ci se trouve en difficulté, politique et électorale. Mais le pacte d'alliance inégal entre les deux partis perd dans ces circonstances l'essentiel de sa raison d'être et l'on voit alors le petit parti manifester une volonté d'indépendance toute nouvelle, quitte à s'en remettre à un nouveau protecteur, voire à un bienfaiteur intéressé.

Restent les petits partis extrêmes – le *Parti communiste* et le *Front national*, sans oublier les trotskistes – ou les petits partis qui se situent d'eux-mêmes « ailleurs », récusant la bipolarisation traditionnelle entre gauche et droite – les *Verts* sous la direction d'Antoine Waechter. Leur petitesse, dès lors que ce sont des petits partis comme en France aujourd'hui, ajoutée à leur position marginale les prive de la plupart des moyens du pouvoir politique. Ainsi du *Parti communiste français*, premier des partis français, sous la IVe République, par le nombre des électeurs et, plus encore, des militants ; il disposait d'un véritable pouvoir de *veto* politique, sauf en politique extérieure ou de défense, même lorsqu'il était confiné, volontairement ou non, dans une opposition quasi permanente. Et il exerçait avec succès sur le *Parti socialiste* une sorte de chantage idéologique empêchant celui-ci d'évoluer ouvertement vers un réformisme social au lieu de continuer à prôner, verbalement, la révolution sociale. Depuis que le déclin l'a réduit au statut de petit parti, le Parti communiste français a perdu l'essentiel de ce pouvoir d'influence politique. Le *Front national*, de même, est trop marginalisé par ses positions extrêmes et trop faible, malgré sa percée électorale et son enracinement politique, pour peser, sauf dans les domaines politiques – immigration, sécurité – qui ont fait sa fortune électorale. Le problème des *Verts* est différent. Leur handicap n'est pas tant un extrémisme – limité, chez eux, à une minorité de « fondamentalistes » de l'écologie – que leur désir de faire de « la politique autrement », autrement que tous les autres partis y compris ceux avec lesquels il leur faudrait s'allier pour passer de l'état de groupe de pression politique à celui de parti politique à part entière. En attendant d'aller plus loin dans leurs concessions aux règles du jeu politique, les Verts se trouvent réduits au rôle de petit parti contestataire, comme le PCF et le FN mais pour d'autres raisons.

Le Parti communiste français (PCF)

S'il ne doit rester qu'un parti communiste, en Occident, ce sera le Parti communiste français. Groupusculaire, probablement, mais communiste. Il avait été le dernier à accepter la déstalinisation du Parti communiste de l'Union soviétique au temps de Khrouthchev, il sera le dernier à reconnaître la fin du communisme. Il s'est posé la question de son existence lors de son 27e Congrès – le congrès de son 70e anniversaire – en décembre 1990. Georges Marchais, son secrétaire général, a bien pris acte de l'échec du communisme à l'Est : « Après avoir donné des résultats, a-t-il déclaré, une forme de socialisme, la seule qui ait vu le jour en Europe, a échoué. » Mais c'était pour en blâmer ces régimes et ces dirigeants que le PCF avait, jusqu'au bout, soutenus : « Ce que nous regrettons, ce ne sont pas ces régimes, c'est que la politique des anciens dirigeants de ces pays ait déconsidéré le socialisme à un tel point que leurs peuples se sont dressés contre lui. » Et c'était pour mieux affirmer que « l'échec de ces sociétés socialistes n'est pas l'échec du socialisme ». En vertu de quoi le Parti communiste français, contrairement au Parti communiste italien et à la plupart des partis communistes occidentaux, sans parler des partis communistes orientaux, a décidé de ne pas changer de nom et de maintenir son identité communiste : « Notre parti est né de la social-démocratie. Il s'en est émancipé à jamais… Demeurer le Parti communiste, c'est le choix qu'a exprimé… la quasi-totalité de ses adhérents. » En se disant que « la classe ouvrière, le peuple, la France elle-même ont plus que jamais besoin du Parti communiste »…

Le déclin du Parti communiste français, qui est bien antérieur à l'effondrement du communisme à l'Est, s'explique pour beaucoup par son incapacité à s'adapter aux changements économiques, sociaux et politiques de son environnement. Sa force législative actuelle – 9,1 % des suffrages exprimés en mars 1993 – le situe au niveau de ses débuts en 1924-32, dans un électorat qui n'était pas encore ouvert aux femmes (*Cf. graphique 5*). Cette régression électorale s'est faite en deux temps.

Dans un premier temps – lors du changement de République en 1958 – le PC, d'un coup, perd plus du quart de son électorat, tombant de 25,9 % des suffrages exprimés à 19 % seulement. Son rejet sans nuance des institutions nouvelles et du général de Gaulle – « une dictature

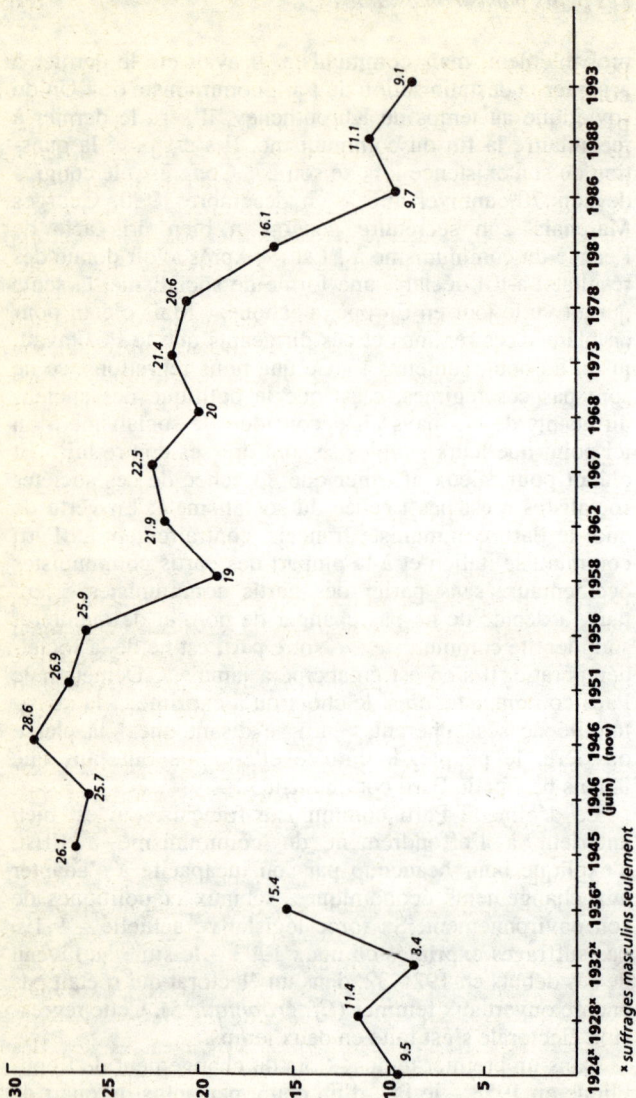

5. ÉVOLUTION DES SUFFRAGES DU PARTI COMMUNISTE,
ÉLECTIONS LÉGISLATIVES, DEPUIS 1924

personnelle appuyée sur la réaction et le militarisme conduisant au fascisme » selon lui – associé à un appel pour un gouvernement de Front populaire – « un régime de démocratie pour faire la politique voulue par la majorité des Français » affirme-t-il –, ne réussit qu'à l'isoler. Aux yeux des dirigeants du Parti communiste, la victoire gaulliste est le résultat d'une mystification de l'électorat sur fond de violence politique et d'idéologie colonialiste. Et le chef des communistes français, Maurice Thorez, de conclure que le changement de régime ne doit en rien changer le parti : « Dois-je redire, insiste-t-il devant son comité central le 4 octobre 1958, que la politique du Parti est juste et qu'une fraction de nos électeurs a pu nous abandonner sans que ce soit une preuve contre le Parti et sa ligne ? » En fait le PC ne se remettra jamais, électoralement, du changement de République : son *meilleur* score législatif sous la Ve République – 22,5 % en 1967 – est inférieur de 12,5 % à son *plus mauvais* résultat de la IVe République (25,7 % en juin 1946). Après coup, en juin 1981, Georges Marchais, son secrétaire général, verra dans la présidentialisation du régime et, plus précisément dans l'élection présidentielle, une des causes essentielles des « revers » de son parti. Les communistes n'ayant *a priori* aucune chance de gagner une élection présidentielle, voire de figurer au second tour, avaient renoncé à y présenter un candidat, lors de la première élection présidentielle en 1965 et à la troisième en 1974, habituant ainsi leurs électeurs à « voter utile » en se portant d'emblée sur les candidats socialistes.

Le deuxième temps du déclin communiste est précisément lié à une élection présidentielle, l'élection de l'alternance droite-gauche en avril-mai 1981. Au premier tour du scrutin, Georges Marchais, son chef et candidat, quatrième avec 15,5 % seulement des suffrages exprimés, avait été largement devancé par le candidat socialiste François Mitterrand – 26,1 % des suffrages. Et lors des élections législatives de juin, le Parti communiste, avec 16,1 % des voix, avait perdu plus d'un cinquième de son électorat de 1978. Une chute confirmée et aggravée en 1986 par une nouvelle perte des deux cinquièmes de ses électeurs de 1981 qui amenait le PC au-dessous de la

barre de 10 % des suffrages et faisait de lui un petit parti –
loin derrière le Parti socialiste, le RPR et l'UDF et, ce qui
était plus dur encore à accepter pour lui, juste derrière le
Front national. En deux élections législatives et sur une
courte période de cinq années, le Parti communiste avait
vu sa force électorale divisée par deux.

Contrairement aux analyses de sa direction, qui allait
essayer désespérément de se disculper de cette évolution
tout en se rassurant, c'est bien d'un déclin qu'il s'agissait
et non de « sérieux revers » susceptibles d'être réparés dès
lors que les communistes, suivant la ligne de leur chef
« dans la perspective d'une remontée de [leur] influence », présenteraient désormais leur candidat au premier
tour de toutes les consultations, élections présidentielles
incluses, répudieraient toute union de la gauche par
entente au sommet entre appareils de parti, voire comble-
raient « le retard pris » dans leur présentation du communisme en développant la spécificité de la voie française
vers le socialisme (rapport de G. Marchais, comité central
des 28-29 juin 1981). Le déclin électoral était en effet
quasi général, quel que soit le type de consultation :

– 22,5 % en 1979, 12,6 % en 1985, 9,5 % en 1992 dans
une série des cantonales ; 22,8 % en 1976, 15,9 % en
1982, 13,4 % en 1988, 11,4 % en 1993 dans l'autre série.

– 20,6 % en 1979, 11,5 % en 1984, 7,72 % en 1989,
6,9 % en 1994 aux européennes.

– 20,6 % en 1978, 16,1 % en 1986, 9,12 % en 1993 aux
législatives.

– 14,5 % en 1981, 6,7 % en 1988 à l'élection présidentielle.

– 10,2 % lors des premières élections régionales en
1986, 8 % en 1992.

Il était tentant de jouer sur les chiffres en comparant des
résultats obtenus à des élections de nature différente pour
faire croire à l'amorce d'une remontée et les dirigeants
communistes ne s'en sont pas privés. Il demeure que si le
processus du déclin s'est ralenti, après 1986, il ne s'est pas
arrêté. En fait le PCF doit pour beaucoup ce qui lui reste
d'influence électorale à deux facteurs éminemment précaires : la fidélité de vieux électeurs qui seront inévitable-
ment de moins en moins nombreux et l'implantation locale

de ses notables de moins en moins nombreux et disciplinés. Fidélité relative des anciens : selon la SOFRES les 65 ans et plus étaient 10 % à voter communiste aux législatives de 1978, ils sont encore 9 % à le faire en 1993 (- 1), alors que le vote communiste des 18-24 ans est tombé de 25 % en 1978 à 9 % en 1993 (- 16). Le Parti communiste renouvelle de plus en plus mal son électorat. L'implantation locale de ses notables, de même, ralentit son déclin aux élections locales et législatives. D'où son indulgence vis-à-vis de ses maires contestataires. Mais cette ressource électorale n'est guère durable. David Goldey a ainsi noté qu'en mars 1993 le recul communiste, par rapport aux élections législatives précédentes de 1988, a été spectaculaire dans les circonscriptions où un député-maire communiste sortant ne se représentait pas : 44 % de suffrages perdus au Havre, 40 % à Bondy, 39 % à Firminy, un tiers à Saint-Denis, 28,5 % à Denain contre 18 % en moyenne dans l'ensemble des circonscriptions. Le déclin atteint le PC partout, dans ses anciens bastions de la petite couronne de Paris, du Nord-Ouest, du Centre, de la côte méditerranéenne comme ailleurs et jusque dans l'électorat ouvrier – 27 % encore des votes ouvriers en 1978, 12 % en 1993 selon la SOFRES… En 1973, toujours selon la SOFRES, 33 % des Français avaient une bonne opinion du Parti communiste ; ils n'étaient plus que 25 % en 1978, 25 % en 1981, 15 % en 1986, 12 % en juin 1991. Près de trois Français sur quatre (73 %) considèrent, en juin 1991, que le Parti communiste ne joue pas « un rôle utile dans la France d'aujourd'hui ». Et même les électeurs qui se disent proches de lui ne savent plus le situer : 47 % le voient dans la majorité présidentielle d'alors, 47 % dans l'opposition.

Les causes du déclin du Parti communiste sont multiples, mais peuvent toutes se ramener à une extraordinaire persévérance dans son être face à des environnements en pleine mutation. Il est demeuré fidèle au marxisme-léninisme qui fait de la classe ouvrière, à travers la lutte des classes, le moteur de l'histoire et du parti de la classe ouvrière, le Parti communiste, l'avant-garde de la Révolution. Sans tenir compte de la déstructuration en cours de sa base ouvrière depuis 1973 : crise des grandes industries traditionnelles (mines, sidérurgie, métallurgie,

etc.), désindustrialisation, diminution du poids des ouvriers
dans la population active, chômage des ouvriers non qualifiés, multiplication des ménages mixtes d'ouvriers et
employés – une évolution sociale aggravée, de son point
de vue, par la crise du syndicalisme, les privatisations et la
montée de l'individualisme dans le monde ouvrier. Sa
vision de l'ouvrier français, son discours ouvriériste se
sont trouvés décalés par rapport à la réalité ouvrière objec-
tive et subjective.

Le PCF, par ailleurs, a été, pour le moins, trop ambigu
dans ses critiques du modèle soviétique à un moment où
l'évolution des idées et des mœurs, après mai 1968,
condamnait l'autoritarisme, le collectivisme et toute
atteinte aux droits de l'homme et du citoyen. Après une
phase « eurocommuniste » de 1968 à 1977 – marquée par
la critique publique de l'intervention des chars russes à
Prague en 1968, des camps d'enfermement de dissidents
soviétiques en 1975 et par l'abandon du dogme de la
« dictature du prolétariat » en 1976 – le PCF, sous les
fortes pressions du comité central du Parti communiste de
l'Union soviétique en 1977, a réintégré le camp de
l'orthodoxie bolchevique au moment où il remettait en
cause, en France, l'union de la gauche. Ce double retournement a créé, semble-t-il, les conditions de son déclin
accéléré de 1981-86 et de l'hégémonie du Parti socialiste,
son rival de toujours. C'est durant cette période cruciale
de retour à l'orthodoxie que son chef, Georges Marchais,
parle de « bilan globalement positif » du socialisme en
URSS (23e Congrès, 1979) et apporte, de Moscou en
janvier 1980, le soutien des communistes français à
l'intervention soviétique en Afghanistan. En décembre
1990, après l'effondrement de l'URSS et des Républiques
populaires d'Europe de l'Est, le PCF chantera encore les
« acquis » de ces sociétés socialistes qui avaient réussi,
soulignera-t-il, « à vaincre la faim, les épidémies, l'anal-
phabétisme ; à « doter d'une industrie et d'une agriculture,
d'un système de protection sociale et de services, à
assurer l'accès au savoir, à la culture, au sport » –
ajoutant : « Ils ont joué un rôle actif dans le monde en
faveur du mouvement émancipateur des peuples, de la
paix et du désarmement. »

Lors de son 28ᵉ Congrès (Saint-Ouen, 26-31 janvier 1994), à l'occasion de la succession de son secrétaire général en place depuis 1970-1972, Georges Marchais, le PC a visiblement tenté de se renouveler sans oser se remettre en question par peur d'avoir à se renier. Ses statuts ont été revus dans le sens d'une débolchevisation – avec l'abandon du centralisme démocratique mais sans aller jusqu'à autoriser l'organisation de tendances. Georges Marchais a quitté le secrétariat général, mais est demeuré au bureau national (anciennement bureau « politique ») du Parti. Robert Hue, son successeur comme secrétaire national (et non plus « général »), fils et petit-fils de communistes, infirmier de profession, membre récent du comité central (1987) et du bureau politique (1990), est de façon significative un élu local – maire de Montigny-lès-Cormeilles depuis 1977, conseiller général de Cormeilles-en-Parisis depuis 1988 dans le Val-d'Oise où il est né en 1946, et président de l'Association nationale des élus socialistes et républicains qui groupe les élus locaux communistes. Il a été choisi pour être l'homme du changement dans la continuité. « L'après-Marchais, a-t-il prévenu, ne sera pas l'anti-Marchais. » Ce qui ne l'a pas empêché de valoriser d'emblée la diversité, désormais présentée comme une valeur pour le PCF : « Nous venons de décider non seulement de la tolérer, mais d'en faire notre principe de vie » ; de lancer un appel aux anciens exclus du parti – « Nous le leur disons publiquement : nous le regrettons et nous ne voulons plus que de tels faits se reproduisent » – ainsi qu'à ceux qui l'ont quitté. Robert Hue n'a pas tardé, non plus, à se démarquer discrètement de son prédécesseur. Le 6 février 1994, à *L'heure de vérité* sur France 2, il affirme ainsi, à propos de l'expérience des pays de l'Est : « Il est évident que ce qui a pu apparaître globalement positif ne l'était pas. » Sans vouloir renouer avec l'union de la gauche et le programme commun de gouvernement, il ouvre la porte à la réinsertion du Parti communiste – la « composante la plus anti-droite » de la gauche – « au sein d'une gauche pluraliste, plus équilibrée ». Ces avances suffiront-elles à relancer le communisme en France ? Il est peut-être trop tard pour cela et la mue tardive du PC semble à beaucoup incom-

plète et trop prudente pour être convaincante. Ainsi de
Charles Fiterman, chef de file des « rénovateurs », qui a
annoncé, à ce même 28ᵉ Congrès, son retrait volontaire du
bureau politique, en forme d'adieu en parti : déplorant « la
coupure entre la direction et la base », liée à une « procédure d'auto-reproduction en vase clos » et, plus encore,
« la vision étriquée de la classe ouvrière », qui confine le
parti dans un ghetto où il se complaît, l'ancien ministre
communiste du gouvernement Mauroy a récusé la
« pérennisation d'un petit parti contestataire » qui
empêche toute « remontée de la gauche et qui évite toute
possibilité d'alternance ». Il est clair que pour les anciens
dirigeants communistes comme Charles Fiterman, le PCF
a fait son temps. Le projet communiste né de la Révolution d'octobre 1917 est mort et la famille marxiste-léni-
niste des partis communistes doit disparaître avec lui.

Le Front national (FN)

L'extrême-droite française était décrite début 1983, par
un bon spécialiste, comme une « myriade d'élites minus-
cules, de cénacles impuissants, de cercles fantoma-
tiques », bref un « vestige historique ». Quelques mois
plus tard le Front national – groupusculaire en effet depuis
sa fondation en 1972 (*Cf. graphique 6*) – réussissait la
percée électorale qui allait faire de lui le premier des petits
partis contestataires, devant les communistes et les écologistes : 16,7 % des suffrages exprimés à l'élection municipale partielle de Dreux, en septembre 1983 (sur le nom de
son secrétaire général, Jean-Pierre Stirbois) ; 9,3 % à
l'élection municipale partielle d'Aulnay, en octobre
1983 ; 12 % à une élection législative partielle dans le
Morbihan, pour son président-fondateur Jean-Marie Le
Pen, en décembre 1983. Une percée confirmée successivement, à l'échelle nationale, à l'élection européenne de juin
1984 (11 %), aux législatives de mars 1986 (9,7 %) puis à
la présidentielle de 1988 (14,4 %).

L'émergence du Front national avait pris par surprise

politologues et politiciens ; la durée et l'enracinement du phénomène les a encore plus étonnés. Les poussées électorales de l'extrême-droite, en effet, n'étaient pas nouvelles mais se limitaient jusque là à de simples feux de paille. Il en avait été ainsi de la flambée poujadiste de janvier 1956, sous la IVe République. S'appuyant sur la révolte des petits commerçants et artisans devant le développement des grandes surfaces et le harcèlement du fisc, Pierre Poujade – un tribun comme Jean-Marie Le Pen – avait réussi à attirer d'un coup 12,8 % des suffrages et à faire entrer à l'Assemblée nationale 52 députés, dont le jeune Le Pen. Mais il s'agissait d'un combat d'arrière-garde, perdu d'avance, et dès novembre 1958 le mouvement Poujade était revenu à l'état groupusculaire (1,5 % des suffrages exprimés). Le 5 décembre 1965, de même, Jean-Louis Tixier-Vignancour, ancien avocat du maréchal Pétain puis du général putschiste Raoul Salan, avait rassemblé contre le général de Gaulle, le temps d'un premier tour d'élection présidentielle, 5,3 % des suffrages parmi les nostalgiques de l'Algérie française – des « pieds-noirs » rapatriés en France après l'indépendance de l'Algérie en 1962 pour la plupart. Il était tentant de se dire qu'il en irait de même avec Jean-Marie Le Pen et le Front national. Cela n'a pas été le cas et il nous faut donc expliquer à la fois l'émergence soudaine du FN en 1983-84 et son institutionnalisation dans la décennie qui a suivi.

Sans sous-estimer le rôle du chef ni l'impact des idées dans la percée du Front national, ils ne sauraient en rendre compte à eux seuls puisque dès sa fondation en octobre 1972 le FN était animé par Jean-Marie Le Pen et défendait déjà les idées qui ont fait sa fortune électorale onze ans après – le rejet de l'étranger, des « minorités sauvages » ; l'exaltation du travail, de la famille, de la patrie ; le culte de Jeanne d'Arc, de la terre et des ancêtres, etc. Le Front, avec son chef et ses idées, était prêt à jouer un rôle politique ; encore fallait-il que les circonstances politiques s'y prêtent. Le moment du succès initial, 1983-84, coïncide avec une radicalisation de l'électorat de droite, dans son ensemble, face au pouvoir socialiste, trop imbu de ses dogmes, de 1981-83 au moment précis où l'échec de sa politique économique – stagflation, triple dévaluation du

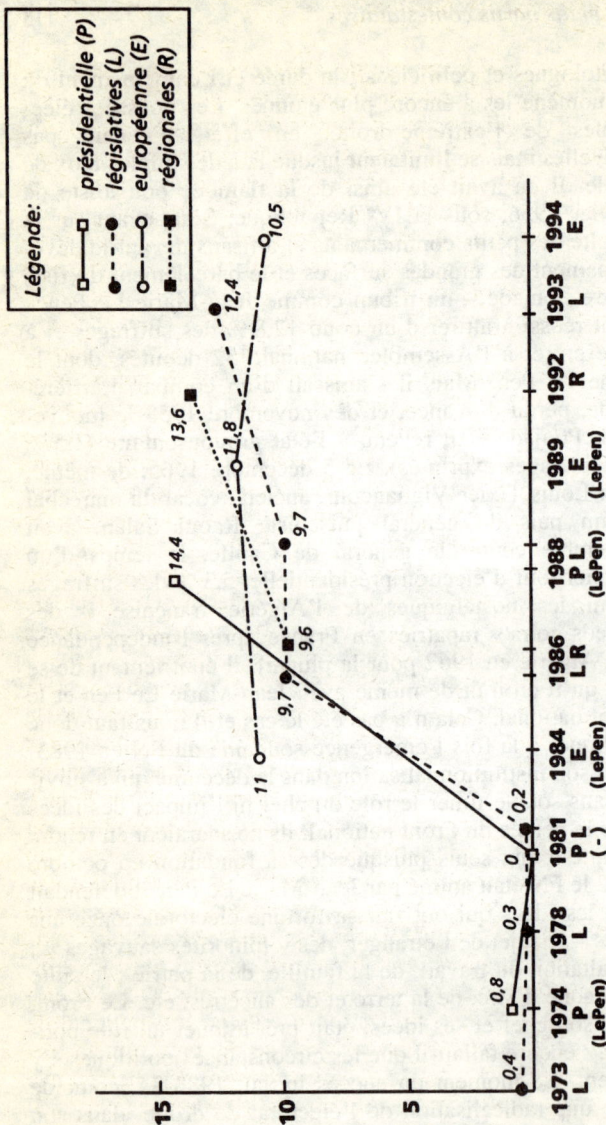

6. ÉVOLUTION DES SUFFRAGES DU FRONT NATIONAL,
SELON LE TYPE D'ÉLECTION, DEPUIS 1973

franc, déséquilibre massif de la balance extérieure, montée du chômage – contraint le gouvernement Mauroy à une révision déchirante de sa politique et marque le reflux de la vague rose de 1981. Avec la mise en œuvre d'une politique de rigueur, les « déçus du socialisme » parmi les électeurs qui y avaient cru en 1981, et les électeurs qui n'y avaient pas cru, sont prêts à se tourner vers une opposition de droite plus dure que ne l'était la droite gouvernante du temps de Valéry Giscard d'Estaing. L'heure n'est plus à la décrispation politique ni au consensus le plus large – « deux Français sur trois » selon la formule giscardienne – mais à l'affrontement, voire à la recherche de boucs émissaires. Or, le Front national offre un bouc émissaire – l'immigré – dans le contexte, là encore, d'une politique socialiste refusée par la majorité des électeurs : régularisation de la situation des immigrés clandestins, défense d'une société multiraciale et multiculturelle, promesse d'accorder aux immigrés non naturalisés le droit de vote aux élections municipales. Le premier succès électoral du Front est enregistré lors d'une élection municipale partielle à Dreux, une ville de forte immigration, après une campagne électorale polarisée sur cet enjeu.

Les hasards du calendrier électoral et un changement de loi électorale ont fait le reste. Un petit parti tire le maximum de ses ressources limitées dans trois situations : une élection à la proportionnelle alors que le scrutin majoritaire l'handicape ; une élection au niveau de la France entière plutôt que dans des circonscriptions multiples, où il lui est souvent difficile d'être partout présent ; un scrutin par lequel le pouvoir central n'est pas remis en jeu. C'est le cas de l'élection européenne – élection à la proportionnelle nationale, élection intermédiaire sans véritable enjeu de pouvoir – qui permet aux électeurs mécontents de pratiquer le « vote sanction » plutôt que d'être contraints à voter « utile ». Or le premier test national de la nouvelle force électorale du FN se fait précisément lors de l'élection européenne de juin 1984. Sa seconde épreuve électorale était en principe plus rigoureuse puisqu'il s'agissait des élections législatives de l'alternance, à enjeu de pouvoir très élevé ; mais le président de la République, François Mitterrand lui a sciemment facilité la tâche, dans l'espoir d'empêcher la droite modérée RPR-UDF d'obtenir une majorité parlementaire, en adoptant pour cette élection la représentation proportionnelle départementale au lieu du scrutin uninominal majoritaire à deux tours, en vigueur depuis 1958. Du coup le Front national, avec 9,6 % des suffrages exprimés, a pu faire élire 35 députés à l'Assemblée nationale et renforcer sa crédibilité politique dans une élection qui aurait normalement dû la mettre en doute. L'ouverture de la télévision publique à Jean-Marie Le Pen a également contribué à ce succès décisif. La troisième et dernière épreuve électorale de départ, l'élection présidentielle de 1988, était plus facile à surmonter : la forte personnalisation de cette consultation et son caractère national permettent à l'électeur, au premier tour, de voter pour un petit candidat, quitte à corriger son vote à l'occasion du duel du second tour.

L'institutionnalisation réussie du Front national, après sa percée, s'explique par d'autres raisons. La brièveté du retour au pouvoir de la droite RPR-UDF en 1986-88, psychologiquement aggravée par le fait qu'elle ait dû gouverner en cohabitant avec François Mitterrand à l'Élysée, a donné un certain crédit au discours de Jean-Marie Le Pen sur l'égale inefficacité de la droite RPR-UDF et de la gauche socialiste dans la lutte contre la crise, interprétée comme le résultat d'une connivence politique et d'une similitude dans les solutions mises en œuvre. Mais la raison majeure de la durée du lepénisme est plus profonde. Les motivations déclarées des électeurs du Front national – immigration, insécurité, chômage et violence, le fait que sur ces enjeux politiques popularisés par lui, le FN trouve d'après les sondages une audience plus large que son électorat, la géographie du vote Le Pen enfin, la France urbaine et industrialisée, à forte concentration d'immigrés montrent clairement que l'impact électoral du lepénisme est lié aux problèmes et tensions des banlieues et de certains quartiers chauds de grandes villes. Ces problèmes, contrairement à ceux des petits commerçants de la seconde moitié des années cinquante ou des pieds-noirs rapatriés des années soixante, sont difficiles à régler, ou à canaliser, dans le court terme. Les raisons sociales et culturelles du développement du Front national demeurant, celui-ci a donc toutes chances de perdurer comme force électorale à moins que son image de plus en plus répandue de parti extrémiste et dangereux, sa faible crédibilité parlementaire (avec le retour du scrutin majoritaire en 1987) et gouvernementale (du fait de son rejet par l'alliance RPR-UDF), le retour de la droite au pouvoir en 1993, si elle est confirmée en 1995, sans parler de la succession de J.-M. Le Pen à sa tête quand elle s'ouvrira, ne réussissent à marginaliser son influence.

Jean-Marie Le Pen a joué un grand rôle dans la percée politique du Front national. Ses racines familiales – né en 1928 dans le petit port breton de La Trinité-sur-Mer, il est orphelin de père, patron pêcheur, et pupille de la Nation ; son engagement militaire – officier parachutiste dans la Légion, il a été de toutes les guerres de décolonisation depuis 1953 : l'Indochine, Suez, l'Algérie ; son militantisme constant à l'extrême-droite – la présidence de la « Corpo » de droit de Paris, durant ses études juridiques, un siège de député poujadiste de Paris à 28 ans en 1956, conservé en novembre 1958 sous l'étiquette du Centre national des indépendants, le secrétariat général du Comité Tixier-Vignancour pour l'élection présidentielle de 1965 en attendant la création du Front national pour son propre compte ; ses fortes convictions et son talent de tribun – plus prompt à dénoncer et simplifier à l'extrême qu'à analyser, dans un style très parlé et imagé, émaillé de métaphores frappantes et de calembours souvent douteux, tout cela fait que Jean-Marie Le Pen personnifie et personnalise le Front national au point que celui-ci a obtenu ses meilleurs résultats électoraux (14,4 % à l'élection présidentielle de 1988) sur le nom de son président-fondateur et qu'on peut se demander s'il survivra à son chef. Le Pen, de plus, a toujours su jusqu'où ne pas aller trop loin dans son activisme politique. Partisan de l'Algérie française, par exemple, il n'a été ni putschiste ni terroriste à l'Organisation armée secrète (OAS), contrairement à nombre d'activistes d'extrême-droite. Si bien qu'il a pu à la fois rassembler les multiples traditions de l'extrême-droite – l'antisémitisme des ligues, le nationalisme intégral de l'Action française, l'antigaullisme de Vichy, le colonialisme de l'Algérie française et de l'OAS, le poujadisme, l'intégrisme catholique, etc. – tout en les dépassant pour donner du Front national une image respectable en banalisant ses thèmes. Extrémistes, Le Pen et le Front national le demeurent par leurs attitudes réactionnaires – « les mots *réactionnaire* et *conservateur* ne me font pas peur », dit Le Pen –, par leur défense de l'ordre moral, la condamnation du relâchement des mœurs, la peur d'une décomposition du corps social ; par un nationalisme d'exclusion, de purification, fondé sur le droit du sang et l'enracinement séculaire dans la terre des ancêtres, assorti de peurs – l'invasion tiers-mondiste, la menace intérieure d'une armée d'immigrants – et de fantasmes comme celui de la décadence. Mais, ainsi que le souligne Pierre Milza, le Front national n'est pas assimilable au fascisme – il n'est ni belliciste, ni national-socialiste, mais franchement à droite ; et, contrairement aux ligues des années trente et aux groupuscules qu'il a englobés, il ne combat ni la République, ni la démocratie, ni le parlementarisme et accepte les institutions en place, celles de la Ve République. En ce sens le Front national ne serait pas, au sens traditionnel, une « extrême-droite », coupée du reste de la droite et des Français en général, mais plutôt une « droite extrême », à l'une des deux extrémités d'un continuum gauche-droite mais sur ce continuum. La nuance est subtile, probablement trop subtile. Les dérapages verbaux de Jean-Marie Le Pen – les chambres à gaz de l'holocauste qualifiées, en 1987, de « point de détail » dans l'histoire de la Seconde Guerre mondiale, alors qu'en 1992 il verra en Léon Degrelle, l'ancien chef des fascistes belges, un « monument » de cette même guerre – laissent paraître l'extrémisme des dirigeants du Front national sous le vernis démocratique de leurs appels au bon sens populaire. À l'inverse, d'ailleurs, une majorité croissante de Français de droite comme de gauche marginalisent, en les excluant, Jean-Marie Le Pen et son parti. D'après le baromètre SOFRES-*Le Monde*-RTL (*Le Monde*, 4 février 1994), « M. Le Pen et le Front national représentent un danger pour la démocratie » aux yeux de 73 % des électeurs français en janvier 1994 (contre 23 %). Le FN est vu comme encore plus raciste (87 %, + 6), plus incapable de gouverner (86 %, + 10), plus sectaire (85 %, + 7), plus éloigné des gens (60 %, + 11) en janvier 1994 qu'en octobre 1991, date de la précédente enquête. Surtout 19 % des électeurs (au lieu de 32 % en 1991) – dont 29 % des électeurs de droite contre 54 % en 1991 – se disent globalement « d'accord avec les idées défendues par M. Le Pen et le Front national ». Sur les immigrés, le point fort de l'argumentaire FN, 60 % des électeurs, dont 51 % des sympathisants RPR-UDF, désapprouvent les prises de position de Jean-Marie Le Pen en janvier 1994. Avec l'effondrement de la gauche et le retour de la droite RPR-UDF au pouvoir, le FN s'est trouvé politiquement et tactiquement déstabilisé et semble avoir atteint les limites de son influence.

Les Verts et Génération Écologie

L'écologie a mis dix-sept ans à s'organiser durablement au niveau politique, de 1967 à 1984, cinq années supplémentaires à émerger électoralement, en 1989-93, pour remettre en cause les résultats si difficilement obtenus, par ses déchirements internes, après 1993. L'existence politique de l'écologie fait de toute évidence problème. Animateurs d'un mouvement social original et vivace, les écologistes, en fait, sentent bien la nécessité d'un prolongement politique de leur action associative tout en y répugnant, pour beaucoup, ce qui les conduit souvent à refuser de se plier aux règles du jeu politique telles que les autres partis les pratiquent.

Le parti écologiste a été créé d'en bas. La pollution des côtes du nord de la Bretagne, en 1967, à la suite du naufrage d'un pétrolier, le *Torrey-Cañon,* avait donné le signal du développement des associations pour la protection de la nature et fait de la défense de l'environnement un nouvel enjeu politique : création des *Amis de la Terre*, sur le modèle américain, en 1970 ; d'un ministère de la Protection de la nature et de l'Environnement, en 1971, dans le gouvernement Chaban-Delmas ; premières manifestations spectaculaires écologistes en 1971-72 – contre

7. ÉVOLUTION DES SUFFRAGES ÉCOLOGISTES,
SELON LE TYPE D'ÉLECTION, DEPUIS 1974

Légende:

présidentielle (P)
législatives (L)
européenne (E)
régionales (R)

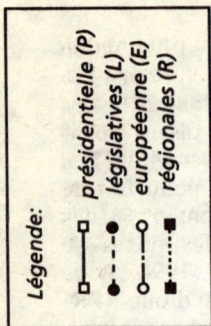

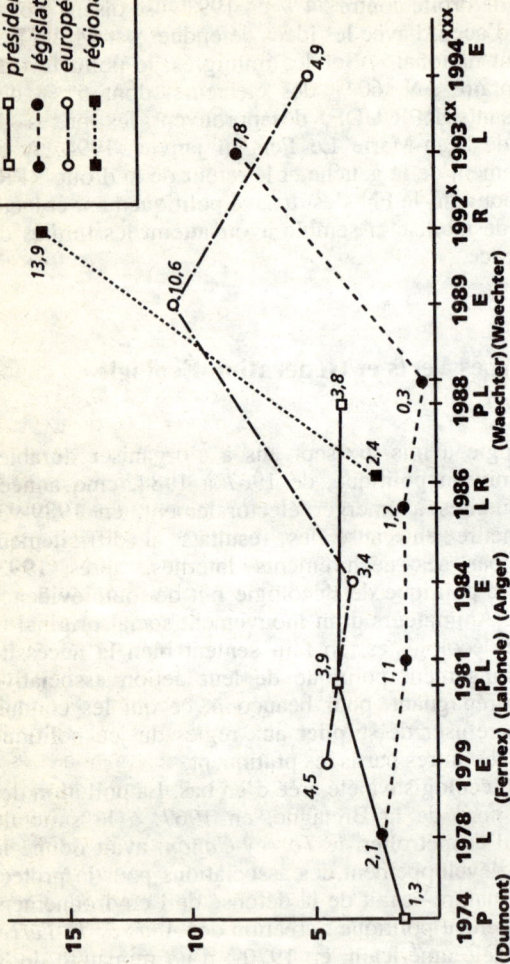

X Régionales 1992 : Verts = 6,8 ; G.E. = 7,1%

XX Législatives 1993 : Verts = 4,1 ; G.E. = 3,7%

XXX Européenne 1994 : Verts = 2,95; G.E. = 2,01%

le nucléaire à Fessenheim, contre l'extension d'un terrain de manœuvres militaires au Larzac, contre l'automobile à Paris… De 1974 à 1983 les écologistes entrent dans l'arène politique en présentant des candidats – dont le premier sera René Dumont, à l'élection présidentielle de 1974 – sans parvenir à s'organiser en parti. Ils se contentent de constituer à chaque consultation électorale une organisation temporaire, aussitôt dissoute après l'échéance et prennent grand soin, à chaque fois, de changer de candidat (aux présidentielles) ou de tête de liste (aux européennes) pour bien marquer leur refus de toute personnalisation du pouvoir à leur tête (*Cf. graphique 7*).

Les 28-29 janvier 1984, finalement, à Clichy, un parti officiellement désigné comme « *Les Verts*, Confédération écologiste – Parti écologiste » ou, plus brièvement, « Verts cp » (*c* pour Confédération, *p* pour Parti), rassemble l'ensemble du mouvement écologiste (à l'exception des *Amis de la Terre*) grâce à la fusion du *Mouvement d'écologie politique* (créé en novembre 1979, transformé en *Verts-Parti écologiste* en novembre 1982) et de la *Confédération écologiste* (fondée en juillet 1981). Mais le parti écologiste ne sera pas un parti comme les autres. Il n'aura ni président, ni secrétaire général – pas de chef – mais quatre porte-parole élus chaque année, tous égaux. Toutes les élections internes aux postes de responsabilité se feront à de fortes majorités qualifiées, quitte à bloquer l'attribution de certains postes faute d'un accord assez large ou à multiplier les tours de scrutin pour arriver à une décision. Les élus du parti – au Parlement européen par exemple – seront exclus de ses instances nationales et prendront l'engagement de renoncer à leur mandat avant sa fin, laissant la place à d'autres militants, pour se prémunir contre toute tentation de professionnalisation politique. Le parti sera fortement décentralisé, au profit de ses organisations régionales : le *Conseil national interrégional*, qui est l'instance dirigeante essentielle des Verts, est composé aux trois quarts des représentants directement choisis par les régions, le quart restant élu à la proportionnelle par l'assemblée générale annuelle. Les organisations régionales et les groupes locaux, d'ailleurs, ne seront pas tenus d'appliquer les décisions prises à l'échelon national.

Le militant de base, chez les Verts, est roi ; sa volonté ne
saurait être déformée par des structures intermédiaires ni
par des injonctions venues d'en haut – un « basisme »
difficile à maintenir au profit de quelques 5 000 militants
quand le parti, finalement, réussira à attirer des centaines
de milliers d'électeurs (1,9 million aux européennes en
1989, plus d'un million pour les seuls Verts en 1993 aux
législatives).

La percée électorale des Verts (*Cf. graphique 7*) –
10,6 % aux européennes de juin 1989, 6,8 % aux régionales de 1992 (13,9 % avec Génération Écologie), 4,1 %
aux législatives de mai 1993 (7,8 % avec Génération
Écologie) – coïncide avec l'émergence d'un chef, en fait
sinon en droit – Antoine Waechter –, et le choix d'une
stratégie politique précise : refus d'une alliance avec
l'extrême-gauche (stratégie « Rouge-Vert ») ; refus d'une
alliance avec la gauche socialiste comme au second tour
des élections présidentielles de 1974 et 1981 (stratégie
« Rose-Vert ») pour affirmer l'identité et l'autonomie
d'une écologie politique « ni gauche ni droite » (stratégie
« Vert-Vert ») – sur le thème « l'écologie n'est pas à
marier » – et recentrer les écologistes sur la défense de
l'environnement.

Les Verts ont l'ambition de « défendre une valeur qui
n'a pas de prix : la VIE » (leur programme de 1988). Dans
« Dessine-moi une planète », Antoine Waechter affirme
que le choix, avec la seconde révolution industrielle, est
désormais entre « l'utopie ou l'impuissance ». L'utopie
verte ou la sobriété, l'économie des ressources et de la
Nature, l'engagement militant. Une utopie qui, selon
Waechter, serait scientifiquement fondée ; mûrie « dans
l'action de femmes et d'hommes agressés dans leur chair
par la mort des rivières, l'éloignement de la Nature, la
disparition de paysages chargés d'affectivité sous une
urbanisation dévorante et anonyme, la montée de la
misère urbaine, l'autoritarisme de la technostructure, les
promesses du "meilleur des mondes" ; nourrie de l'aspiration à un univers plus harmonieux ». Au-delà d'un
nouveau rapport à la nature, ce qui distingue l'idéologie
des Verts de celle des autres partis, toujours selon
Waechter (dans *Seuls contre tous*) « c'est le refus des

puissances et des dominations qui s'exercent, autant vis-à-vis des autres peuples que vis-à-vis de la nature. C'est, également, l'affirmation que le bonheur ne se construit pas en accumulant des biens matériels ».

Le 11 mai 1990, l'ancien candidat des Verts à l'élection présidentielle de 1981, Brice Lalonde, après avoir répondu à l'offre d'ouverture politique de François Mitterrand en 1988 et être devenu secrétaire d'État à l'Environnement dans le gouvernement socialiste de Michel Rocard, crée face aux Verts un parti écologiste concurrent – *Génération Écologie*. Tout en reconnaissant les acquis du mouvement écologiste « dans sa diversité », il se démarque des Verts, trop idéologues et extrémistes à son goût, entendant offrir une structure d'accueil aux écologistes « responsables », qui préfèrent « agir, pas gémir » quitte à se salir les mains en participant au pouvoir : « L'écologisme, dit Lalonde, recouvre des tempéraments divers, selon que l'on choisit de privilégier la démocratie ou d'imposer une société clé en main, selon que l'on pratique le dialogue constructif ou le refus systématique. Il y a aussi un écologisme de "la terre qui ne ment pas", du chacun chez soi, du retour en arrière. Et un écologisme d'avenir, d'inspiration humaniste, confiant dans les ressources de la démocratie. C'est cette dernière sensibilité que nous voulons affirmer. » Concrètement Génération Écologie n'est pas d'accord avec les Verts pour demander le droit de vote pour les immigrés non naturalisés aux élections locales ; pour donner un coup d'arrêt au programme autoroutier ; pour l'abandon progressif, en une décennie, de l'énergie nucléaire ; pour le renoncement à la force de frappe nucléaire française. Or, quinze mois seulement après son lancement *Génération Écologie* dépassait les Verts en voix (7,1 % contre 6,8 % des suffrages exprimés), aux élections régionales de 1992, et les égalait en sièges, mettant fin à leur monopole dans la représentation politique de l'écologie.

Génération Écologie avait été conçue, tactiquement, par Brice Lalonde et les socialistes pour capter, au premier tour des législatives de 1993 et présidentielles de 1995, le maximum d'électeurs déçus par le socialisme et les ramener, au second tour, au bercail de la gauche.

L'effondrement prévisible du Parti socialiste a bouleversé ces plans en donnant à Brice Lalonde et à l'ensemble des écologistes des ambitions plus grandes. Fin 1992, après les élections régionales, Génération Écologie et Verts s'alliaient pour les élections législatives de mars 1993. Ils se partageaient à égalité les circonscriptions pour y présenter un candidat commun, dès le premier tour. Et se mettaient d'accord sur un programme commun : représentation proportionnelle et référendum d'initiative populaire pour une démocratisation de la société française ; limitation de la croissance et partage du travail face à la crise économique ; abandon à terme mais dans des délais non précisés de l'énergie nucléaire, réduction du programme autoroutier, renforcement des moyens du ministère de l'Environnement pour une gestion plus écologique des ressources et du territoire. L'entente écologique ainsi créée s'était prise à espérer jouer un rôle central après les élections au fil des sondages préélectoraux, (15 % des intentions de vote en novembre 1992, jusqu'à 19 % en janvier 1993 avec une chance apparente de devancer un Parti socialiste en chute libre ; mais 10-11 % seulement à la veille du premier tour de scrutin). Le pôle écologiste serait à la fois assez fort et suffisamment autonome, croyait-on chez les Verts comme à GE., pour faire exploser le vieux moule gauche-droite et être l'artisan d'une totale recomposition des forces politiques. Le score final de l'Entente – moins de 8 % des suffrages exprimés, deux candidats qualifiés pour le second tour au lieu de la centaine attendue, aucun élu – a ruiné, d'un coup, ces espoirs.

Cet échec a abouti, à l'assemblée générale des Verts, à Lille les 12-14 novembre 1993, à la mise en minorité d'Antoine Waechter, au profit de Dominique Voynet, et à l'abandon de la tactique « ni gauche ni droite » pour une « discussion avec toutes les forces politiques et sociales, à l'exclusion de l'extrême-droite, des ultralibéraux et des nationalistes ». Autrement dit à la recherche d'une alliance qui devrait naturellement se faire, malgré les contentieux passés, avec le candidat socialiste à la prochaine élection présidentielle. L'évolution de Génération Écologie où Noël Mamère, proche de la gauche, a vainement tenté de prendre le dessus sur Brice Lalonde, accusé de dérive « droitière », risque de provoquer un nouvel éclatement du mouvement écologiste, ses deux dirigeants les plus médiatiques – Lalonde et Waechter – venant concurrencer le gros des troupes militantes au nom du maintien de l'autonomie de l'écologie.

Les militants et sympathisants écologistes – jeunes, diplômés, classes moyennes – ont des motivations diverses pour soutenir ce nouveau parti. Certains spécialistes – tel Herbert Kitschelt – voient dans l'écologisme une nouvelle gauche libertaire qui, ajouterait au refus égalitariste des pouvoirs établis une volonté active de remettre l'économie à sa place – secondaire – au profit de la réalisation de soi, d'une meilleure qualité de vie pour tous. En ce sens l'écologisme participerait d'un état d'esprit « post-matérialiste », que le politologue américain Ronald Inglehart a décelé dans les démocraties industrielles opulentes d'Occident chez les générations de 1968 et d'après, qui n'ont connu ni les privations des années trente et de l'après-guerre, ni les affres de la guerre. Ce modèle explicatif, semble-t-il, rend mieux compte des débuts de l'écologie politique en Allemagne et en France que de son évolution, surtout dans le contexte nouveau et difficile pour les jeunes créé par la crise économique de 1973. Pour d'autres spécialistes, comme Daniel Boy, l'adhésion à l'écologie s'expliquerait plutôt par des frustrations – dotés d'une formation supérieure les écologistes occupent en général une position sociale modeste – et la peur du changement, du progrès – traduite par un certain catastrophisme et l'aspiration à un retour à la nature. Il ne faut pas sous-estimer, enfin, dans la multiplicité des causes de la percée électorale de l'écologie, et de sa fragilité, le fait qu'elle ait servi de structure d'accueil des « déçus du socialisme » après une décennie de pouvoir socialiste dominant en France. Il s'agit d'ailleurs là d'une fonction qui n'est pas propre au parti écologiste mais à la plupart des petits partis contestataires.

Fonctions des petits partis contestataires

À quoi servent, finalement, les petits partis contestataires dans la vie politique française aujourd'hui ? Si leur petitesse n'est pas une qualité en soi, ils n'en ont pas moins une certaine utilité dans le système des partis.

Lieu de passage d'électeurs déçus par les grands partis de gouvernement, avant qu'ils ne retournent, le plus souvent, à leur ancien parti ou émigrent vers son principal rival, les petits partis contestataires servent de soupape électorale en facilitant le vote-sanction. À travers leurs scores électoraux ils font ainsi office de baromètre pour l'évaluation du bon ou mauvais fonctionnement conjoncturel du système politique. Ils contribuent pour une bonne part à la volatilité de l'électorat qu'ils encouragent d'ailleurs par leur critique permanente du pouvoir.

Leur rôle, cependant, ne se limite pas à leur capacité de nuisance vis-à-vis des « grands » partis à vocation gouvernementale. Leur pouvoir de pression politique leur confère une force de novation indirecte, une capacité, limitée mais réelle, d'obliger le système politique à changer et s'adapter pour résister à leur concurrence. Ils peuvent ainsi imposer la prise en charge par les grands partis de nouveaux enjeux politiques. Le Front national – en révélant et structurant les craintes et les attentes de l'opinion – a mis l'enjeu « immigration », que les grands partis de droite et de gauche préféraient ignorer, à l'ordre du jour depuis 1983 et réussi à modifier la politique publique d'immigration et de nationalité du RPR et de l'UDF, mais aussi du PS. Non que la droite ou la gauche de gouvernement aient repris tels quels le discours et les solutions du FN, mais l'évolution a bien été dans la direction de la pression FN. La montée de l'écologisme et, finalement, sa traduction électorale et politique ont joué le même rôle pour l'enjeu défense de l'environnement. Le besoin qu'ils ont d'une alliance avec les écologistes depuis 1993 pousse même les socialistes à prendre à leur compte le thème du partage du travail lancé par les Verts. Parfois les petits partis contestataires – limités dans leur développement par leurs propres succès dans la transfor-

mation des politiques des grands partis là où les insuffi-
sances de ces derniers avaient facilité l'émergence de la
contestation – voient certains de leurs militants ou dirigeants rallier les partis de gouvernement par souci d'efficacité et de réussite personnelle : Michel Rocard, du PSU
au PS ; Brice Lalonde, de l'opposition à la participation à
un gouvernement socialiste ; Yann Piat, du FN à l'UDF,
etc. Les petits partis contestataires sont face à un dilemme
permanent ; ou bien ils restent enfermés dans leur idéologie et isolés, ce qui les condamne à servir malgré eux de
viviers et d'aiguillons pour le bénéfice des grands partis
de gouvernement ; ou bien ils font les compromis nécessaires pour avoir une chance d'être associés au pouvoir,
au risque de troquer leur pureté idéologique contre le rôle
modeste de force d'appoint.

CHAPITRE 7

MILITANTS ET PROFESSIONNELS DE LA POLITIQUE : CRISE DE L'ENGAGEMENT POLITIQUE ?

Max Weber lie l'apparition de professionnels de la politique – entendus comme ceux qui vivent principalement d'une activité politique – au développement de l'État moderne, à la prise d'autonomie du politique par rapport au religieux, à l'administratif et à l'économique, bref à la division des tâches et des rôles qui constitue l'une des caractéristiques essentielles de la modernité. Cette évolution, sans doute inéluctable en raison de sa rationalité et de son efficacité, contredit une certaine conception de la démocratie selon laquelle il n'est pas de démocratie sans participation générale, constante et informée de chaque citoyen. Une utopie entretenue par des philosophes politiques comme Mill, Locke et Tocqueville, toujours vivante aujourd'hui dans certains milieux politiques – chez les démocrates-chrétiens et les écologistes en particulier. Mais une utopie sans cesse démentie par la réalité de citoyens inégalement intéressés par la politique, inégalement informés et soucieux de l'être, inégalement engagés – la majorité d'entre eux n'étant politiquement actifs qu'à certains moments, sur certains enjeux parce que la politique, finalement, n'a pour eux qu'une importance secondaire dans la vie. Le citoyen moyen, selon la formule des spécialistes américains de la participation politique, Almond et Verba, « n'est pas le citoyen actif, mais le citoyen *potentiellement* actif ».

La participation à la politique étant inégale, les citoyens peuvent être classés selon leur niveau de participation – des exclus ou aliénés en marge de la politique aux professionnels qui en vivent et, souvent, ne vivent que pour elle.

Certains sociologues et politologues, de Bourdieu à Gaxie, insistent sur les phénomènes d'exclusion politique et dénoncent, dans une perspective néo-marxiste, l'existence d'un « *cens** caché » jusque dans les démocraties les plus avancées. D'autres – suivant Mosca, Pareto et Michels – partent du sur-pouvoir détenu par l'élite des professionnels de la politique pour décrire, de même, les tendances oligarchiques sous les apparences démocratiques. En dépit de la part de vérité que recèlent ces analyses, elles datent dans la mesure où elles donnent des citoyens l'image de simples pions dans les jeux de pouvoir des politiciens à une époque où, sans parler d'une longue expérience des élections libres, l'information concurrentielle de masse, la forte élévation du niveau général d'éducation, la capacité de mobilisation des citoyens sur les enjeux de politique qui leur importent tendent à créer un nouveau citoyen, un nouvel électeur, un nouveau militant, plus difficilement manipulable et largement autonome par rapport à toutes les formes d'encadrement. Autrement dit les thèses d'un Joseph Schumpeter – telles qu'il les énonçait dès 1942 dans *Capitalisme, socialisme et démocratie* – semblent bien se vérifier : l'individu s'émancipe du groupe et le citoyen-électeur – à travers ses demandes politiques – pèse de plus en plus sur l' « offre » politique du politicien professionnel ; bref la démocratie est bien un régime marqué par le fait que la sélection des élites du pouvoir se fait de façon concurrentielle, par l'élection au suffrage universel, masculin et féminin.

Militants et militantisme politiques

Pour Maurice Duverger – qui distingue, dans son livre sur *Les partis politiques*, cinq niveaux de participation politique : électeurs, sympathisants, adhérents, militants et dirigeants – le militant est « l'adhérent actif » dans les *partis de masses** , les militants constituent le noyau de base du parti sur qui repose son animation ; dans les *partis de cadres** , qui lui accordent moins d'importance, « la notion de militant se confond avec celle de membre du parti ». Cette définition a l'inconvénient de présupposer l'inexistence d'un militantisme hors des « *partis de masses* », « *totalitaires* » * (communistes et fascistes) ou « *spécialisés* » * (socialistes). Il est vrai qu'il y a dans le terme même de « militer » une connotation guerrière, l'idée de se battre pour une cause, qui a naturellement conduit à assimiler le militant et le révolutionnaire ou le contre-révolutionnaire, le militantisme et la gauche ou l'extrême-droite. Et que le modèle d'organisation militante a longtemps été en France, même pour les partis de droite, le Parti communiste. Il reste qu'aujourd'hui le militantisme n'est plus limité à la gauche, ou à l'extrême-droite, et que les pratiques militantes de droite ne sont pas nécessairement toutes empruntées à celles de la gauche.

Pour l'essentiel le militantisme – dans un parti, un groupe d'intérêt, etc. – se définit par une double caractéristique : il est bénévole et il implique des activités politiques d'une fréquence très supérieure à la moyenne et spécialisées.

Le bénévolat distingue le militant du politicien de profession – qu'il soit un permanent appointé dans une organisation politique ou un élu vivant de la politique. Volontaire, non rémunéré pour son travail au sein de l'organisation – qu'il contribue à faire fonctionner, le militant n'en est pas moins rétribué de multiples façons : satisfaction d'être activement associé à la promotion des idées et valeurs de l'organisation (rétribution idéologique) ; sentiment d'importance et de puissance (rétribution psychologique) ; intégration à la communauté des militants et, plus largement, du groupe (rétribution affective) ; formation personnelle et réalisation de soi (rétribution personnelle) ; avantages divers grâce à l'intervention du groupe (rétributions matérielles). Sans parler de la possibilité, pour une partie des militants qui le désirent, d'accéder à une carrière politique. En ce sens le militantisme n'est jamais totalement désintéressé, pas plus d'ailleurs que le professionnalisme politique n'est totalement intéressé. On peut certes penser, avec des spécialistes comme Mancur Olson, que l'idéalisme philanthropique ou politique est l'exception, l'égoïsme étant la règle. On ne peut nier, par contre, même chez les professionnels de la politique qui ont à penser à leur gagne-pain et à leur carrière, l'existence de conduites politiques suffisamment risquées pour n'être pas dictées par l'intérêt personnel immédiat et rationnel. Pour être complète la typologie des rétributions politiques doit ajouter les satisfactions idéologiques et morales, tirées de l'action, aux satisfactions psychologiques et matérielles. Ce qui veut dire qu'elle ne peut pas faire l'économie d'un certain degré d'altruisme dans tout engagement politique. La différence entre le politicien de carrière et le militant politique est finalement double : l'un et l'autre sont engagés et militent, mais le premier est un professionnel et le second un amateur ; ce qui fait que le militant est naturellement l'auxiliaire du politicien professionnel. Le militant s'engage en politique pour des raisons multiples, individuelles et collectives, qui peuvent se renforcer mutuellement : prédispositions familiales et sociales (modèle ou contre-modèle familial, pression du milieu social...), expérience de vie politique de sa génération (valorisant ou dévalorisant l'engagement politique), sollicitations et incitations de personnes proches, besoins personnels conscients et inconscients, attentes de rétributions éventuelles. Georges Lavau, étudiant les cheminements de l'adhésion au Parti communiste français, distinguait ainsi « les adhésions d'émotion », qu'un événement exceptionnel (comme le Front populaire) ou une fête (comme la fête de *L'Humanité*) venait précipiter ; « l'adhésion-régularisation », telle celle du compagnon de route de la CGT ou d'ailleurs ; « l'adhésion-rectification » des déçus d'un autre engagement, l'action catholique par exemple ; « l'adhésion d'imprégnation » enfin, la plus importante quand vient le déclin, celle des enfants de communistes ou des gens plongés depuis leur jeunesse dans un habitat ou un lieu de travail clos, marqué par la culture communiste. L'action militante, par la suite, forme et transforme le militant pour peu qu'il persévère : influence des autres militants, autorité des dirigeants, contacts avec les personnes et les groupes extérieurs au parti dans les activités militantes. Souvent venus à la politique pour changer la société, les militants ne manquent pas d'être changés par le militantisme politique.

L'activité militante distingue le militant du simple adhérent, qui se contente d'être membre, le cas échéant cotisant, de l'organisation. Maurice Duverger insiste, de ce point de vue, sur la multiplicité et sur la régularité des activités qui font le militant de parti. Multiplicité, variété des activités : participation à la propagande du parti, à la diffusion de ses mots d'ordre, par le collage d'affiches, la distribution de tracts, la vente de ses journaux – toutes activités qui ont pris valeur de symbole de militantisme ; participation à la mobilisation autour du parti, par le recueil de signatures (pétitions), de dons (collectes), de recrutement de nouveaux soutiens (électeurs, manifestants, adhérents) ; participation à la vie interne du parti, par l'assistance aux réunions, la participation aux débats et aux prises de décisions dans l'organisation, l'exercice de responsabilités, etc. Régularité, aussi, de ces pratiques militantes qui font, selon Maurice Duverger, la différence entre le militant véritable et le non-militant – le militant idéal devant être disponible, selon la règle ancienne du Parti communiste, « 24 heures sur 24 ». Le problème est que, suivant ces critères, il est de moins en moins de militants. Crise de l'engagement politique ? Ou mutation du militantisme politique ?

Le nombre des militants

Faute de pouvoir mesurer directement l'évolution du nombre des *militants*, du fait de la variété des critères du militantisme et de l'absence de données statistiques correspondant à ces critères, on peut l'évaluer à partir des courbes *d'adhérents*, même si celles-ci sont déjà d'une fiabilité limitée.

Si l'on évalue le nombre d'adhérents probables à partir du nombre revendiqué par les partis eux-mêmes, au début des années 1990 en France, on arrive à un total de 700 000 adhérents ou militants potentiels au plus pour un électorat de trente-huit millions – soit un taux de moins de 2 adhérents (1,8 exactement) pour 100 électeurs. Taux très faible comparé à ceux d'autres démocraties : la France a toujours été caractérisée par des attitudes de méfiance devant l'engagement politique mais aussi syndical et associatif. Taux plus faible encore que dans les années 1970 – où l'intensité de l'affrontement gauche-droite (« un choix de société ») combiné à l'imminence perçue de l'alternance au pouvoir poussait à la mobilisation politique – mais taux équivalent à celui des années 1960, ce qui signifie que si crise de l'engagement politique il y a, cette crise est davantage cyclique et conjoncturelle que linéaire et tendancielle. L'inventaire de l'évolution du nombre d'adhérents parti par parti confirme ce diagnostic contraire à l'idée pourtant reçue d'une crise générale de l'engagement politique :

– Le Parti communiste, qui a revendiqué plus de 900 000 adhérents en 1947, en annonçait 425 800 en 1966, 710 000 en 1982, 604 285 en 1987, 590 000 en 1994. Des chiffres qu'il faudrait, semble-t-il, diminuer d'un bon tiers au temps de la splendeur du parti, de plus de moitié depuis qu'il est en déclin pour approcher la réalité de ses effectifs (soit 250 000 à 290 000 membres estimés aujourd'hui).

– Le Parti socialiste, qui n'avait trouvé, lors de sa refondation à Épinay en 1971, que 35 000 adhérents effectifs pour 74 000 annoncés, en revendiquait 185 000 en 1980 à la veille de l'alternance, 200 000 en 1982-83 au lendemain, 180 000 en 1988, 150 000 en 1982, 134 150 en octobre 1993 lors de son congrès du Bourget – dont 68 193 (un peu plus de la moitié) participeront au vote des motions, faisant ainsi acte de militantisme.

– Le RPR annonçait 195 000 adhérents à sa naissance, en 1975 ; il en revendiquait 200 000 en 1992. La réalité se situe sans doute autour de 135 000 à 150 000 cotisants effectifs au sein d'un vivier de quelque 300 000 à 450 000 membres et anciens membres non radiés.

– Restent le Front national (50 000 adhérents probables en 1992 au lieu de 10 000 en 1985), le Parti républicain (25 000), le Centre des démocrates sociaux (12 500), les Verts (5 000), Génération Écologie (2 500) plus quelques milliers de militants trotskistes.

Il est clair que les évolutions ne vont pas toutes dans le même sens – progression des effectifs d'adhérents à droite (RPR, FN, voire UDF), baisse à gauche (tendancielle au

PC, sans doute plus conjoncturelle au PS). De même que l'on constate, dans le mouvement syndical, à côté d'une baisse du syndicalisme traditionnel masculin et ouvrier, une progression du syndicalisme des femmes et des employés, on assiste dans les partis à un développement, plus ou moins conjoncturel, du militantisme de droite qui ne bénéficie pas seulement, tant s'en faut, à l'extrême-droite. Les études manquent pour caractériser ce militantisme de droite et le différencier du militantisme traditionnel de gauche. Deux traits semblent cependant se dégager des premières recherches à ce sujet. D'abord le militant de la droite, surtout modérée, paraît préférer les pratiques militantes à fort apport personnel – comme le témoignage, par des conversations avec parents, amis et relations, ou la contribution d'idées dans son champ de compétence par la participation à un club ou à des groupes de réflexion spécialisés – aux pratiques militantes traditionnelles – collage d'affiches, distribution de tracts, vente de journaux, recueil de fonds, etc. Ensuite et surtout le militant de droite répugne à s'engager tout le temps, cherche à conserver la maîtrise de son engagement en en choisissant lui-même les moments et les lieux. Et participe ainsi à la remise en question du travail à plein temps – fût-il volontaire, bénévole et militant –, par la réhabilitation du militantisme intermittent.

Les traits nouveaux de l'engagement politique

Les mutations en cours de l'engagement politique semblent avoir commencé dans l'après-1968 par la banalisation, voire la légitimation de formes non conventionnelles de participation politique. Les politologues Samuel Barnes et Max Kaase, tout en exagérant le phénomène, avaient eu le mérite de s'y intéresser dès 1979. Ils opposaient aux formes conventionnelles, reconnues, de la participation politique – voter, discuter de politique avec d'autres, chercher à convaincre, militer localement sur des enjeux politiques locaux, participer à des réunions politiques, contacter des élus ou responsables politiques, participer à la campagne d'un candidat politique – des pratiques non conventionnelles dont ils prévoyaient qu'elles allaient durablement se développer dans les démocraties occidentales dans la mesure où les jeunes générations étaient prêtes à s'y engager : pétitions, manifestations, boycotts, grèves de loyers, grèves d'impôts, grèves sauvages, sit-ins, squatts, occupations de rue, violences contre les biens, violences contre les personnes. L'observation empirique a confirmé l'élargissement du répertoire d'actions politiques dans les démocraties sans vérifier vraiment la thèse d'une substitution de formes de participation non conventionnelles aux formes conventionnelles à l'instigation de la génération 1968 et de celles qui l'ont suivie. C'est ainsi que les études de manifestations, animées par Pierre Favre, montrent qu'en France cette forme d'action politique est activement pratiquée depuis très longtemps ; que le nombre des manifestations (8 000 en moyenne par an actuellement) ne varie pas systématiquement à la hausse mais selon des hauts et des bas de nature cyclique ; que les manifestations avec violences ne sont pas liées pour l'essentiel aux jeunes mais plutôt à des catégories socioprofessionnelles en situation de crise (sidérurgistes ; petits commerçants, artisans et petits patrons ; agriculteurs notamment). Il reste que la manifestation de rue est devenue une forme d'action politique ouverte à toutes les catégories ou presque, d'autant plus volontiers utilisée qu'elle s'avère, à l'occasion et de façon spectaculaire, politiquement efficace.

Henri Mendras, Michel Forsé et divers autres sociologues français réunis sous le pseudonyme de Louis Dirn ont défendu, plus récemment, une autre thèse, proche de celle d'Alain Touraine, sur le retour des « mouvements sociaux » – formés et cristallisés autour d'un intérêt ou d'une cause à forte capacité de mobilisation et d'innovation sociales – comme facteur de mutation de l'engagement politique. La dévalorisation et la crise d'organisations comme les Églises, l'armée, les syndicats, le Parti communiste, qui ont pour point commun d'exercer un magistère en donnant à leurs membres des normes de conduite et en contrôlant sévèrement le respect de ces normes par eux, aboutirait d'une part au recentrage de beaucoup de Français sur leur microsociété (la famille, le local), d'autre part au succès de mouvements sociaux très spécialisés et largement détachés du politique, du socio-professionnel ou du religieux (associations de défense de la nature, de protection du consommateur, mouvements féministes, mouvements régionalistes, Amnesty International, Restaus du Cœur, SOS Racisme, etc.), qui attirent des intellectuels, des jeunes, des membres des classes moyennes et s'enracinent volontiers dans des groupes d'affinités (la génération, les « potes »). À condition de ne pas surestimer l'efficacité politique de ces façons de faire de « la politique autrement » – chères aux écologistes, ou de la stratégie de « la politique de proximité », du retour au local – qu'affectionnent certains partis centristes comme les libéraux démocrates britanniques, bref de ne pas s'imaginer que ces pratiques militantes, peu répandues au total, peuvent se substituer purement et simplement aux pratiques politiques anciennes, cette thèse est stimulante en ce qu'elle contribue à confirmer et expliquer les trans-formations des attentes et des comportements de nom-breux militants, dans les partis notamment, telles que des politologues du Centre d'étude de la vie politique fran-çaise les ont décelées dans une étude collective récente sur l'engagement politique.

Ce qui est en cause aujourd'hui n'est pas tant le mili-tantisme politique en soi que le modèle qui en était offert par les vieux partis de masses comme le Parti communiste, que Jacques Ion caractérise ainsi : exclusion de la vie privée et négation du sujet individuel ; forte présence d'un « nous » intense, somme de « camarades » définis abstraitement ; encadrement dans un ordre pyramidal auquel le militant fait don de sa personne au nom du dévouement à la cause. Le militant d'aujourd'hui n'entend plus se laisser priver de son identité personnelle ; veut voir valoriser ses compétences personnelles ; cherche à tisser lui-même – pour se réaliser – son réseau d'engage-ments multiples au lieu d'aller là où on lui dit d'aller sur la trame d'organisations prédéfinie par le parti ; préfère des résultats immédiats et concrets, fussent-ils modestes, aux promesses incertaines d'un monde meilleur, voire parfait, dans un lointain futur. L'engagement militant ne serait plus de nature militaire et collectif, mais contractuel et individuel, l'engagement, en somme, d'individus non pas égoïstes mais émancipés et autonomes. Qui ne doivent pas tout – leur formation et leur raison de vivre à l'organisation, au parti. De véritables volontaires, effectivement libres de venir et de partir, d'agir et de se mettre en retrait, de soutenir et de critiquer, soucieux d'être respectés et reconnus personnellement. Tous les militants dans tous les partis d'aujourd'hui ne sont évidemment pas de ce type. Mais il est de plus en plus difficile d'en recruter durablement qui soient de l'ancien modèle. Au point que certains partis cherchent à élargir leur base organisée audelà des militants (et des cotisants) en y intégrant, avec moins de contraintes mais aussi moins de pouvoir, de nouvelles catégories comme les sympathisants (tel le Parti socialiste lors de ses « États généraux » d'après défaite, en juillet 1993) ou les électeurs les plus proches (par le biais d'élections « primaires » à l'américaine, si elles se font un jour, pour les investitures présidentielles au RPR).

Le pouvoir des militants

Très peu nombreux en France, pour des raisons de culture politique renforcées, parfois, par une conjoncture démobilisatrice, de plus en plus exigeants de surcroît, les militants sont-ils indispensables aux organisations politiques ? La plupart des raisons invoquées par Maurice Duverger, au début des années 1950, pour expliquer leur existence ne sont plus valables aujourd'hui ? Servent-ils au financement des partis de masses ? Les cotisations et campagnes de souscription militantes n'y suffisent plus, il s'en faut de beaucoup et la subvention publique instituée par les lois du 11 mars 1988 et du 15 janvier 1990 – calculée pour moitié selon la représentation des partis à l'Assemblée nationale et au Sénat (partie distribuée dès

1989), pour moitié en fonction du nombre d'électeurs des partis aux législatives (distribuée pour la première fois en 1993) – représente désormais la source de financement première des partis, devant les dons des entreprises et autres personnes morales. En 1990, sur la seule base de sa fraction « parlementaire », la subvention de l'État représentait déjà 64 % du budget officiel du Parti communiste (contre 21 % de recettes d'adhérents), 64 % également du budget du Parti socialiste (16 % de recettes d'adhérents), 47 % du budget RPR (14 % de recettes d'adhérents), 65 % du budget du parti républicain (6 % de recettes d'adhérents), 64 % du budget du CDS (2 % de recettes d'adhérents), le reste provenant pour l'essentiel de dons de personnes physiques et morales (d'après *Le Monde*, 22 novembre 1991). Le doublement de l'aide publique en 1993 (571 millions de francs au lieu de 281 millions en 1992) pour couvrir le financement selon les voix recueillies aux législatives, a élargi aux partis non représentés au Parlement (FN, écologistes notamment) le soutien financier de l'État et diminué encore la part des adhérents dans le financement des partis. Adhérents et militants contribuent toujours, certes, au financement des partis et, d'abord, des partis de masse. Mais leur rôle est de plus en plus limité en ce domaine et, surtout, l'évolution du nombre d'électeurs, aux législatives, et d'élus, à l'Assemblée nationale et au Sénat, a des incidences financières beaucoup plus importantes pour un parti – compte tenu des critères de répartition de l'aide de l'État et des sommes en jeu – que l'évolution du nombre de ses adhérents et de leurs activités financières. Il faut ajouter qu'avec la technicité croissante des activités de partis, le travail bénévole des militants a perdu de sa valeur, faute des qualifications nécessaires, sauf le cas de militants-experts (en communication politique par exemple) mettant gratuitement leur savoir-faire au service d'un parti ou d'un candidat. Encore ces derniers préfèrent-ils souvent recourir à des experts appointés, plus faciles à contrôler et, le cas échéant, à renvoyer que des experts bénévoles. Pour la même raison de complexité accrue des tâches politiques, les militants autodidactes, formés sur le tas, sont moins prisés qu'autrefois par les partis pour le recrutement de leurs responsables, d'autant que l'élévation générale du niveau d'éducation dans le pays les rend moins nécessaires même dans les partis de tradition ouvrière.

Certains spécialistes déduisent de ces évolutions que les partis politiques et, plus largement, toutes les associations volontaires peuvent désormais se passer de militants et ne faire appel, dans leur fonctionnement, qu'à leurs professionnels assistés par des experts extérieurs rémunérés. Les partis, les syndicats, l'ensemble des groupes de pression seraient en mesure d'opter, comme la défense nationale, pour une armée de métier. Le fait qu'ils ne l'envisagent pas laisse cependant à penser que les amateurs, les militants, y ont toujours un rôle à jouer, donc un certain pouvoir.

Les militants conservent une utilité et un pouvoir, d'abord, dans la mesure où les actions militantes – comme les manifestations et autres formes de participation politique non conventionnelles – sont nécessaires à la vie politique démocratique. Les consultations électorales, même quand elles sont fréquentes comme sous la Ve République, même complétées par les sondages d'opinion publique, ne peuvent suffire à assurer la présence politique de tous les intérêts sectoriels, et de toutes les causes particulières, ni l'expression de groupes sociaux nouveaux en quête de reconnaissance politique (comme le mouvement des femmes, les beurs, SOS-Racisme à leurs débuts). D'où l'utilité de ce que Pierre Favre nomme les manifestations « initiatrices » qui, sur un nouvel enjeu politique, autour d'un nouvel acteur, visent à mobiliser l'embryon d'une force sociale pour l'organiser et assurer sa reconnaissance ; sans parler des manifestations « de crise » qui apportent une réponse de masse, largement spontanée, à un problème politique devenu, soudain, brûlant et pressant. Le succès de certains de ces mouvements – abandon du projet de loi Savary sur l'enseignement privé après les manifestations de juin 1984, retrait du projet de loi Devaquet sur la réforme de l'université après les manifestations de fin 1986, sacrifice du projet de révision de la loi Falloux pour l'extension du financement public des écoles privées début 1994 pour ne citer que la série spectaculaire liée à l'éducation – donne à ces actions militantes une crédibilité certaine, malgré de nombreux échecs, dont celui de mai 1968 où la volonté des militants a été contrée, à court terme tout au moins, par l'expression de celle des électeurs, en juin. Le besoin demeure, n'importe comment, d'exprimer une révolte, un refus, de communier dans la défense active de valeurs politiques partagées (tradition religieuse – les processions – et dimension sacrée de nombreuses manifestations).

De façon moins immédiate mais sans doute plus profonde, le militantisme demeure « le sel de la terre » au sein des organisations où il s'exerce dans la mesure où il les pousse à évoluer, à innover, dans leurs façons de penser, de faire et d'agir. C'est ainsi que les militants d'action catholique spécialisée (Jeunesse agricole chrétienne, Jeunesse ouvrière chrétienne, etc.), malgré leur nombre très restreint, ont largement contribué à changer, successivement, l'Église catholique, le syndicalisme agricole, les partis démocrates chrétiens, voire socialistes en poussant à substituer aux attitudes doctrinaires, à l'autorité venue d'en haut, la prise en compte du vécu, le travail de terrain, la participation militante. Encore faut-il, pour que le pouvoir des militants s'exerce ainsi, qu'ils ne se coupent pas, par une volonté d'hégémonie ou de puissance, des instances dirigeantes de l'organisation et de ses autres centres de pouvoir – comme ceux des élus et des électeurs dans les partis. La mainmise sur un parti d'un cercle étroit de militants idéologues peu représentatifs ne peut conduire en démocratie qu'à l'échec et l'éclatement – comme le montre, de façon saisissante, au début des années 1980, la scission et le désastre électoral du Parti travailliste britannique sous l'influence de Tony Benn. C'est la combinaison de l'influence et le jeu des alliances, au sein d'un parti, des idéologues et intellectuels, des hommes de pression venus des mouvements associatifs et des pragmatistes – selon la typologie d'un spécialiste des écologistes, Herbert Kitschelt – qui fait le succès ou l'échec de l'organisation. Étant entendu que tous les militants ne sont pas des idéologues, ni tous les élus des pragmatistes même dans les partis à vocation gouvernementale.

L'entrée en profession politique

Les élites politiques professionnelles, en France notamment, sont trop souvent étudiées en corps, de façon statique, une fois constituées ; les caractéristiques du groupe, celui des députés par exemple, comparées à celles de la masse des citoyens, ou d'un autre groupe, sont censées expliquer sa formation comme autant de critères de sélection. Cette approche trouve vite ses limites. Elle met en lumière la sur-représentation de certaines catégories dans l'élite du pouvoir – hommes mûrs diplômés d'études supérieures issus de groupes sociaux dominants – et la sous-représentation d'autres catégories – femmes et jeunes des groupes socio-économiques les plus nombreux mais dominés (ouvriers, employés), sans expliquer pourquoi l'immense majorité des citoyens qui possèdent tous les attributs statistiquement requis pour entrer avec succès en politique ne s'y hasardent jamais ou, s'ils le font, échouent dans leur tentative. Pour comprendre la formation des élites politiques, il faut changer de perspective, les étudier en continu, de façon dynamique, en suivant les processus par lesquels des individus et des groupes d'individus sont intégrés dans des rôles politiques actifs, deviennent des professionnels de la politique et font carrière politique. À la description des élites constituées il faut substituer l'étude des élites en voie de constitution, dans la perspective du recrutement politique.

L'entrée en profession politique – caractérisée par le passage d'un engagement politique occasionnel à une activité politique continue, du temps politique partiel au temps plein, du bénévolat à la rémunération à titre principal d'activités politiques – constitue évidemment une phase critique dans une carrière politique. Elle n'a guère été étudiée en tant que telle en France mais on peut glaner dans la masse des tableaux d'élites politiques diverses dont on dispose, la plupart des données nécessaires pour éclairer le processus d'entrée en politique. Si l'on s'en tient aux élus, laissant de côté les permanents politiques

qui ont des voies de recrutement particulières, l'accès à la
profession politique est aujourd'hui double en France :
accès traditionnel par le bas, grâce à un mandat local ;
accès typique de la Ve République – par le haut, *via* les
cabinets ministériels.

Dans un *cursus* politique fortement intégré et hiérarchisé, où chaque échelon sert de tremplin pour la suite, le
premier atout nécessaire à celui qui veut faire métier
d'homme politique est le plus souvent un mandat de maire
dans une ville d'une certaine importance. Le seuil de
professionnalisation pour un maire est difficile à fixer. On
peut se référer, pour le définir, à l'indemnité versée qui
varie, selon la population de la commune, de 2 046 francs
pour moins de 500 habitants à 23 053 francs pour Paris,
Lyon ou Marseille en 1993 ; à 10 000 habitants (11 025
francs) l'indemnité atteint le niveau de salaire d'un cadre
débutant. On peut également constater qu'en 1989, un
maire sur trois, dans les villes de plus de 20 000 habitants
est député-maire ou sénateur-maire. La question, dès lors,
est de savoir quelles qualités on doit posséder pour être
éligible à ce niveau de responsabilités politiques.

Les qualités personnelles sont essentielles : être un
enfant du pays (les « parachutages » comme celui de
J. Chaban-Delmas à Bordeaux en 1947, ou de Pierre Bérégovoy à Nevers en 1983, sont exceptionnels pour ce type
de mandat) ; être déjà un « notable » dans la ville (s'être
imposé par une réussite professionnelle, être reconnu
socialement, avoir des relations – toutes choses que seuls
le soutien d'un parti, la notoriété politique, surtout à
gauche, peuvent parfois compenser). Les motivations
individuelles sont également fondamentales ; il faut savoir
courir le risque et saisir sa chance d'être candidat à la
candidature. L'hérédité y contribue fortement : plus de
la moitié des maires de France sont fils d'élus munici-
paux, voire fils du maire comme Dominique Baudis, à
Toulouse, ou veuves du maire telle Anne d'Ornano à
Deauville. Les satisfactions attendues du rôle de maire
sont également un puissant stimulant. De tous les
mandats, selon les témoignages des intéressés vérifiés par
l'extraordinaire longévité dans la fonction, c'est celui
qu'on abandonne le moins facilement. Il offre le plus

souvent un pouvoir très personnalisé et pratiquement sans partage, notoriété et popularité, le sentiment d'être utile, la possibilité de voir soi-même les résultats de son action, la quasi-certitude de laisser son nom ne serait-ce que sur la plaque d'une rue ou d'une place. Du même coup les possibilités d'accès à la fonction sont limitées, même si la politisation accrue du pouvoir local depuis 1975-85 a accéléré quelque peu, à ce niveau, le rythme des alternances politiques : aux élections municipales de 1989, 13,7 % seulement des villes de plus de 20 000 habitants (54 sur 394) ont changé de maire. Pour obtenir une investiture utile, il faut, normalement, être déjà bien placé dans l'élite municipale (être adjoint au maire ou chef de l'opposition locale) et savoir profiter soit d'une succession (comme celle de Gaston Defferre à Marseille ou de Jacques Chaban-Delmas à Bordeaux), soit d'une rupture d'alliance (Michel Noir à Lyon), ou encore du vent de l'alternance dans les rares villes où gauche et droite s'équilibrent plus ou moins. Les partis, aujourd'hui, contrôlent de façon quasi exclusive, par la distribution de leurs investitures, l'accès à ces mandats très recherchés – les véritables maires « indépendants » n'existant pratiquement plus dans les villes. Comme pour le président de la République, fonction avec laquelle celle de maire urbain a, toutes proportions gardées, beaucoup de traits communs, la mode n'est plus à l'apolitisme affiché mais à la prise de hauteur : on est, une fois élu et sans jamais renier ses opinions partisanes, le maire de tous les habitants de sa ville comme on est le président de tous les Français. Les partis, bien entendu, sélectionnent chacun à leur façon, selon leurs propres critères, leurs futurs maires et élus professionnels. Une longue expérience au service du parti – de plusieurs dizaines d'années – est de règle au Parti communiste. C'est également le cas, normalement, au Parti socialiste mais celui-ci se permet plus souvent qu'autrefois des exceptions à la règle et privilégie surtout la notoriété locale des postulants à l'investiture socialiste. À droite, le CDS mis à part qui a des pratiques proches de celles du Parti socialiste, on est davantage prêt à coopter un notable non engagé dans le parti ou à accueillir un « parachuté » si l'on ne dispose pas du bon candidat au bon moment. Mais dans tous les cas le rôle de maire de grande ville, malgré tous ses aspects notabiliaires, s'intègre dans des schémas individuels de carrière politique et des stratégies partisanes de pouvoir au niveau national.

L'entrée en politique par le haut est d'une autre nature. Elle se caractérise par un profil de carrière politique inversé par rapport au *cursus* traditionnel : réussite à l'École nationale d'administration ; passage dans un cabinet ministériel (de préférence à l'Élysée, Matignon ou, à la rigueur aux Finances, à Bercy) ; élection à l'Assemblée nationale ; entrée rapide dans la carrière ministérielle quand le jeu de l'alternance le permet ; implantation politique locale pour finir (mandat de maire urbain si possible). L'« énarchisation » des élites gouvernantes par cette voie de recrutement s'est fortement développée avec la Ve République du fait de la primauté donnée au pouvoir exécutif sur le pouvoir législatif, représentatif, et de la conception gaullienne dominante qui valorise le service de l'État, assimilé au service de l'intérêt national, par rapport au débat idéologique et politique. L'homme d'État – celui qui a une charge, un rôle dans l'État et le gouvernement et, par extension, celui qui a des aptitudes particulières pour gérer les grandes affaires de l'État, diriger le gouvernement – est naturellement placé, dans cette optique, au-dessus du militant, fût-il élu, fût-il ministre. « Il ne saurait y avoir de militants au gouvernement, lance ainsi à ses ministres François Mitterrand, le socialiste, lors du premier Conseil des ministres qu'il préside à l'Élysée, le 27 mai 1981. N'oubliez pas que vous êtes le gouvernement de la France. »

Irène Bellier a recensé les atouts des énarques pour entrer professionnellement en politique par la grande porte, par le haut. Leur formation polyvalente de haut niveau d'abord : comme le dit la brochure de présentation de l'ENA en 1990 « l'unité de langage, de méthode et d'esprit qu'elle favorise est un atout pour la conduite des affaires politiques, à une époque où toutes les questions à régler dans les sociétés complexes sont interministérielles ». Leurs motivations aussi : 45,5 % des élèves de l'ENA ont des ascendants ou collatéraux ayant eu des mandats électifs ou des positions publiques éminentes et tous ont une grande familiarité avec la politique ; sans compter que la meilleure façon de faire carrière, même en restant dans l'administration ou en « pantouflant » dans le secteur privé, est d'accumuler les expériences, et d'étendre son réseau de relations en passant par des cabinets ministériels. Tous les énarques, en effet, ne font pas le passage des entourages ministériels à la profession politique par la recherche d'une circonscription législative gagnable pour devenir ensuite ministre. Irène Bellier estime ainsi qu'en 1991, sur 4 400 anciens élèves de l'ENA, 400 soit moins d'un sur dix se sont reconvertis au métier politique. Mais cette minorité d'énarques peuple les sommets de l'État. La plupart des dirigeants politiques actuels en sont : Giscard, Chirac, Balladur, Seguin, Juppé, Léotard, Longuet, d'Aubert entre autres du côté de la droite de gouvernement, Rocard, Fabius, Jospin, Chevènement, Martine Aubry, Sapin, Ségolène Royal, Frédérique Bredin, etc. du côté de la gauche de gouvernement. Les énarques représentent, au début des années 1990, 2 % des sénateurs, 9 % des députés, 19 % des ministres (et 28 % des entourages ministériels).

La République des fonctionnaires ?

La Ve République serait-elle donc la République des fonctionnaires, énarchique au sommet avec la sur-représentation des anciens élèves de l'ENA, grands commis de l'État, et enseignante au niveau parlementaire, par la présence en grands nombres d'enseignants-chercheurs ? C'est un fait que presque tous les gouvernements de la Ve République comptent une majorité absolue (plus de la moitié) de ministres venus de la fonction publique – avec la proportion record de 69,5 % dans le gouvernement de Gaulle de 1958, le taux le plus bas étant atteint sous Pompidou, dans son premier gouvernement en 1962, avec 43,5 %. Et qu'à l'Assemblée nationale, où l'on ne dénombrait que 21 % de députés « fonctionnaires » en 1951, on

en compte 50 % en 1981 – avec la vague rose des ensei-
gnants socialistes – et 42 % en 1986 lors de la contre-
alternance RPR-UDF.

Les élites politiques professionnelles, dans toutes les
démocraties industrielles, sont massivement extraites des
élites sociales. Mais tous les groupes sociaux élitaires ne
sont pas sur-représentés dans l'élite politique et la place
qui leur est faite en politique dépend largement des traditions et cultures nationales. En Grande-Bretagne, par
exemple, les élites socio-économiques – financiers et
entrepreneurs, syndicalistes – sont bien représentées à la
chambre des Communes et au pouvoir alors qu'elles sont,
en France, aussi mal loties que les ouvriers ou les
employés. La sur-représentation politique des fonctionnaires, par contre, est une spécificité française, renforcée
par la Ve République. Elle s'explique par la haute idée
que l'on s'y fait de l'État, associée à une vieille méfiance
de la « société civile », à gauche comme à droite, sans
parler des avantages accordés aux fonctionnaires qui
veulent tenter leur chance en politique – comme la
mise en détachement qui leur conserve leur poste dans la
fonction publique et leurs droits à l'avancement, leur
permettant le retour en cas d'échec (alors qu'en Grande-
Bretagne, par exemple, tout haut fonctionnaire candidat à
un mandat politique doit démissionner irrévocablement de
la fonction publique avant même de savoir s'il sera élu).
Le résultat, en tout cas, est une uniformisation du corps
politique – avec l'avantage de la cohésion mais aussi
l'inconvénient majeur d'un manque de diversité de culture
et d'expériences donc d'une faiblesse extrême dans la
représentativité non seulement des masses électorales
mais même des élites de la société.

CHAPITRE 8

ÉLECTEURS ET ÉLECTIONS :
UN NOUVEL ÉLECTEUR ?

Le rythme américain

La IVe République vivait au rythme électoral euro-péen : remise en jeu du pouvoir central tous les cinq ans, lors des élections législatives (1946, 1951, 1956). La Ve République, avec l'addition en 1965 de l'élection prési-dentielle aux élections législatives, vit au rythme électoral américain : 6 élections présidentielles (1965, 1969, 1974, 1981, 1988, 1995) et 8 élections législatives (1967, 1968, 1973, 1978, 1981, 1986, 1988, 1993) en trente ans, depuis 1965, soit une possibilité d'alternance démocratique au pouvoir un peu plus de tous les deux ans en moyenne. Au jeu normal de la durée inégale des mandats législatifs (5 ans) et présidentiel (sept ans) se sont ajoutées, pour accé-lérer le rythme électoral sous la Ve République, la possibi-lité réelle et la pratique effective de la dissolution de l'Assemblée nationale (1962, 1968, 1981, 1988) et l'inachèvement de deux septennats présidentiels (celui du général de Gaulle, en 1969, après le référendum négatif du 27 avril ; celui de Georges Pompidou avec sa mort, en 1974). De 1958 à 1965, avant l'élection du Président de la République au suffrage universel direct, le Général de Gaulle avait déjà accru le rythme de remise en jeu du pouvoir par l'usage, abandonné après lui, du référendum assorti d'une question de confiance présidentielle au peuple : les référendums de 1961, d'avril puis d'octobre 1962 s'ajoutant aux élections législatives de 1958 et 1962 avaient ainsi porté à un an et trois mois en moyenne le

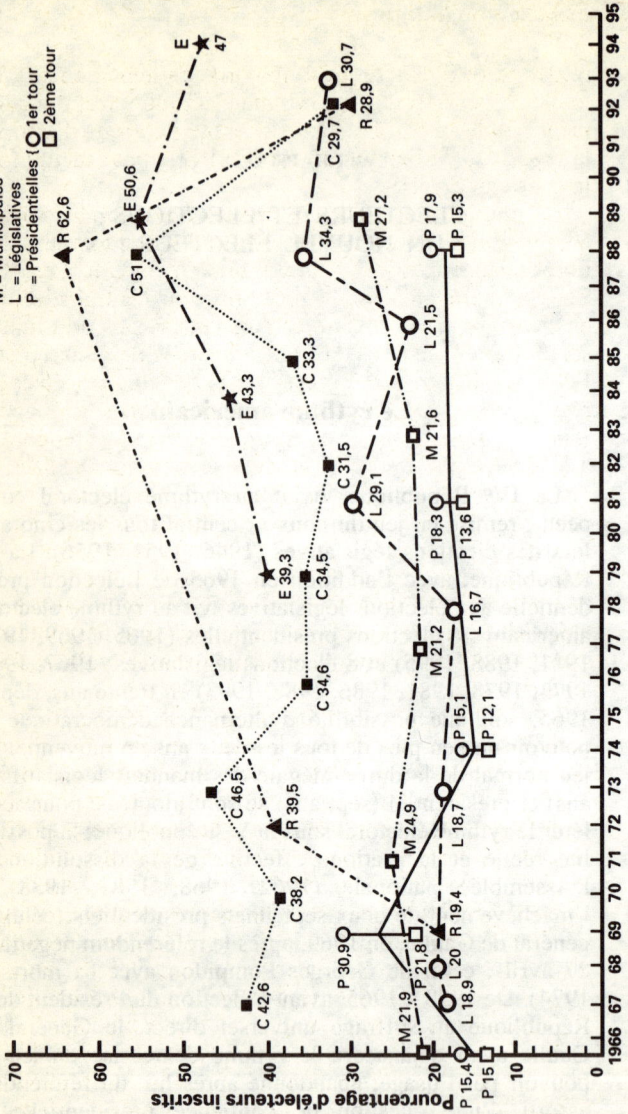

**8. ÉVOLUTION DES ABSTENTIONS,
PAR TYPE D'ÉLECTION, DEPUIS 1965**

R = Référendum
C = Cantonales
E = Européennes
M = Municipales
L = Législatives
P = Présidentielles (◯ 1er tour ☐ 2ème tour)

Pourcentage d'électeurs inscrits

retour du Président ou de sa majorité parlementaire devant le peuple souverain – un rythme électoral exceptionnellement rapide en partie lié à la nécessité politique d'affirmer la légitimité de l'action du chef de l'État pour mettre fin à la guerre d'Algérie.

La multiplication des consultations électorales sous la Ve République ne s'est pas limitée à l'invention de l'élection présidentielle et à l'usage du référendum. Les élections « intermédiaires » – où le pouvoir central n'est pas en jeu mais court le risque d'un vote – sanction minant son autorité – ont été également accrues de deux unités : l'élection européenne, à partir de 1979 et les élections régionales, depuis 1986. C'est dire que jamais les Français n'ont été appelés aussi souvent que sous la Ve République à évaluer et, quand ils le souhaitent, sanctionner dans les urnes leurs gouvernants – un paradoxe quand on se souvient des mises en cause du caractère démocratique de ce régime jusqu'au départ du général de Gaulle en 1969, voire l'alternance en 1981.

Les effets de l'intervention multiforme et fréquente des électeurs dans le fonctionnement du système politique sous la Ve République sont complexes et, parfois, inattendus.

La conséquence manifeste en est évidemment le contrôle plus fréquent donc plus étroit des gouvernants, nationalement et localement, par les gouvernés, selon l'idéal démocratique. Les nouvelles règles du jeu constitutionnel et le scrutin majoritaire – qui marquent la différence entre majorité et opposition, l'extension de fait de la discipline de vote parlementaire à tous les partis, les alliances imposées par l'élection présidentielle se sont combinées à la multiplication des consultations électorales pour donner à l'électeur, sous la Ve République, un véritable pouvoir. Maurice Duverger avait pu qualifier la IVe République de « démocratie sans le peuple », les élections n'ayant pratiquement pas d'effet sur la dévolution du pouvoir et les politiques suivies. Sous la Ve République, au contraire, les élections, donc les électeurs, servent à donner et reprendre le pouvoir comme en témoignent, au seul plan du pouvoir central, le renvoi du général de Gaulle lors du référendum du 27 avril 1969 ; le passage d'une majorité dominée par les gaullistes (1958-74) à une majorité giscardo-gaulliste en 1974 ; l'alternance droite-gauche en 1981 ; l'alternance gauche-droite en 1986 ; le retour de la gauche socialiste en 1988 et celui de la droite RPR-UDF en 1993. Le choix de la majorité parlementaire, comme en Grande-Bretagne et celui du président de la République, comme aux États-Unis, reviennent bien aux électeurs. Les majorités se font et se défont par les élections – législatives et, surtout, présidentielles – et non plus, comme sous la IVe République, indépendamment des élections et des électeurs.

La multiplication des consultations électorales, cependant, n'a pas que des effets bénéfiques pour la démocratie.

Côté gouvernants elle encourage un certain électoralisme, ceux des dirigeants politiques davantage intéressés par le pouvoir que par l'action au pouvoir ayant tendance à remettre au lendemain, pour cause d'échéance électorale prochaine, des réformes nécessaires mais qui pourraient être impopulaires. Il faut la durée que donne une double victoire présidentielle et législative – cinq années de pouvoir garanties comme en 1981 et 1988 – et/ou la force de conviction, la volonté de réformes d'un de Gaulle, à l'Élysée, d'un Debré, à Matignon, pour surmonter la tentation de l'attentisme politique.

Côté électeurs trop d'élections peut décourager la participation. L'évolution des abstentions, par type d'élection, depuis 1965 (*cf. Graphique 8*) traduit bien ce phénomène. Pour la lisibilité du graphique nous avons omis d'y porter la courbe des élections régionales, trop récente (2 points seulement, en 1986 et 1992 : 21,8 % et 31,2 %, respectivement, d'abstentions en métropole) et, surtout, peu significative puisque ces élections ont été couplées, la première fois, avec des législatives et, la deuxième fois, avec des cantonales. Les années sans élections – ni référendum, ni présidentielle, ni législative, ni européenne, ni municipale, ni cantonale – sont rares : 6 en trente ans (1966, 1975, 1980, 1987, 1990-91). La norme est une consultation l'an (14 fois), mais les années à deux consultations sont nombreuses (9 fois). Reste 1988 l'année exceptionnelle : 4 consultations électorales de type différent (soit 7 dimanches électoraux compte tenu des seconds tours) :

présidentielle (24 avril et 8 mai), législative (5 et 12 juin), cantonale (25 septembre et 2 octobre), référendaire (sur la Nouvelle-Calédonie, 6 novembre) – trois mois électoraux avant les vacances d'été, trois mois électoraux après... Les records d'abstentions enregistrés cette année-là, lors du référendum (62,6 %), des cantonales (51 %) et des législatives (34,3 %) – mais pas aux présidentielles – et apparemment confirmés l'année suivante aux européennes (50,6 %), voire aux municipales (27,2 % mais + 5,6 par rapport aux précédentes) ont donné un semblant de fondement à la thèse d'une crise du politique[1] profonde, structurelle, durable. Le recul de l'abstentionnisme lors du référendum, des élections cantonales et, dans une moindre mesure, des élections législatives en 1992-93 a démenti ces interprétations et conforté l'idée qu'à trop solliciter les électeurs on les décourage et on les amène à faire le tri entre les consultations qui valent la peine d'aller voter – à commencer par les élections présidentielles – et les autres. Une conclusion renforcée par les études de la participation électorale sur la longue durée, comme celle de Françoise Subileau et Marie-France Toinet, qui confirment l'inexistence, en France aujourd'hui, d'un abstentionnisme permanent : sur une décennie moins de 1 % des électeurs inscrits s'abstiennent tout le temps et à toutes les consultations, quel que soit le type de celles-ci. Si on ajoute les électeurs non inscrits et endurcis dans leur non-inscription sur les listes électorales cela fait, tout au plus, 3 % de l'électorat potentiel. Un tiers des électeurs, au contraire, vote à toutes les consultations. La majorité – près des deux tiers – vote la plupart du temps mais se permet quelques abstentions (une ou deux fois en quatorze ans en moyenne). Pour le « nouvel électeur » d'aujourd'hui, l'abstentionnisme, dont il use avec retenue, est beaucoup plus un choix politique qu'une marque d'indifférence ou de rejet du politique.

La multiplication et la variété des consultations électorales sous la Ve République ont d'ailleurs également pour

---

1. Cf. la conclusion de ce livre.

effet de permettre aux hommes politiques, mais aussi aux électeurs, des choix tactiques utilisant à fond les complexités du jeu électoral tel qu'il leur est ouvert. Chaque type de consultation a sa spécificité et encourage, du même coup, des comportements particuliers en dépit des facteurs d'unification des choix électoraux d'un type d'élection à l'autre et d'un scrutin au suivant (identification à un parti, identification à un groupe social notamment).

L'élection présidentielle est ainsi perçue comme le rendez-vous électoral majeur à l'occasion duquel se nouent les alliances et se forment les majorités ; elle est fortement personnalisée, ce qui limite le poids des considérations de partis dans les investitures et les votes, comme l'attestent les fortes variations des intentions de vote tout au long de la pré-campagne et même durant la campagne après le dépôt définitif des candidatures. La distinction entre les candidats susceptibles d'être élus et les autres, qui suscite des comportements comme le « vote utile » dès le premier tour, y est plus fréquent que dans les autres types d'élections.

Les élections législatives, qui constituent un mode mineur (si elles débouchent sur la « cohabitation ») ou complémentaire (quand elles donnent une majorité parlementaire au Président) d'accès au pouvoir, ont, comme en Grande-Bretagne, le caractère mixte d'une consultation à enjeu national (quelle majorité ?) et local (quel représentant pour la circonscription ?). Elles ont une dimension plus partisane que les présidentielles et ne sont personnalisées qu'au niveau des circonscriptions où un député sortant bien implanté a réussi à se tailler un fief – ce qui est de plus en plus difficile aujourd'hui en France. Leur signification politique nationale dépend pour l'essentiel de considérations présidentielles (donner, confirmer ou refuser au Président une majorité parlementaire).

Les élections municipales sont au niveau des municipalités l'équivalent de l'élection présidentielle au niveau national : très personnalisées – avec la figure dominante du maire sortant, elles sont fondées sur des jeux d'alliances plus que de partis ; elles sont aussi très mobilisatrices, bien qu'elles n'aient qu'un lien indirect, peu perçu par l'électorat, avec la conquête du pouvoir national du fait de la prime dont bénéficient les maires de villes grandes et moyennes pour les investitures législatives et leur élection à l'Assemblée nationale. Bref les élections municipales, bien que n'ayant pas d'enjeu de pouvoir national, se prêtent mal au vote-sanction et autres détournements d'enjeu dont les autres élections « intermédiaires », comme les cantonales en zone urbaine ou les européennes, font l'objet.

Les européennes, du fait de la faiblesse de l'enjeu de pouvoir que représente l'élection des députés français au Parlement européen et de l'attraction pour les petits partis et candidats de toutes sortes d'une élection nationale à la représentation proportionnelle, sont à la fois des élections très peu mobilisatrices pour les électeurs et très appréciées par les hommes politiques et les partis. Leur enjeu européen est largement détourné au profit d'enjeux de politique intérieure : positionnement personnel ou collectif pour l'élection présidentielle, promotion de courants et partis mineurs, vote-sanction contre le pouvoir en place, défense catégorielle et autres pressions politiques...

Les référendums, depuis que les successeurs du général de Gaulle ont cessé de leur donner le sens suprême d'une question de confiance directe du président de la République aux électeurs, sont totalement imprévisibles, tant pour le niveau de participation qu'ils vont susciter que pour leur résultat négatif ou positif. Tout dépend de la question posée et de la construction contradictoire de leur enjeu au fil de la campagne référendaire. Les partis politiques y jouent un rôle très restreint.

Le couplage fréquent et varié de deux consultations organisées dans la foulée, voire le même jour, vient encore compliquer le jeu électoral et ouvrir de nouveaux espaces tactiques aux hommes politiques, aux partis et aux électeurs. Les combinaisons possibles sont nombreuses et beaucoup ont déjà été expérimentées, dont certaines plusieurs fois :

– Couplage d'un *référendum* et d'une *élection législative*, comme le référendum du 28 septembre 1958 (adoption de la Constitution de la Ve République) et les premières élections législatives de la Ve République (23 et

30 novembre 1958) ; ou encore le référendum du 28 octobre 1962 (élection du président de la République au suffrage universel direct) et les élections législatives des 18 et 25 novembre 1962. Les législatives, dans les deux cas, ont été fortement influencées par le résultat du référendum les précédant, une influence sans doute décisive pour l'émergence d'un parti gaulliste majoritaire à l'Assemblée nationale et, du même coup, la consolidation du nouveau régime.

– Couplage du *référendum* du 27 avril 1969 (réforme des régions et du Sénat) et de *l'élection présidentielle* des 1er et 15 juin 1969 provoquée par la victoire du *non* au référendum et la démission du général de Gaulle. Le vote présidentiel a permis aux électeurs de préciser qu'en renvoyant la général de Gaulle ils n'avaient pas voulu mettre pour autant fin à la Ve République.

– Couplage de *l'élection présidentielle* et d'une *élection législative*, par dissolution présidentielle de l'Assemblée nationale, en 1981 (26 avril et 10 mai pour la présidentielle, 14 et 21 juin pour les législatives) et en 1988 (24 avril et 8 mai pour la présidentielle, 5 et 12 juin pour les législatives) – le meilleur moyen pour un nouveau Président de s'assurer dans la foulée de son élection une majorité parlementaire et cinq années de pouvoir sans partage.

– Couplage, enfin, le même jour, des *élections législatives* et des *élections régionales*, organisées pour la première fois, le 16 mars 1986, puis, six ans plus tard, des *élections régionales* et du premier tour des *élections cantonales*, le 22 mars 1992. Une élection, dans ces circonstances, éclipse l'autre : les législatives ont caché les régionales en 1986, les régionales ont fait de l'ombre aux cantonales en 1992. Et l'élection la moins mobilisatrice est tirée vers le haut, en termes de participation, par la plus attirante qui modifie également la répartition des suffrages en imposant largement sa logique de choix aux électeurs lors de leur double vote.

L'explication du vote

On raisonne trop souvent, quand on analyse les résultats d'une élection par rapport à la précédente, comme si le corps électoral ne changeait pas et que tous les électeurs gagnés par un parti étaient perdus par d'autres. En réalité l'électorat se renouvelle de façon suffisamment importante pour affecter les résultats de chaque scrutin.

Depuis la fin de la guerre – après l'ordonnance du 21 octobre 1944 donnant aux femmes, dans les mêmes conditions que les hommes, le droit de vote – le nombre des électeurs et électrices inscrits n'a cessé d'augmenter, passant de 24,6 millions en 1945 à 37,9 millions en 1993 (*cf. Graphique 9*). De 1945 à 1951 le corps électoral,

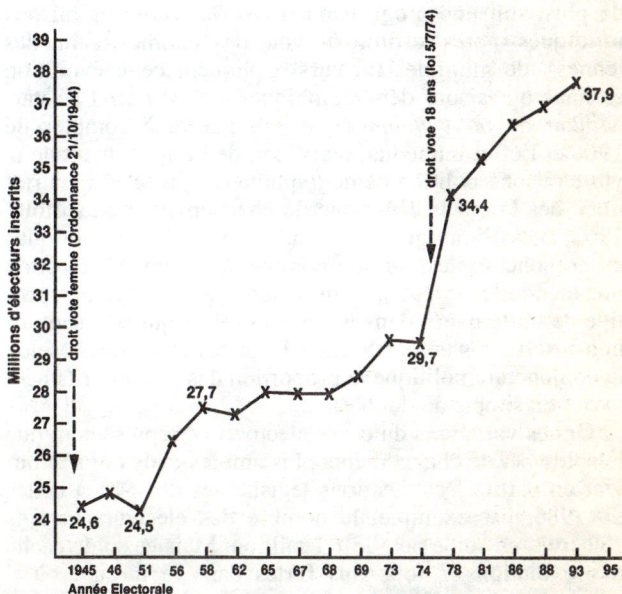

9. ÉVOLUTION DU CORPS ÉLECTORAL DEPUIS 1945, FRANCE MÉTROPOLITAINE

globalement, était demeuré à peu près stable, avec 24-25 millions d'inscrits métropolitains ; de 1951 à 1958, il s'accroissait au rythme rapide de 457 000 inscrits l'an, passant ainsi de 24,5 à 27,7 millions ; entre 1958 et 1974 (29,7 millions d'inscrits), la progression se ralentit (125 000 inscrits de plus par an), avant de faire, entre 1974 et 1978, un saut brutal (+ 4,7 millions d'un coup), pour atteindre 34,4 millions d'inscrits, saut lié à l'élargissement du droit de suffrage aux jeunes de 18 à 21 ans (loi du 5 juillet 1974) ; de 1978 à 1993, enfin, au rythme moyen de 233 000 inscrits supplémentaires chaque année, la montée du corps électoral se poursuit jusqu'à approcher 38 millions d'électeurs et électrices. Dans les treize années de l'après-guerre, le nombre des électeurs s'est accru de plus de 3 millions et de près de 13 % ; de 1958 à 1993, sous la Ve République, on en a compté 10 millions de plus, soit une progression de 37 %. Outre les raisons juridiques (après le droit de vote des femmes, celui des jeunes), de multiples facteurs expliquent cette évolution en hausse : raisons démographiques – avec l'effet à retardement du *baby boom* de l'après-guerre à compter de 1966 et l'effet immédiat, mais lent, de l'allongement de la vie ; raisons politico-démographiques – avec le rapatriement des Français d'Afrique du Nord en 1954 et, surtout, 1962, puis l'immigration musulmane ; raisons politiques et conjoncturelles, enfin, comme la première élection présidentielle, en 1965, l'union de la gauche et la perspective de l'alternance dans les années 1970, qui poussent les non-inscrits à s'enregistrer sur les listes électorales (selon la conjoncture politique la proportion des non-inscrits peut varier du simple au double).

Or ces variations du corps électoral ne représentent que le solde net de changements plus amples mais qui s'annulent en partie. Des élections législatives de 1981 à celles de 1986, par exemple, le nombre des électeurs inscrits s'accroît, en solde net, de 1,1 million. Mais ce solde cache des évolutions 7 fois plus fortes dans la mesure où il représente la différence entre 4,1 millions d'électeurs nouveaux en 1986 (essentiellement des jeunes qui n'avaient pas atteint l'âge du vote en 1981) et 3 millions d'électeurs radiés depuis 1981 (surtout des personnes âgées décédées entre les deux élections), soit un peu plus de 7 millions d'électeurs qui n'ont pas pu voter aux deux élections, mais à une seule – ou bien 1981, ou bien 1986. Cela fait plus d'un électeur sur cinq si l'on rapporte ce chiffre de 7 millions d'électeurs disparus ou apparus entre les deux élections législatives aux 31,4 millions qui ont pu voter en 1981 et en 1986. Entre deux élections présidentielles, normalement séparées de sept ans et non de cinq comme les élections législatives, c'est environ un électeur sur quatre qui se trouve dans l'impossibilité de voter à deux consultations consécutives. Ce renouvellement de l'électorat, par élimination des électeurs les plus âgés – endurcis dans leurs habitudes de vote – et par intégration des vagues successives de jeunes électeurs – davantage sensibles à « l'air du temps » et au vote encore malléable, fait plus pour le changement électoral que les reconversions d'électeurs d'âge moyen présents à une série d'élections. Il suffit, pour en prendre conscience, de suivre sur une certaine période les variations du vote des générations successives de nouveaux électeurs de 18-24 ans (*cf. Tableau*). Les générations 1978 et 1981 votaient massivement à gauche, celles de 1986 et 1993 votent majoritairement à droite et contredisent l'idée reçue selon laquelle les jeunes sont naturellement de gauche. Le vote d'extrême-gauche et communiste s'est effondré, tombant de 37 % dans la génération 1978 à 20 % dans la génération 1981, puis 11 % dès la génération 1986. Les générations 1981 et 1988 étaient largement acquises aux socialistes (« générations Mitterrand »), celle de 1993 les répudient comme l'ensemble de l'électorat.

La génération 1993 est nettement plus à droite (le vote FN égale le vote PS – 18 % – et le vote RPR-UDF domine à 36%), mais aussi plus divisée, électoralement, que les générations antérieures. C'est la génération du « vote éclaté ».

VOTE DES 18-24 ANS, PREMIER TOUR LÉGISLATIVES

| | Génération... (18-24 ans en...) | | | | |
	1978	1981	1986	1988	1993
Extrême-gauche	9	2	4	2	1
Communiste	28	18	7	10	9
Socialiste + div. gche	25	44	33	40	18
Écologiste	4	2	2	1	12
Gaulliste/giscardien + div. dte	34	33	40	32	36
Extrême-droite	-	1	14	15	18
Divers inclass.		-	-	-	6
	100	100	100	100	100
(Total droite)	(34)	(34)	(54)	(47)	(54)

(SOFRES/Nouvel Observateur – post-électoral)

Les politologues spécialisés dans les études électorales nous proposent trois grands modèles explicatifs du comportement des électeurs : un modèle sociologique, pour lequel le vote serait prédéterminé par l'appartenance sociale de l'électeur ; un modèle psychosocial, avec un vote toujours prédéterminé mais, cette fois, par l'identification de l'électeur à un parti politique ; un modèle rationnel, consumériste, où l'électeur individuel, largement libéré de ses attaches sociales et partisanes, calculateur, vote en fonction de l'offre électorale, et de ses attentes politiques du moment. À l'épreuve ces trois modèles rendent plus ou moins bien compte des comportements électoraux, le dernier étant celui qui s'avère le plus prédictif aujourd'hui en France.

Selon le modèle sociologique du vote – du politologue français, André Siegfried, pionnier des études électorales, pour qui le comportement électoral est le reflet d'un microclimat géosocial (mode de peuplement / mode de propriété, mode d'exploitation / rapports de classes), au politologue américain Paul Lazersfeld, selon qui « on

pense politiquement en fonction de ce que l'on est socialement – les caractéristiques sociales déterminent les préférences politiques » –, l'électeur n'est pas autonome. Il est
prédéterminé par ses groupes sociaux d'appartenance,
d'où l'existence, par exemple, d'un vote ouvrier ou bourgeois, catholique ou sans religion etc. La stabilité des
votes est la règle, dans le court et le moyen terme, le changement l'exception sauf à long terme et s'il est lié à une
modification des équilibres sociaux entre groupes (exode
rural, diminution et désagrégation de la classe ouvrière par
exemple). Les campagnes électorales n'ont d'autre fonction que de réactiver au moment des élections les prédispositions sociales des électeurs peu politisés et de
renforcer celles des électeurs politisés, autrement dit de
mobiliser un électorat potentiel défini à l'avance. Le
fondement du modèle est l'intérêt collectif plus la
conscience de groupe. Le dernier ouvrage français
marquant, dans cette optique, est celui consacré aux élections législatives de 1978 par une équipe du Centre
d'études de la vie politique française : *France de gauche,
vote à droite* (Presses de la Fondation nationale des
sciences politiques). Soucieux de « relativiser une vision
trop autonome du politique » en revenant au social pour
expliquer le vote, les auteurs de ce livre se demandaient
comment une France socialement de gauche (baisse
numérique des groupes sociaux conservateurs-agricul-
teurs, autres travailleurs indépendants, femmes au foyer –
et accroissement des couches moyennes salariées), une
France de surcroît culturellement de gauche (diminution
de la pratique religieuse catholique et développement de
l'anti-autoritarisme, du libéralisme des mœurs) avait pu
néanmoins voter majoritairement à droite en mars 1978.
Écartant les explications politiques possibles de l'échec de
la gauche à ces élections législatives (notamment la
rupture de l'union de la gauche six mois avant), ils privilé-
giaient un « effet patrimoine » (épargne, valeurs mobi-
lières, biens immobiliers accumulés par les électeurs,
notamment par 37 % des cadres moyens, 28 % des techniciens, 18 % des ouvriers). Dans l'ensemble de l'électorat,
calculaient-ils, près de 20 % des électeurs avaient été tirés
vers la droite par leur patrimoine, malgré leur apparte-

nance sociale « de gauche », l'inverse – électeurs « de droite » dépourvus de patrimoine et votant à gauche – n'étant vrai que de 5 à 6 % de l'électorat. Le seul problème de cette thèse ingénieuse est qu'au moment même où elle est publiée, en 1981, la France de gauche se décide à voter à gauche, contrairement à 1978, pour des raisons qui n'ont pas grand chose à voir avec « l'effet patrimoine ». Ce qui amènera les chercheurs à réviser leur modèle, aux dépens de l'explication sociologique. Les « pesanteurs sociales » du comportement électoral, selon la formule frappante de Jean Lecanuet, existent bien entendu toujours. Mais elles expliquent de moins en moins, à elles seules, les choix des électeurs en France aujourd'hui. L'évolution de la sociologie des divers électorats de 1978 à 1981 et 1993 le montre sans doute possible tant elle rompt avec les présupposés du vote « de classe » (*cf. Tableau ci-contre*) :

– En 1981, grâce à la percée électorale socialiste, la gauche avait fortement progressé dans les catégories socioprofessionnelles « conservatrices » : de 29 à 47 % (+ 18) chez les cadres supérieurs, professions libérales et intellectuelles, de 27 à 40 % (+ 13) chez les agriculteurs, de 37 à 45 % (+ 8) chez les petits commerçants et artisans. Elle est retombée en 1993, dans ces catégories sociales, plus bas qu'en 1978.

– En 1993 la droite est devenue majoritaire dans l'électorat ouvrier (52 %, + 22 par rapport à 1981) et a presque équilibré la gauche dans l'électorat des employés et professions intermédiaires : 44 % (+ 9) contre 47 % (- 16).

– Le vote ouvrier, en 1978, symbolisait encore le vote « de classe » : d'abord communiste (36 % contre 27 % au PS), massivement à gauche (67 %). En 1981 il est toujours de gauche (69 %) mais cesse d'être prioritairement communiste (24 % contre 44% au PS). En 1993 il devient RPR/UDF (37 %) et majoritairement de droite avec un fort appoint FN (15 %), la gauche étant réduite à 34 % du soutien ouvrier, dont 12 % seulement (moins que le RPR/UDF, que le PS, que le FN et que l'ensemble des écologistes) pour le « parti de la classe ouvrière » – le Parti communiste.

SOCIOLOGIE DES ÉLECTORATS (1978, 1981 ET 1993)
(Premier tour lég., selon profession chef de ménage, SOFRES)

Sur 100 électeurs de la catégorie...	EG	PC	PS	(G)	UDF RPR	FN	(D)	Div éc.
Agriculteurs								
. 1978	1	9	17	(27)	67	-	(67)	6
. 1981	2	6	32	(40)	60	-	(60)	-
. 1993	-	4	13	(17)	59	14	(73)	10
Commerçants Artisans								
. 1978	-	14	23	(37)	58	-	(58)	5
. 1981	-	10	35	(45)	53	2	(55)	-
. 1993	-	5	14	(19)	56	18	(74)	7
Cadres sup./intell.								
. 1978	5	9	15	(29)	67	-	(67)	4
. 1981	2	7	38	(47)	50	-	(50)	3
. 1993	3	3	24	(30)	53	6	(59)	11
Intermédiaires Employés								
. 1978	6	18	29	(43)	42	-	(42)	5
. 1981	2	16	45	(63)	34	1	(35)	2
. 1993	2	12	23	(47)	32	12	(44)	19
Ouvriers								
. 1978	4	36	27	(67)	31	-	(31)	2
. 1981	1	24	44	(69)	30	-	(30)	1
. 1993	3	12	19	(34)	37	15	(52)	14
Inactifs Retraités								
. 1978	-	17	26	(43)	56	-	(56)	1
. 1981	1	16	29	(46)	51	3	(54)	-
. 1993	1	9	20	(30)	50	13	(63)	7

(SOFRES/Nouvel Observateur – post-électoral)

L'évolution des autres indicateurs sociaux du vote confirme cet effritement des déterminations sociales dans les choix électoraux. Ainsi du vote selon le sexe. Les femmes étaient nettement plus conservatrices que les hommes, autrefois, et l'on avait tendance à penser cette différence comme durable. Les électrices, aujourd'hui, ont un comportement électoral identique à celui des électeurs. Au premier tour des élections législatives de mars 1993, elles ont voté à 10 % pour l'extrême-gauche et le PCF (les hommes à 11 %), à 19 % pour le PS (19 % les hommes), 44 % RPR-UDF (44% les hommes), 13 % FN (14 % les hommes), 9 % écologistes (7 % les hommes), 5 % divers et inclassables (5 % les hommes). Il est clair que les « pesanteurs sociales » ne sont plus ce qu'elles étaient.

Le modèle psychosocial du vote, que l'École américaine de Michigan avait substitué, à la fin des années 1960, au modèle sociologique traditionnel, repose sur d'autres postulats tout en conservant celui d'un comportement électoral individuel non autonome, prédéterminé, donc l'idée d'un vote « normal » et stable dans le moyen et le court terme. Le stabilisateur et prédéterminant du vote est l'identification à un parti politique acquise très tôt, dans le milieu familial pour l'essentiel et d'autant plus solide, durable, qu'elle est intense. Elle oriente la façon dont l'électeur perçoit la situation électorale – candidats, enjeux, conjoncture, etc. On peut être infidèle, à l'occasion, à son parti mais on lui revient pratiquement toujours, poussé par les campagnes électorales. Dès lors les résultats des élections reflètent les équilibres préétablis et rarement modifiés entre les électeurs proches des divers partis dans le système de partis. Rares sont les élections de « réalignement » où ces équilibres sont durablement changés – comme lors du *New Deal*, au profit du Parti démocrate, aux États-Unis, ou en 1958-62 en France avec l'émergence du Parti gaulliste, en 1978-81 avec celle du Parti socialiste. En période « normale », sans « réalignement » partisan, les surprises électorales ne peuvent venir que d'une mobilisation électorale exceptionnelle des électeurs les moins intéressés par la politique, les sans-parti qu'Emeric Deutsch, Denis Lindon et Pierre Weill, dans leur étude marquante sur *Les familles politiques aujourd'hui en France* (Éd. de Minuit, 1967), dénommaient « marais » et que les politologues américains qualifient d'« indépendants ». Selon un sondage IFRES des 24-27 février 1993 (échantillon national par quotas de 951 électeurs inscrits), à la veille des élections législatives de mars :

— 14,5 % seulement des électeurs inscrits se disent « très proches » d'un parti : 5 % du RPR, 2,5 % du PS, 2,5 % d'un parti d'extrême-gauche (dont le PCF), 2 % de l'une des composantes de l'UDF, 1,5 % du FN, 0,5 % des Verts, 0,5 % de Génération Écologie.

— Si l'on ajoute à ces électeurs « très proches » (14,5 %) ceux qui se disent « moyennement proches » (33,5 %) on arrive à un total de 48 % d'électeurs proches d'un parti — un peu moins d'un électeur sur deux (dont 12 % proches du RPR, 11 % du PS, 8 % de l'UDF, 7 % d'un parti écologiste, 6,5 % de l'extrême-gauche et 3,5% du FN).

— Ce qui laisse 22 % d'électeurs inscrits qui acceptent de désigner un parti dont ils se déclarent « proches faute de mieux » et 30 % d'électeurs qui ne se sentent proches d'aucun parti.

Ces chiffres confirment la difficulté d'appliquer à la France un modèle qui suppose des partis peu nombreux, anciens, auxquels on peut s'identifier de génération en génération. Plus de la moitié des électeurs français ne s'identifient pas ou ne s'identifient que négativement, faute de mieux, à un parti ; et la petite moitié de l'électorat qui se sent proche d'un parti — le plus souvent « moyennement » proche — fait preuve à l'égard de ce parti d'une fidélité toute relative : en février 1993, toujours d'après ce sondage IFRES, 55 % seulement des proches du PS s'apprêtent à voter socialiste ; 59 % des proches du FN à voter pour le parti de J.-M. Le Pen ; 62 % des proches de l'écologie à voter pour l'Entente des Verts et de Génération Écologie ; 73 % des proches d'un parti de l'alliance UPF à voter RPR ou UDF ; 74 % des électeurs proches de l'extrême-gauche à voter PCF. Le modèle de Michigan, d'ailleurs, explique de moins en moins bien le changement électoral même dans les démocraties où il s'appliquait le mieux — comme les États-Unis ou la

Grande-Bretagne – où l'on constate depuis une vingtaine d'années une forte diminution de la proportion des électeurs très proches d'un parti au profit des électeurs sans parti, ceux-ci n'étant plus comme autrefois des électeurs dépourvus d'intérêt et de savoir politiques (le « marais »), mais, au contraire, des électeurs politiquement conscients et rationnels.

Le modèle rationnel, consumériste du comportement électoral est radicalement différent des deux précédents car il postule l'autonomie, la liberté de choix de l'électeur au lieu de sa prédétermination, la volatilité, le changement des votes au lieu de leur stabilité. Il est né de l'affaiblissement des identifications de parti et des identifications de classe qui a remis en question les systèmes d'explication antérieurs. Dans ce modèle, inspiré des comportements économiques dans un marché de libre concurrence, l'électeur se décide selon ses propres attentes politiques en fonction de l'offre électorale (candidats ; politiques proposées sur les enjeux majeurs du moment ; crédibilité des candidats, des partis, des programmes). C'est dire que l'électeur change de parti, de candidat – dans certaines limites – selon la nature de l'élection, la conjoncture politique et ses propres besoins politiques. C'est l'avènement de l'électeur tacticien, calculateur et, du même coup, la normalisation, la banalisation du vote flottant. La campagne électorale, dans son temps long d'un an ou plus avant l'échéance, joue un rôle essentiel dans la formation de l'idée que les électeurs se font des performances des partis et élites au pouvoir, des promesses des partis et élites dans l'opposition, de l'urgence et de la hiérarchie des enjeux politiques. Il n'est plus, pour l'essentiel, d'électeurs captifs, acquis d'avance et les partis, les présidentiables doivent sans cesse recommencer le rassemblement de leurs soutiens électoraux. La prédiction des résultats d'une élection devient quasiment impossible sauf dans le court terme. Depuis le milieu des années 1970, en France, plusieurs politologues avaient attiré l'attention sur la fluidité grandissante des choix électoraux (cf. Lindon, Weill, 1974 ; Charlot, 1975). L'accélération des alternances au pouvoir après 1981, l'ampleur des changements électoraux constatés (la percée du PS en 1981, son effondrement

en 1993 ; la percée du FN en 1984 ; la percée des écologistes en 1989-93, leur retombée en 1994 ; le phénomène
Tapie en 1994 ; le yo-yo électoral entre UDF et RPR ; le
déclin du PCF et de l'extrême-gauche...) ont donné une
forte consistance à l'analyse des comportements électoraux en termes de variations rapides et complexes dues
aux contingences politiques du moment.

Un nouvel électeur ?

Peut-on parler, avec Philippe Habert et Alain Lancelot,
de « l'émergence d'un nouvel électeur » ? Un électeur
mobile entre gauche et droite, centriste, individualiste et
autonomisé par rapport aux partis, politiquement compé-
tent et soucieux d'exercer son devoir civique sans
accorder, pour autant une grande importance ni un intérêt
élevé à la politique ; des électeurs d'un nouveau type qui
seraient suffisamment nombreux pour décider de l'issue
des consultations électorales aujourd'hui ?

Selon les propres calculs des auteurs – fondés sur un
sondage Harris de 1988 – des élections législatives de
1986 (un seul tour à la proportionnelle) au premier tour de
celles de 1988, en passant par les deux tours de l'élection
présidentielle de 1988, sur l'ensemble des électeurs
inscrits ayant pu voter à ces 4 tours de scrutin, 56 % sont
stables au sein du sous-ensemble des partis de gauche ou
de droite et 44 % mobiles dans leurs votes. Si l'on
retranche des électeurs mobiles ceux qui n'ont flotté
qu'entre gauche et abstention, vote blanc ou nul – sans se
rallier jamais à la droite (20 %) et ceux qui ont varié entre
droite et abstention, vote blanc ou nul – sans se laisser
gagner par la gauche (14 %), il ne reste plus que 10 %
d'électeurs inscrits vraiment mobiles qui franchissent à un
scrutin ou à l'autre la frontière gauche (écologie incluse) -
droite. C'est peu mais ce serait assez pour expliquer la
victoire de F. Mitterrand au second tour de l'élection
présidentielle de 1988 et le résultat très inférieur des
socialistes, moins d'un mois plus tard, aux législatives.

Ces analyses, en dirigeant le projecteur sur les électeurs
frontaliers entre gauche et droite, si importants soient-ils,
minimisent les autres formes de flottement électoral et
leur contribution au changement électoral : échanges au
sein de la gauche entre extrême-gauche et socialisme, qui
ont largement contribué depuis 1981 au recentrage de la
gauche ; échanges au sein de la droite entre UDF et
courant de Villiers, entre UDF et RPR, entre RPR-UDF et
FN qui ont, au contraire, depuis 1986 repoussé à droite le
centre de gravité idéologique de la droite. Sans parler,
plus récemment, des échanges entre PS et écologistes ou
entre le PS et le centre gauche (Bernard Tapie), qui ont
affaibli le pôle électoral socialiste. C'est également une
erreur de négliger, compte tenu de leur amplitude, les
échanges des divers partis avec l'abstention : en frappant
successivement la gauche ou la droite ils contribuent à
l'issue du scrutin et participent aussi du jeu tactique du
« nouvel électeur ». Bref à trop simplifier le schéma du
flottement électoral on risque de donner une idée fausse
du « nouvel électeur » et de son influence en surestimant
ses inclinations centristes.

Les facteurs favorables à l'émergence du « nouvel électeur » gagneraient par ailleurs à être analysés plus avant.
L'évolution de la société française – moins cloisonnée en
classes, plus mélangée socialement (ménages mixtes
ouvrier/employé) et géographiquement, les progrès de
l'éducation et de l'information individuelles des électrices
et des électeurs, le déclin des Églises et autres autorités
morales, la libération des femmes, la montée de l'individualisme y sont pour beaucoup. La crise du Parti socialiste en 1992-93 l'a accélérée. L'État lui-même y a
contribué, parfois inconsciemment, en modifiant les règles
du jeu politique et électoral. L'institution en 1979 d'une
élection nouvelle – l'élection européenne – à la proportionnelle nationale, sans procédure de criblage des candidatures, sans enjeu politique clair, a abouti à une
multiplication des listes de candidatures (9 listes en 1979,
14 en 1984, 15 en 1989, 20 en 1994), au désintérêt des
électeurs, à la dispersion des voix aux dépens des forces
politiques qui structurent, dans les élections qui comptent
(présidentielles et législatives au plan national), les choix

des électeurs, donc à l'affaiblissement des piliers du
système sans contrepartie positive évidente pour l'expression et la représentation des électeurs. Les lois de 1988 et
1990 sur le financement des campagnes électorales [1], de
même, en répartissant l'aide publique selon le critère du
nombre de suffrages, au premier tour des élections législatives et d'élus aux deux tours, des formations politiques
présentes dans 50 circonscriptions au moins, ont eu pour
effet pervers la multiplication des candidatures et l'apparition de « partis » dont la seule raison d'être était de capter
une part de la manne financière publique. Le contrôle des
comptes de campagnes électorales institué par la loi du
15 janvier 1990 n'est pas non plus sans effets plus ou
moins bien anticipés sur les comportements électoraux.
Tout candidat à une élection quelconque, dès que sa
candidature a été enregistrée officiellement, est désormais
personnellement responsable du respect des contraintes
instituées par cette loi, sous peine d'annulation de son
élection s'il est élu et, qu'il soit élu ou pas, d'inéligibilité
pour un an, d'amendes et d'emprisonnement : tenue d'un
compte de campagne sur l'année précédant l'élection,
compte présenté par un membre agréé de l'ordre des
experts-comptables et géré par un mandataire financier sur
un compte unique et spécial ; dépôt de ce compte et des
pièces justificatives dans les deux mois suivant l'élection,
pour vérification et publication par une *Commission
(nationale) des comptes de campagne et des financements
politiques* *. Sont ainsi contrôlés l'origine des recettes
électorales et le respect du plafonnement légal des
dépenses de campagne. Côté recettes, au financement
personnel, intégral ou partiel, dont la réalité est vérifiée
pour éviter tout détournement de la loi, peuvent s'ajouter
ou se substituer pour l'essentiel : les contributions d'un
parti ou groupement politique ; des dons de personnes
physiques et/ou morales strictement réglementés (interdiction de financement politique des casinos et autres
cercles de jeux, des États étrangers et personnes morales

---

1. Cf. ci-dessus, chapitre 7.

de droit étranger, des personnes morales de droit public –
État, régions, départements, communes, établissements
publics divers ; limitation des contributions des donateurs
autorisés à 30 000 francs pour les personnes physiques et
à 10 % du plafond des dépenses – soit 40 000 à 50 000
francs aux législatives en 1993 – pour les personnes
morales). Côté dépenses électorales, la loi instaure un
plafonnement révisable en fonction de l'inflation :
400 000 francs pour les circonscriptions législatives de
moins de 80 000 habitants, 500 000 francs pour les plus
peuplées en 1993 ; 128 400 000 francs en 1995 pour un
candidat à la présidence de la République, 171 200 000
francs pour chacun des deux candidats admis aux deux
tours de scrutins ; 85 600 000 par liste aux élections européennes de 1994 par exemple. Et interdit purement et
simplement certaines formes de propagande électorale,
jugées trop dispendieuses : la publicité institutionnelle
dans les six mois avant le premier jour du mois de l'élection ; l'affichage politique (commercial et sauvage), la
publicité commerciale de presse et audiovisuelle, les
numéros d'appel téléphonique ou télématique gratuits
dans les trois mois avant le premier jour du mois de l'élection. L'interdit d'affichage n'épargne que les affiches officiellement permises sur panneaux officiels durant la
courte campagne « officielle ». Les élections législatives
de mars 1993 ont ainsi constitué, selon le mot du trésorier
national du Parti républicain, une expérience nouvelle de
« communication politique sans publicité » ce qui n'a pas
peu contribué à leur caractère exceptionnellement terne.
Les conseils en campagne n'ont guère été sollicités du fait
du coût de leurs services et les sondages privés, surtout
dans les circonscriptions, se sont raréfiés dans la mesure
où leur coût devait apparaître dans les comptes de
campagne et risquaient d'amener les candidats à dépasser
le plafond légal. Ces contraintes légales nouvelles,
conçues pour une plus grande égalité entre candidats et
partis politiques, tendent en réalité à avantager les
sortants, qui n'ont pas autant besoin de se faire connaître
en un temps limité que leurs adversaires directs et les plus
sérieux. Elle donnent également une prime aux candidats
investis par un parti suffisamment bien organisé – comme

le RPR ou le PS – pour assurer auprès d'eux un service efficace de conseil juridique et technique, et déjà assez représenté au Parlement pour recevoir un large soutien sur le budget de l'État et en faire bénéficier le compte de campagne des siens. La réglementation des dépenses et recettes électorales compense ainsi partiellement au profit des partis et candidats importants les effets déstabilisateurs et diviseurs de la réglementation de l'attribution de l'aide financière publique aux partis et de la multiplication des élections « intermédiaires », à la proportionnelle, comme les européennes ou les régionales.

De la démocratie des partis
à une démocratie d'opinion ?

La multiplication à l'américaine des consultations électorales s'ajoutant à celle des sondages d'opinion tend à instituer, dans la France de la Ve République, un contrôle populaire continu des élites politiques et des politiques qu'elles conduisent ou proposent, au contrôle périodique, lors de rendez-vous électoraux espacés de plusieurs années, qui était de règle autrefois. Au point que certains politologues, tel Bernard Manin, estiment qu'il s'agit là d'une véritable mutation du système démocratique français. De la même façon qu'à la fin du XIXe siècle, on était passé d'une *démocratie parlementaire*, animée et dominée par des notables politiques largement autonomes, responsables devant leur seule conscience, à une *démocratie de partis*, avec l'encadrement de plus en plus efficace de ces notables par des partis, on passerait actuellement de la démocratie des partis à une *démocratie du public* ou, si l'on préfère, *d'opinion* – caractérisée par l'écoute continue de la voix du peuple souverain, l'attention portée aux représentations, aux « images » des acteurs politiques individuels et collectifs, la personnalisation des choix publics, un électorat flottant mais informé et politisé. L'idée est intéressante mais, peut-être, trompeuse. Le type-idéal de la « démocratie du public » n'a pas la capacité d'explication de celui de la démocratie parlementaire ou de la démocratie des partis et repose sur une surévaluation de la force politique de l'opinion publique, même aujourd'hui. Les investitures électorales – présidentielles comprises, l'élaboration et la prise en charge des programmes électoraux, la distribution des rôles dans le débat politique – sur les médias ou ailleurs – demeurent l'apanage des partis. La régulation des ambitions politiques individuelles, le contrôle des votes parlementaires à l'Assemblée nationale, la désignation des gouvernements restent tout autant l'affaire des partis. Bref « la démocratie des partis » est loin d'être morte ou moribonde.

Pour éviter de surévaluer la force politique de l'électorat, à travers les élections et les sondages, il faut en rechercher les facteurs favorables et défavorables. Au niveau institutionnel c'est un fait que le système présidentiel, avec la personnalisation de la politique et la valorisation de la popularité politique qui le caractérisent, est plus favorable à une démocratie d'opinion que le parlementarisme représentatif, surtout quand il s'inscrit dans un régime d'assemblée et un système de multipartisme extrême comme sous la IVe République. On comprend mal, aujourd'hui, un constat comme celui que faisait dans son *Journal* en 1952 le Président Vincent Auriol : « Si Pinay a été renversé, c'est parce qu'il était populaire, et s'il l'était, c'est parce qu'il a fait baisser les prix. » L'existence, au sein du système de partis, de « partis d'électeurs » – qui veulent trouver la source de leur légitimité dans l'électorat, et pas seulement de « partis de militants » – qui comptent d'abord sur leurs militants, voire leur avant-garde de permanents révolutionnaires ou contre-révolutionnaires pour réaliser leur projet politique, pousse également dans le sens d'une démocratie d'opinion. Mais même dans les régimes présidentiels avec partis d'électeurs à vocation gouvernementale les contraintes qui s'exercent sur le pouvoir ne poussent pas toutes, tant s'en faut, à la démocratie d'opinion. Les partis, fussent-ils d'électeurs, doivent ménager leurs militants et leurs élites professionnelles pour pouvoir occuper les lieux de pouvoir et structurer la demande par une offre politique précise, concrète et adaptée à la fois à la conjoncture et à leur conception du monde. Les gouvernants, si préoccupés soient-ils de leur popularité et de leur réélection, doivent tenir compte des pressions catégorielles les plus fortes ou les plus décisives, de l'opinion militante et participante – contre l'opinion publique le cas échéant. Et les pressions extérieures – Union européenne, GATT, FMI... – peuvent parfois imposer des choix impopulaires au même titre que la rareté des ressources politiques dont dispose, surtout en période de crise économique, un gouvernement. La démocratie d'opinion trouve vite en elle-même ses limites. On ne peut ignorer indéfiniment l'opinion publique dans une démocratie. Mais on ne peut pas davantage la suivre toujours et en tout.

comportamento et a bien conçu de demander à supporter
adhésion et respect de toutes les demandes majeures de celles-ci
affliction, devenir réalité que d'une pression, jusqu'à
parler des situations parmi titulaires de déveloper d'opinion
mandate of participants e une e opinion publique le cas
échéant. Bu les prochains extractions Cherche impose aire
OAH. Bien qu'il y ait des participants dans l'où à importe
patients. Tu connais un être une blâme d'accès ressources publiques dont ils leur surtout en propager les crises
economiques, un gouvernement l'a souffrir l'a dimension
conduit à la circulaire même se puisse. On besoin appuyer
maintenant. Donnant pompage dans une démocratie.
Mais on ne peut l'a dévalorisee laquelle tel point et essentielle.

TROISIÈME PARTIE

LES LIEUX DU POUVOIR

La responsabilité, le pouvoir et l'influence

CHAPITRE 9

LE POUVOIR DE DÉCISION CENTRAL
ET SES CONTREPOIDS

« Gouverner c'est choisir », disait Pierre Mendès
France. Décider, trancher. De Gaulle, de même, voyait
dans l'État « une institution de décision, d'action, d'ambition, n'exprimant et ne servant que l'intérêt national ». Et
avait conçu les institutions de la Ve République pour que
« la République ait les moyens de faire la politique de la
France comme jadis la Monarchie » (Philippe de Saint-
Robert). Les pouvoirs attribués au président de la République, chef de l'État, et son prestige en sont le
fondement. L'organisation de la décision au niveau présidentiel de l'Élysée en est la mise en œuvre.

La décision présidentielle

Sauf dans les périodes de cohabitation entre un président de la République et un Premier ministre soutenu à
l'Assemblée nationale par une majorité contraire, le
pouvoir, depuis 1958, est à l'Élysée. Le général de Gaulle
en avait organisé le fonctionnement, en 1959, et il n'a
guère changé depuis. Cette organisation – division et
spécialisation des tâches, absence de collégialité, communication par la voie hiérarchique, prédominance de l'écrit,
rotation rapide des personnels, exigence de retenue et
discrétion – traduit la conception gaullienne de l'exercice
du pouvoir d'État. Priorité, d'abord, de l'action sur toute
autre considération, autrement dit de la décision et de sa

mise en application effective sur la recherche d'un quelconque effet d'annonce en soi ou d'un large consensus.
« L'essentiel est que la décision soit prise et le fait
accompli : on ne doit pas attendre que tout le monde soit
d'accord. » Le verbe est important mais il est au service de
l'action. Morale de la responsabilité personnelle, ensuite.
Le pouvoir ne se divise pas. Il n'est pas de « domaine
réservé », le chef de l'État est en charge de l'essentiel
national. Il lui appartient de donner les impulsions,
montrer la voie, trancher au plus haut niveau – bref de
prendre et d'assumer toutes ses responsabilités. Mais il a
besoin pour cela d'être largement informé, de façon
contradictoire, donc d'être bien entouré et conseillé. La
décision est toujours personnelle mais le pouvoir ne doit
pas être exercé solitairement. Selon Bernard Tricot, ancien
secrétaire général de l'Élysée, le processus de décision du
général de Gaulle se déroulait normalement en trois
phases. Une phase préalable de réflexion dans le calme
soigneusement entretenu de l'Élysée : information la plus
large, la plus diverse possible, avec la volonté d'aller à
l'essentiel, de tenir compte des réalités sans jamais oublier
les objectifs. La phase de décision proprement dite venait
ensuite, souvent caractérisée par un changement de
rythme – après la lenteur prudente de la réflexion, l'accélération de l'action, la concentration de tous les moyens
(« le grand jeu ») pour atteindre le but fixé dès lors que le
mouvement d'agir était venu. Cette phase se confondait
plus ou moins avec celle de la valorisation de l'action –
par la façon de l'annoncer (surprise, mise en scène), par la
rapidité d'exécution. Chez le général de Gaulle, le stratège
militaire n'était jamais bien loin de l'homme d'État.
    L'entourage élyséen est organisé par lui en quatre
grands services dont seuls les responsables ont un accès
régulier au Président :
    – *Le secrétariat général de la présidence de la Répu-
blique*, en charge des affaires de l'État : liaison avec les
ministères et Matignon, avec le secrétariat général du
gouvernement, avec les Assemblées pour la préparation
des Conseils des ministres, des projets de loi et l'élaboration des décrets, etc. Son responsable, le secrétaire général
de la présidence de la République, est assisté de

conseillers techniques (diplomatique, économique et financier, aux affaires sociales, aux rapports avec le secrétariat du gouvernement) et de chargés de mission, qui suivent chacun plus ou moins un ministère. Cette organisation est largement empruntée à celle de la présidence du Conseil à Matignon sous la IVe République.

– *Le cabinet du président de la République*, en charge des relations avec la Nation : audiences et voyages du Président, rapports avec les médias, suivi de l'opinion, secrétariat particulier du Président, budget et administration de l'Élysée. Six à dix personnes, dont les aides de camp du général de Gaulle, sous les ordres du directeur du cabinet.

– *Le secrétariat général à la présidence de la République pour la Communauté et les Affaires africaines et malgaches*, une dizaine de collaborateurs sous l'autorité d'un secrétaire général, en charge du « pré-carré » de la France dans son ancien Empire africain.

– *L'État-major particulier du président de la République*, une dizaine d'officiers de toutes les armes, sous le commandement du chef d'état-major particulier, pour suivre les questions de défense, de nomination d'officiers supérieurs et assister le Président dans son rôle nucléaire.

Un entourage peu nombreux – 33 conseillers civils et 13 militaires au maximum sous de Gaulle, 40 civils et 6 militaires sous Pompidou, 24 civils et 7 militaires sous Giscard, 40 civils et 7 militaires sous Mitterrand, en 1985 au sommet d'un personnel de 600 à 700 personnes au total, avec un budget inférieur de huit fois à celui de l'Assemblée nationale, bref une administration légère, de fonction, qui n'a rien à voir avec l'entourage nombreux du Premier ministre à Matignon ou imposant du Président américain à la Maison Blanche. Point de délibérations collégiales, ni d'échanges véritables avec le Président. Des rencontres exceptionnelles en tête-à-tête où il questionne et écoute sans laisser deviner sa propre position. Et, ordinairement, un aller et (occasionnel) retour de notes écrites, sous couvert du secrétaire général ou du directeur du cabinet. « Le général de Gaulle, témoigne Jacques Boitreaud, vivait la plume à la main. À chaque phase de l'étude ou de la marche des affaires qu'il jugeât à propos de faire connaître sa position et de donner ses instructions ou ses ordres, il le faisait pratiquement toujours par écrit. » À moins qu'il ne se contentât de former ses collaborateurs en les tançant. En inscrivant, par exemple, en marge d'une note lui conseillant d'autoriser une démarche « s'il en était d'accord » : « Mal dit ; je décide : oui ou non, je ne m'accorde pas. » Ou en laissant tomber, face à un collaborateur pris en défaut d'information : « Eh bien vous n'êtes pas curieux ! »

L'organisation élyséenne a peu changé depuis de Gaulle. Les relations avec la presse, négligées par lui, ont été étoffées. La distinction hiérarchique entre conseillers techniques et chargés de mission a été abandonnée dès Pompidou. Le secrétariat général pour la Communauté et les Affaires africaines et malgaches sur lequel avait régné, depuis 1960, Jacques Foccart, a été supprimé par Valéry Giscard d'Estaing, ses services étant placés sous l'autorité du secrétaire général de l'Élysée. La distinction fondamentale faite par de Gaulle entre secrétariat général (l'État) et cabinet (la Nation), après avoir été gommée au profit du premier par Pompidou et Giscard, a été rétablie dans toute sa force par François Mitterrand. Les « éminences grises » présidentielles, hors hiérarchie, se sont multipliées : Pierre Juillet et Marie-France Garaud sous Pompidou ; Jean Serisé, Jean Riolacci, Jean-Philippe Lecat, Victor Chapot, sous Giscard ; Jacques Attali, sous Mitterrand. Mais les structures ont beaucoup moins changé que les hommes.

L'organisation du travail gouvernemental, à partir de l'Élysée, s'est également coulée dans le moule façonné par le général de Gaulle. Sauf cohabitation, les *conseils de cabinet* – réunion du gouvernement sous la présidence du Premier ministre, à Matignon, en dehors du président de la République – ne sont plus de mise. De Gaulle y a mis fin dès 1959, dans leur forme ancienne. Il n'en subsiste plus que de rares « réunions de ministres », sans grande portée politique, ou quelques comités interministériels pléniers dans le cadre de la préparation du budget. L'instance normale du travail gouvernemental, à Matignon, est désormais le *Comité interministériel* – réunion plus ou moins régulière, sous la présidence du Premier ministre, de ministres et de hauts fonctionnaires, et instance spécialisée comme le comité interministériel pour les questions de coopération économique européenne ou le comité interministériel pour l'aménagement du territoire et l'action régionale parmi beaucoup d'autres puisqu'on en dénombrait une quarantaine au début des années 1990. Le cas échéant le Premier ministre convoquera un *comité restreint*, sorte de comité *ad hoc*, sans régularité ni secrétariat, pour un arbitrage. À un échelon plus bas de nombreuses *réunions interministérielles*, présidées par un membre du cabinet du Premier ministre ou du secrétariat général du gouvernement, permettent de préparer le travail gouvernemental entre hauts fonctionnaires concernés. Depuis de Gaulle, sauf en période de cohabitation, l'Élysée est représenté par un membre de l'entourage présidentiel aux réunions tenues à Matignon. Il n'y intervient pratiquement jamais, sauf sur instructions expresses de l'Élysée ; son rôle est celui d'un observateur chargé d'alerter le Président en cas de déviation par rapport à l'impulsion initiale. Pour être en mesure « de suivre le déroulement des affaires à leurs divers stades » et pouvoir se « former en temps utile une opinion à leur sujet », le général de Gaulle avait en outre demandé à Michel Debré, Premier ministre, d'inviter chaque ministre à désigner un haut fonctionnaire chargé, en liaison avec le secrétariat général de la présidence, de lui faire parvenir la documentation relative aux principales activités de son département et, en particulier, « les projets de lois ou de décrets importants » (lettre du 21 février 1959).

C'est de l'Élysée, en effet, que s'organise normalement, hors cohabitation, le travail gouvernemental, à travers, pour l'essentiel, les *Conseils interministériels* et les *Conseils restreints*. Les Conseils interministériels, institués par l'art. 15 de la Constitution en matière de défense (le Conseil de défense), se sont étendus, pratiquement, à tous les domaines et constituent une innovation par rapport aux Républiques antérieures. Ils réunissent, plus ou moins régulièrement, sous la présidence du président de la République, le Premier ministre, les ministres concernés et quelques hauts fonctionnaires ; ils permettent au chef de l'État de mûrir, évaluer, tester ses décisions dans le domaine, de donner les impulsions, voire les directives qu'il juge utiles. Les conseils restreints sont de même nature, sauf le fait qu'ils ne sont pas établis de façon permanente et sont réunis de façon ponctuelle, à l'initiative du président de la République. Lors de la guerre d'Algérie, le général de Gaulle avait créé par décret (du 13 février 1960) un Conseil interministériel permanent de politique algérienne. Durant la guerre du Golfe, François Mitterrand a réuni 7 Conseils restreints et présidé, dans la phase active du conflit, une réunion d'état-major quotidienne à l'Élysée.

L'autorité du président de la République sur le gouvernement, en période de non-cohabitation, se manifeste également par l'adresse de directives présidentielles au Premier ministre et aux ministres. Le général de Gaulle, respectueux de la hiérarchie du pouvoir et de sa dignité, les adressait, sous forme de lettre ou de note, au seul Premier ministre et ne leur donnait aucune publicité. Il n'intervenait qu'exceptionnellement dans les domaines économiques et sociaux. Valéry Giscard d'Estaing a été plus directif et moins discret vis-à-vis de ses Premiers ministres, notamment Jacques Chirac.

Le *Conseil des ministres*, dans ce contexte, est le lieu où s'exprime, chaque mercredi la suprématie présidentielle, sauf période de cohabitation. Il n'est pas une véritable instance délibérative, en dehors des quelques cas où le président de la République, soucieux de s'assurer la loyauté de tous ses ministres, fait faire un « tour de table » pour que chacun prenne parti sur un sujet particulièrement controversé. Rares sont les Conseils des ministres qui n'aboutissent pas aux décisions prévues après une longue préparation. Lorsque le cas se présente, c'est pratiquement toujours aux dépens du Premier ministre : Michel Debré, en janvier 1962, dont le projet de loi sur le droit de grève est écarté ; Maurice Couve de Murville, en novembre 1968, à qui le général de Gaulle, après « un tour de table », refuse la dévaluation du franc ; Jacques Chirac, le 15 juillet 1976, à qui Valéry Giscard d'Estaing, après « un tour de table » également, impose la mise en œuvre rapide de l'accord réalisé au conseil européen de Bruxelles sur l'élection directe de l'Assemblée des communautés européennes. Normalement l'étroite collaboration entre Matignon et l'Élysée, entre le Premier ministre reçu par le chef de l'État avant le Conseil – et le président de la République, font du Conseil des ministres une instance de consécration des décisions prises en amont et d'information des ministres. « J'indique quelle est ma manière de voir et je formule la conclusion. Après quoi le relevé des décisions est arrêté par moi-même », résumera de Gaulle dans ses *Mémoires d'espoir*.

Le *pouvoir du Premier ministre* ne doit cependant pas être sous-estimé. Le débat sur le partage des pouvoirs entre Président et chef du gouvernement au sein de la dyarchie instituée par la Constitution au sommet de l'État, dans la mesure où il ne pouvait que conclure à la subordination du Premier ministre dans une dyarchie inégalitaire, a occulté la réalité et l'importance des pouvoirs de l'homme de Matignon. Une fois admis que, sauf cohabitation, le Premier ministre est subordonné au président de la République, qui peut, en fait, mettre fin à ses fonctions comme il le veut et quand il le veut, il reste en effet qu'aussi longtemps que le Président le maintient dans ses responsabilités le Premier ministre dispose de pouvoirs considérables et essentiels. Interlocuteur privilégié du Président dont il est – sauf en matière de politique extérieure – le relais avec le gouvernement, avec l'appareil administratif et avec le Parlement, le Premier ministre dirige l'action du gouvernement (*art. 21* de la Constitution) avec une autorité très supérieure à celle du président du Conseil sous la IVe République. Ses instructions – pour le « cadrage » du budget notamment – et ses arbitrages interministériels – matérialisés par les relevés de décision sur « les bleus » de Matignon – sont le moyen de l'exercice quotidien de son autorité. C'est à lui qu'il appartient de gérer les rapports entre le pouvoir exécutif et le pouvoir législatif politiquement, en usant des possibilités que lui donne la Constitution : maîtrise de l'ordre du jour des Assemblées (*art. 48*) ; limitation de l'initiative parlementaire avec la définition constitutionnelle du domaine de la loi (*art. 41*) et l'interdiction de toute proposition ayant une incidence financière (*art. 40*) ; procédure du vote bloqué (*art. 44*), etc. Il ne lui faut l'autorisation du Conseil des ministres qu'en cas de recours à l'*art. 49* (question de confiance). Le Premier ministre est seul responsable de l'exécution des lois (*art. 21*). Il signe seul les neuf dixièmes environ des décrets pris par le gouvernement, le reste étant à la signature du Président (décrets pris en conseil des ministres, art. 13). Les services administratifs essentiels pour la coordination du travail gouvernemental sont tous rattachés au Premier ministre : secrétariat général du gouvernement, secrétariat général du comité interministériel général de la défense nationale, de même que les services de relations publiques et d'information du pouvoir comme le *Journal officiel*, et surtout, le service d'information et de diffusion (SID). Jean Massot a ainsi calculé que le budget de l'Élysée ne dépasse guère 5 % du budget de Matignon. Il estime certes, à juste titre, que l'article 20 de la Constitution – selon lequel le gouvernement détermine et conduit la politique de la Nation – doit en réalité se lire ainsi : « Le Président de la République détermine la politique de la nation. Le gouvernement la conduit conformément aux orientations du chef de l'État et sous le contrôle du Parlement. » Mais cela laisse une large latitude d'action au Premier ministre, aussi longtemps qu'il sait conserver la confiance du Président. La lettre adressée au moment de son départ – voulu par le Président – du premier Premier ministre de la Ve République, Michel Debré, le 14 avril 1962, par le général de Gaulle, témoigne de la réalité et de l'importance du rôle : « Tout effort a sa limite. Or, pendant les trois ans et trois mois où vous avez déployé le vôtre dans la charge extraordinairement lourde qui vous était impartie, les résultats les plus valables et les plus étendus ont été réalisés [...] Il est clair que la collaboration sans réserve que vous m'avez constamment apportée, l'œuvre législative accomplie par le Parlement sur la base des projets présentés et soutenus par le gouvernement, l'ensemble des mesures réglementaires prises sous votre impulsion, la conduite supérieure de l'administration telle que vous l'avez exercée, ont, avec le concours de vos collègues efficacement et heureusement servi le pays [...] » (*Lettres, notes et carnets,* 1961-1963 : p. 229).

Dans une déclaration à l'Assemblée nationale, le

24 avril 1964, son successeur à Matignon, Georges Pompidou, face à François Mitterrand qui l'interpellait, a présenté la plus belle des défenses et illustrations du rôle du Premier ministre sous la Vᵉ République. « Modeste conseiller... exécutant subalterne,... soliveau ? » « Sauf exceptions énumérées limitativement par la Constitution [Les pouvoirs propres du Président], aucun acte du président de la République n'est valable sans la signature du Premier ministre [pouvoirs partagés entre Président et Premier ministre]. » Et Georges Pompidou d'insister : « Je vous demande de croire que j'attache à cette signature la même importance que le président de la République attache justement à la sienne. » L'unité de direction et de politique impose évidemment un devoir de discrétion absolue au Premier ministre sur les divergences éventuelles entre le chef de l'État et lui. Mais Georges Pompidou, tout en tenant le rôle du chef de l'État pour essentiel, affirmait : « Je ne saurais continuer ma tâche, ni porter mes responsabilités qu'autant que je suis d'accord sur tous les aspects de la politique qu'il m'appartient, d'ailleurs, de conduire au fur et à mesure des événements avec le gouvernement dont je dirige l'action. » Et concluait que loin d'être diminué, le rôle de Premier ministre, sous la Vᵉ République, était considérablement renforcé par « la double confiance qui lui est indispensable, celle du Chef de l'État [...] et celle de l'Assemblée nationale ». Ce témoignage est d'autant plus crédible que Georges Pompidou, comme on le saura plus tard, n'avait pas hésité en mai 1962, à peine nommé Premier ministre, à braver les foudres du général de Gaulle. L'enjeu du conflit était la grâce présidentielle que de Gaulle s'apprêtait à refuser à Edmond Jouhaud, le général putschiste condamné à mort par le Haut Tribunal militaire. Georges Pompidou n'acceptait pas que Jouhaud soit exécuté, pour des raisons de justice – le chef du putsch, le général Salan, n'avait pas été condamné à mort – et de clémence politique. Pompidou avait mis sa démission dans la balance et, finalement, Jouhaud avait été gracié. Si dépendant qu'il soit de la confiance du président de la République, le Premier ministre a toujours la possibilité de menacer de s'en aller et, le cas échéant, de partir effectivement de sa

propre initiative comme Jacques Chirac le 26 juillet 1976, s'il n'est pas d'accord, sur une question essentielle, avec le chef de l'État.

La cohabitation

Attendue mais évitée en 1978, sous la présidence de Valéry Giscard d'Estaing, la cohabitation entre une majorité parlementaire et un président de la République opposés n'est finalement venue qu'en 1986, pour la première fois, puis une seconde fois en 1993, sous François Mitterrand. Le premier Président de la Ve République issu de la gauche aura donc été malgré lui le créateur du rôle de Président cohabitant. Avant que l'expérience ne fût faite, la cohabitation avait donné lieu à une controverse juridico-politique qui avait passionné les élites politiques, les juristes et les journalistes, sans intéresser vraiment l'électorat. Bon nombre des questions soulevées dans ce débat ont été tranchées par la pratique de la cohabitation, de 1986 à 1988, puis 1993 à 1995.

La plupart des dirigeants RPR-UDF, dès lors que la cohabitation était apparue comme probable en 1986, l'avaient jugée inéluctable si le président de la République décidait, contrairement à leurs vœux, de terminer son septennat. Valéry Giscard d'Estaing avait d'ailleurs montré l'exemple en 1978 : s'attendant à une victoire de la gauche aux législatives de mars, il avait annoncé qu'il resterait à l'Élysée jusqu'à la fin de son mandat en 1981 mais serait contraint par la nouvelle situation que créerait une majorité parlementaire de gauche à laisser cette majorité gouverner en appliquant son programme commun, qu'il condamnait. Valéry Giscard d'Estaing avait précisé quelques années plus tard que si les choses s'étaient passées ainsi il aurait déménagé de l'Élysée et se serait installé à Rambouillet, pour marquer sa distance vis-à-vis du nouveau pouvoir – ne venant à Paris que pour le Conseil des ministres et les cérémonies protocolaires où sa présence était requise. Et que, bien entendu, il n'aurait pas manqué de dissoudre l'Assemblée nationale nouvelle à la première occasion politique favorable. Logique avec lui-même Giscard, en 1986, juge que rien ne permet d'empêcher, constitutionnellement, François Mitterrand de se maintenir à l'Élysée après un désaveu populaire aux élections législatives. Jacques Chirac, suivant Édouard Balladur qui aura été par deux fois le théoricien et le fervent défenseur de la cohabitation, estime de même, en 1986 comme en 1993, qu'il ne serait pas convenable de demander le pouvoir aux Français pour le refuser, aussitôt accordé, sous prétexte que le président de la République s'accroche à son poste ; mais insiste sur le fait que la cohabitation n'est acceptable que si la nouvelle majorité peut et veut imposer au Président la politique pour laquelle elle a été élue. Cohabitation n'est pas concubinage. Raymond Barre, au contraire, refuse avec force la cohabitation qu'il juge peu compatible avec la dignité de la fonction présidentielle, donc avec l'esprit des institutions de la Ve République : « On ne peut pas jouer avec la fonction de président de la République comme on joue de l'accordéon, dire qu'il inspire et dirige la politique de la Nation, puis, parce que la majorité parlementaire change, dire que le président de la République n'a plus ses attributions. » R. Barre voit dans la cohabitation, comme les communistes ou la droite extrême, une compromission politicienne, une « connivence » entre un Président affaibli et certains « présidentiables » de la nouvelle majorité. Et de préconiser une sorte de « grève du pouvoir » – comme l'avait fait la gauche après les législatives de 1924 pour forcer le Président Millerand à la démission : le renversement de tous les Premiers ministres qu'il nommerait. À la veille de la seconde cohabitation, fin 1992 – début 1993, le secrétaire général du l'UDF, François Bayrou, puis Philippe de Villiers (UDF) et Bernard Debré (RPR) relanceront l'idée de la « solution Millerand » – scandalisant Jack Lang (PS) qui dénoncera d'avance tout « pronunciamiento institutionnel ». Vain débat dans la mesure où – soutenu par Jacques Chirac – Édouard Balladur excluait « tout ce qui peut s'apparenter à un coup de force ». Dès le 12 juin 1990, dans *Le Monde*, Édouard Balladur avait posé les règles « Pour une nouvelle cohabitation », avec la préoccupation d' « éviter en 1993 les erreurs de 1986 ». « Que tout le nouveau gouvernement, écrivait-il, et toute la nouvelle majorité proclament, dès le départ, [...] leur volonté de soutenir un candidat et un seul à l'élection présidentielle prochaine » ; « que le programme du gouvernement [...] ne fût pas un programme de simple expédition des affaires courantes, mais qu'en même temps il fût marqué par le souci d'éviter les affrontements et de faire vivre la France dans l'apaisement » ; « que fût précisée, d'un commun accord entre le Président et le Premier ministre, la répartition des rôles entre eux ». Enfin et surtout « la cohabitation prochaine, insistait Édouard Balladur, devrait, pour réussir, être marquée par une certaine paix » qui « ne serait obtenue que si le Premier ministre et le Président n'étaient pas en compétition » : « Un Premier ministre qui déclarerait publiquement dès le départ refuser d'être candidat pour quelque raison que ce soit y gagnerait pendant deux ans une efficacité qui lui serait fort utile pour mettre en œuvre la politique décidée, faire vivre le pays dans le calme et organiser dans les meilleures conditions l'élection présidentielle sans en être l'un des acteurs principaux. » Sur ces bases Jacques Chirac était d'accord pour une nouvelle cohabitation et allait soutenir la candidature d'Édouard Balladur pour le poste de Premier ministre cohabitant qu'il avait lui même tenu de 1986 à 1988. Le premier enseignement de la double expérience de cohabitation durant le double septennat de François Mitterrand est que la cohabitation est extrêmement difficile à éviter, que ce soit par « la solution Millerand » ou d'une autre façon, dès lors que le président de la République est décidé à s'y soumettre pour éviter de se démettre de son mandat. Le débat sur l'opportunité de la cohabitation, désormais, est un vain débat.

Dans la situation de cohabitation le président de la République perd son ascendant sur le Premier ministre qui devient le véritable chef de l'exécutif grâce à l'appui de la nouvelle majorité parlementaire. Le présidentialisme est « neutralisé » et cède la place au « gouvernementalisme » selon la formule d'Olivier Duhamel. On redécouvre soudain que la Vᵉ République est aussi un régime parlementaire – le gouvernement tirant son pouvoir du soutien fidèle d'une majorité à l'Assemblée nationale. C'est la revanche des députés, d'habitude éclipsés par la légitimité et le prestige du Président, et celle du Parlement, normalement dominé par le couple Président-Premier ministre qui mène le jeu politique. Revanche sans lendemain, il est vrai : que la majorité soit très courte, comme en 1986, ou massive, comme en 1993, les députés ont tôt fait de découvrir qu'ils n'ont fait que changer de maître, juridiquement et politiquement, et n'ont ni plus ni moins de poids face au Premier ministre cohabitant avec le Président qu'ils n'en avaient face au Premier ministre du Président. Ce sont les règles du partage constitutionnel des pouvoirs associées à la pratique du parlementarisme majoritaire sous contrôle de partis disciplinés qui font la faiblesse des Assemblées et la cohabitation n'y saurait rien changer. Les élus en sont parfaitement conscients. Interrogés par *Le Monde* et la Fondation nationale des sciences politiques, les députés RPR et UDF de la déferlante 1993 déclarent privilégier leur travail de circonscription, de terrain – travail personnel sur les dossiers de la circonscription, contacts avec les électeurs, travail d'intermédiaire entre les électeurs et l'administration – par rapport aux activités parlementaires. Non qu'ils négligent ou, encore moins, méprisent leur rôle national mais le système, tel qu'il fonctionne, les en détourne : 55 % des députés UDF, 45 % des députés RPR jugent ainsi que la fonction de contrôle du gouvernement n'est pas bien assurée ; 47 % des députés UDF, 39 % des députés RPR portent un jugement critique sur le fonctionnement de l'Assemblée ; 88 % des députés UDF et 73 % des députés RPR estiment que le gouvernement – « leur » gouvernement – empiète beaucoup ou assez sur le rôle des députés. Une majorité des élus UDF (56 % contre 36 %) et une forte minorité des élus RPR (42 % contre 51 %) souhaiteraient pouvoir « infléchir la politique du gouvernement », or on leur demande de « soutenir la politique du gouvernement » (*Le Monde*, 11 janvier 1994). Philippe Seguin, le président de l'Assemblée nationale, partant des réflexions d'un groupe de travail parlementaire réunissant toutes les formations politiques, a fait voter en septembre

1993, une modification du règlement de l'Assemblée
nationale, pour revaloriser le rôle du Parlement : retrans-
mission intégrale des débats dans l'hémicycle sur le
réseau Paris-TGV-Câble, en direct, et rediffusion pendant
les week-ends ; ouverture de l'hémicycle à des chefs
d'État ou de gouvernements étrangers en visite en France
(comme le roi et la reine d'Espagne en octobre 1993, le
président des États-Unis lors du cinquantenaire du débar-
quement allié en juin 1994) ; vote personnel effectif des
députés, chacun ne pouvant disposer de plus d'une déléga-
tion de vote, à toutes les étapes de la procédure législative ; allégement des séances publiques, regroupées sur
trois jours, du mardi au jeudi ; ouverture des travaux des
commissions à l'ensemble des députés et participation des
ministres à ces travaux ; dépôt d'amendement dans les
trois jours suivant la publication d'un rapport mais pas
après l'ouverture de la discussion générale. Pour que les
députés légifèrent mieux et soient mieux considérés. Le
gouvernement souffrait, sous la IVe République, d'un
parlementarisme abusif. Le Parlement de la Ve République met, non sans raisons, ses dysfonctionnements au
débit d'un gouvernement envahissant. « Trop de lois tue
la loi », rappelle le président du Sénat René Monory :
418 pages en moyenne en 1960, 1 005 pages en 1990 ;
inflation législative inutile, ajoute-t-il, « puisqu'elle est
créée, pour une bonne part, par l'abus des lois d'orientation, de lois quinquennales visant à produire des "effets
d'annonce" qui sont autant d'"alibis face aux difficultés
du moment". Pour conclure : "il faut redonner" à la loi
de la République sa force et sa solennité, ou bien choisir,
une fois pour toutes, de légiférer à crédit » (*Le Monde*,
1er juin 1994).

À défaut de rétablir le Parlement dans sa puissance, la
cohabitation impose, aussi longtemps qu'elle se produit,
une lecture « parlementaire » de la Constitution de 1958,
telle que Michel Debré l'avait imaginée au départ, plutôt
que la lecture « présidentielle » que le général de Gaulle et
ses successeurs à l'Élysée ont privilégiée et légitimée. La
règle du jeu de cette « pratique nouvelle » a été posée dès
le 8 avril 1986 par François Mitterrand, dans un message
au Parlement, au lendemain de la défaite de sa majorité

aux élections législatives du 16 mars 1986 : « la Constitution, rien que la Constitution, toute la Constitution ». *Rien que la Constitution,* sans les pratiques et conventions qui font, en temps normal, la primauté du pouvoir présidentiel. *Toute la constitution*, avec les pouvoirs propres qu'elle assure, en toutes circonstances, au président de la République contrairement aux Constitutions antérieures. Ce qui revient à reconnaître au Président son pouvoir d'arbitre constitutionnel (mais non d'arbitrage politique) expressément inscrit dans la constitution, plus tous les pouvoirs que certaines ambiguïtés du texte constitutionnel lui permettent de revendiquer.

La réduction des pouvoirs présidentiels par la cohabitation apparaît en toute clarté dès la nomination du Premier ministre cohabitant. À la veille de la cohabitation de 1986 et de 1993, François Mitterrand multipliait les déclarations sur sa liberté de choix en la matière. Personne, disait-il, ne désignerait le Premier ministre à sa place ; on ne posait pas de conditions au président de la République... Et l'entourage présidentiel entretenait la rumeur d'un Premier ministre de compromis – Jacques Chaban-Delmas en 1986, Raymond Barre en 1993. Le moment venu, le président de la République n'en a pas moins nommé sans tergiverser le candidat déclaré de la nouvelle majorité – Jacques Chirac en 1986, Édouard Balladur en 1993. L'existence d'une majorité parlementaire RPR-UDF et la supériorité, au sein de cette majorité, du groupe parlementaire RPR ne lui laissaient pas d'autres choix, politiquement, sauf à courir le risque d'ouvrir une crise dans les pires conditions pour lui. Notons qu'une fois nommé le Premier ministre cohabitant, qui n'est guère susceptible de se plier aux désirs du Président de le renvoyer, ne cesse d'exercer sa fonction que sur l'adoption d'une notion de censure par l'Assemblée nationale – hautement improbable, compte tenu de l'existence de sa majorité parlementaire, ou sur démission volontaire de sa part. Bref, le Président ne peut plus se défaire du Premier ministre cohabitant, dès lors qu'il l'a nommé. Sauf à en appeler au peuple, par la dissolution de l'Assemblée ou en démissionnant lui-même de son mandat et en se représentant aussitôt – autre hypothèse improbable tant qu'il reste sous le coup du désaveu populaire qui a provoqué l'alternance législative et la cohabitation…

De la même façon qu'il a dû se résigner à nommer le Premier ministre cohabitant dont le nom lui était soufflé par la nouvelle majorité parlementaire, le président de la République a évité de contester, ou d'ailleurs d'approuver, les choix du nouveau Premier ministre pour la composition du gouvernement. Sauf pour les postes touchant à la défense et à la politique étrangère, domaines où il revendiquait le maintien de ses pouvoirs. Pour le reste, c'est-à-dire la majorité des portefeuilles, le gouvernement n'était plus son gouvernement mais celui du Premier ministre cohabitant – la « cohabitation » étant à ses yeux « coexistence », mais certainement pas connivence. Ce qu'il a manifesté, de façon symbolique, en refusant de poser sur le perron de l'Élysée, en 1986 et en 1993, pour la photo traditionnelle du nouveau gouvernement. Tout était en place pour permettre au nouveau pouvoir issu des urnes de faire sa politique, sous l'œil critique d'un Président qui ne pouvait l'en empêcher.

François Mitterrand, cependant, avait promis de n'être pas « inerte » durant cette épreuve et, de fait, il a su utiliser toutes les ressources qui lui restaient pour sauvegarder la dignité de sa fonction et faire entendre sa différence. L'essentiel de son pouvoir résiduel, en la circonstance, se concentrait dans le domaine de la défense et des relations extérieures, de fait des ambiguïtés de la Constitution et des pouvoirs reconnus au président de la République en matière de défense nucléaire. Ambiguïtés du texte constitutionnel qui fait du Président le « chef des armées » et le président des conseils et comités supérieurs de la défense nationale dans son *art. 15*, et du Premier ministre le « responsable de la défense nationale » (*art. 21*), tandis que le gouvernement « dispose […] de la force armée » *(art. 20)*. Pouvoirs reconnus au Président en vertu du fait que selon *l'art.* 5 de la Constitution il est le « garant de l'indépendance nationale, de l'intégrité du territoire, du respect des accords de communautés et des traités » – ce qui fait de lui le recours suprême de la Nation en cas de menace grave et immédiate *(art. 16)* ; en raison, surtout, du caractère nucléaire de la défense française, qui exige l'unité, la rapidité, la légitimité du décideur suprême et avait conduit le général de Gaulle à faire attribuer au président de la République, seul élu de tout le peuple français, le pouvoir de donner l'ordre d'engager la force nucléaire nationale (*décret du 14 janvier 1964*). Aucun des deux Premiers ministres cohabitants de François Mitterrand ne lui contesta ce pouvoir. Comment lui dénier, dès lors, celui de décider en dernier lieu des orientations de la politique de défense, notamment nucléaire ? Jacques Chirac puis, de façon plus timide, Édouard Balladur, s'y essaieront. En vain. Il leur faudra renvoyer après l'élection présidentielle et la fin de la cohabitation leurs projets dans ce domaine. Il est vrai que l'acceptation du pouvoir nucléaire du Président par son opposition devenue majorité est singulièrement facilitée par le *consensus* régnant entre majorité et opposition sur la défense de la France. La cohabitation eût été beaucoup plus difficile, sinon impossible, du temps où les socialistes et François Mitterrand étaient hostiles à la force de frappe nucléaire indépendante nationale.

En politique extérieure le maintien des pouvoirs présidentiels est moins assuré qu'en défense, bien que la Constitution attribue au Président de la République la négociation et la ratification des traités, ainsi que le droit d'être informé de toutes négociations tendant à la conclusion d'un accord international non soumis à la ratification (*art. 52*) ; la tradition républicaine, de plus, a reconnu au chef de l'État, bien avant la Ve République, un rôle important de représentation de la France à l'extérieur. Jacques Chirac et Édouard Balladur, comme Premiers ministres cohabitants, n'ont cependant pas manqué de créer à Matignon une cellule diplomatique, revendiquant un pouvoir qu'en temps normal le Premier ministre, sous la Ve République, abandonne au chef de l'État. Et se sont imposés dans les sommets internationaux, aux côtés du Président. Ils se sont mêmes saisis de l'essentiel de l'initiative en matière de négociations économiques (comme celles du GATT en 1993), de dossiers brûlants comme ceux du terrorisme et des otages français (en 1986-88), ou encore de politique européenne. Quand le Premier ministre et le président de la République poussent dans le même sens et parlent d'une même voix les choses, bien entendu, en sont facilitées. C'est le plus souvent le cas en politique extérieure.

En politique intérieure, la marge de manœuvre du Président cohabitant est extrêmement réduite. François Mitterrand, du temps de la première cohabitation, avait joué d'une omission des constituants de 1985, qui n'avaient pas fixé de délai pour la signature des ordonnances par le Président *(art. 13)*, alors que celui-ci ne dispose que de quinze jours pour signer et promulguer une loi *(art. 10)*. Le chef de l'État avait pu ainsi refuser plusieurs ordonnances normalement prises par le gouvernement Chirac, en vertu de l'*art. 38* * de la Constitution – ordonnance sur les privatisations le 14 juillet 1986, ordonnance sur la réforme électorale le 2 octobre et ordonnance sur l'aménagement du temps de travail, le 17 décembre. Un geste symbolique, dans la mesure où il suffisait que le gouvernement reprenne son texte sous forme de projet de loi pour qu'il soit adopté, à l'aide de l'*art. 49.3*, en urgence et sans débat, par l'Assemblée nationale et que le président de la République soit contraint de la promulguer, après l'avoir à peine retardé mais hautement critiqué. Une satisfaction que ne lui donnera pas le second gouvernement de cohabitation, fort de cette expérience, en évitant d'utiliser la procédure des ordonnances.

Dans les multiples domaines de politique intérieure, où le contreseing impose un partage des pouvoirs entre Président et Premier ministre, la cohabitation – pour des raisons de rapports de forces politiques plus que des considérations constitutionnelles – inverse le sens de la primauté politique habituelle : au lieu de profiter au Président le partage des compétences bénéficie au Premier ministre cohabitant. C'est ainsi que pour les nominations aux emplois civils et militaires, le Président cohabitant se garde d'empêcher le Premier ministre de choisir ses candidats aux postes clés de l'administration et des entreprises du secteur nationalisé, se contentant de veiller à ce que des emplois convenables soient donnés aux partants. Lors de décision plus sensibles – comme la révision de la Constitution, le référendum, la convocation du Parlement en session extraordinaire – le Président négocie également sa signature avec prudence et retenue et obtient, parfois, des succès, comme le refus de la mise à l'ordre du jour d'une session extraordinaire du Parlement, en juillet 1993, du projet de révision de la loi Falloux, ce qui a permis, ultérieurement, la mobilisation militante qui devait conduire à l'échec de ce projet du gouvernement Balladur. Mais le plus souvent la volonté du Premier ministre l'emporte – comme pour la révision de la Constitution à propos du droit d'asile, et le Président ne peut que marquer son désaccord sans empêcher le gouvernement d'agir. Il suffit, pour s'en rendre compte, de recenser les changements de politique imposés par les gouvernements de cohabitation

Sous Jacques Chirac, en 1986-88 : vague de privatisations ; libération des prix des produits industriels et des services ; suppression du contrôle des changes ; réduction des impôts et des dépenses publiques, suppression de l'impôt sur les grandes fortunes ; rétablissement du scrutin majoritaire pour l'élection des députés ; contrôle plus sévère de l'immigration ; renforcement des moyens policiers de lutte contre la criminalité et le terrorisme ; nouvelles lois sur la presse et l'audiovisuel etc. Sous Édouard Balladur, en 1993-94 : réforme du Code de la nationalité française ; réforme des régimes des retraites et, plus généralement, des régimes de sécurité sociale ; remise en cause du préaccord agricole du GATT ; révisions de la Constitution sur la Haute Cour de justice, le Conseil suprême de la magistrature, puis le droit d'asile ; durcissement du contrôle de l'immigration ; reprise des privatisations ; lois-programmes sur le travail, l'emploi et la formation professionnelle ; nouveau statut de la Banque de France, etc.

Au bout du compte le pouvoir du Président cohabitant, en politique intérieure, se ramène à un pouvoir d'influence sur l'opinion, par l'exercice continu de la critique de l'action gouvernementale du haut de sa position élyséenne. Lors des Conseils des ministres, le Président exprime, suivant une savante gradation, ses réserves et ses désaccords que son porte-parole s'empresse de rendre publics – il y a deux porte-parole de l'exécutif en période de cohabitation, l'un à l'Élysée et l'autre à Matignon, au lieu d'un seul à l'Élysée en période normale. Pouvoir du verbe non négligeable puisqu'il avait permis au président de la République, François Mitterrand, lors de la première cohabitation, de redresser sa cote de confiance à l'écart du pouvoir (de − 19 : 38 % confiance/57 % pas confiance en octobre 1985 et − 5 : 45 %/50 % en février 1986 à la veille de l'alternance à + 21 : 59 % confiance/38 % pas confiance en avril 1988 à la fin de celle-ci, selon la SOFRES) ; alors que son rival à l'élection présidentielle, le Premier ministre Jacques Chirac subissait au contraire l'usure du pouvoir (+ 14 : 57 % confiance/33 % pas confiance en avril 1986 ; − 10 : 43 % confiance/53 % pas confiance en avril 1988).

On oppose volontiers la première cohabitation, de 1986 à 1988, cohabitation « dure » entre François Mitterrand et Jacques Chirac, à la deuxième cohabitation, de 1993 à 1995, cohabitation « pacifique » entre François Mitterrand et Édouard Balladur. La différence des situations, plus que le caractère des personnes, explique le changement de style d'une cohabitation à l'autre. En 1986 F. Mitterrand était potentiellement candidat à sa succession et disposait du soutien d'une opposition encore puissante (32 % des voix, 216 députés pour le PS, 44 % des voix, 251 députés pour l'ensemble de la gauche) ; et J. Chirac était son adversaire déclaré. En 1993 F. Mitterrand n'est plus candidat à sa succession et le Parti socialiste a entraîné la gauche dans une défaite historique (19 % des voix, 67 députés pour le PS ; 32 % des voix, 91 députés pour l'ensemble de la gauche), ce qui laisse peu de chances à l'opposition pour l'élection présidentielle de 1995. Dans ces conditions il était difficile, pour F. Mitterrand, de rejouer le rôle du Président cohabitant intraitable qu'il avait si bien tenu la fois précédente.

Les commentateurs politiques ont souvent tiré de l'analyse des jugements de l'électorat sur la première cohabitation que les Français étaient favorables à la formule, qui satisfaisait un besoin de *consensus* politique chez eux, et que, du coup, la présidence de la République en serait changée, qu'elle passerait selon les termes d'Alain Duhamel (*Le Monde*, 6-7 juillet 1987) de la « Présidence absolue » des années 1958-1986, puis

« "ligotée" sous la cohabitation » à une « Présidence relative », plus modeste, moins impériale. Il est fort possible que la « dérive monarchique » de l'institution présidentielle après de Gaulle, dénoncée par Jacques Chirac (*Une nouvelle France*. Réflexions 1, 1994 : 74), soit corrigée à l'avenir. Il est douteux que le modèle cohabitationniste crée un « nouveau Président ». Dans l'esprit des Français, si l'on analyse de près les sondages, la cohabitation est placée sous le signe de l'ambiguïté. Ils se rendent compte que c'est le Premier ministre qui gouverne, alors que la pratique des institutions de la Ve République les a convaincus que c'est le président de la République qui doit gouverner. Ils acceptent la cohabitation et récusent toute crise institutionnelle, mais comme un pis-aller, faute de mieux dans les circonstances du moment car ils aspirent au retour à la normale, c'est-à-dire à la coïncidence entre majorité parlementaire et majorité présidentielle. La popularité du Président cohabitant, bien qu'artificielle parce que politiquement hétérogène (les électeurs de la nouvelle majorité lui savent gré de laisser gouverner le gouvernement, les électeurs de l'opposition de critiquer et gêner le gouvernement), crée un climat négatif pour le Premier ministre et le gouvernement de la majorité. La Constitution de 1958 permet la cohabitation ; F. Mitterrand, en la subissant par deux fois dans le respect des règles constitutionnelles et des droits de la majorité démocratique, l'a en quelque sorte rendue légitime et praticable. Mais ni lui ni ses Premiers ministres cohabitants n'ont voulu ni pu en faire un modèle, un idéal de gouvernement. La cohabitation demeure une solution d'exception, faute de mieux.

Les contrepoids au pouvoir majoritaire

Dans un système parlementaire bicaméniste traditionnel, la Chambre Haute sert naturellement de contrepoids au pouvoir majoritaire qui s'exprime à travers la Chambre basse élue au suffrage universel direct. Ce n'est

pas toujours le cas du *Sénat* sous la Ve République.
Hostile à l'élection du président de la République au
suffrage universel direct – parce qu'elle était fatale au
parlementarisme – et furieux – au point d'accuser le
pouvoir de « forfaiture » – de la façon dont elle avait été
obtenue, en octobre 1962, en passant par-dessus le Parlement, le Sénat, de 1962 à 1969, avait été le refuge de
l'opposition au général de Gaulle et à sa majorité à
l'Assemblée nationale. Il avait activement contribué au
départ du Général, en avril 1969, en faisant campagne
pour le *non* au référendum qui visait, notamment, à le
diminuer en le réformant. Sous la présidence de Georges
Pompidou, en 1969-74, et de Valéry Giscard d'Estaing, en
1974-81, par contre, le Sénat – chambre naturellement
modérée pour ne pas dire conservatrice, du fait de son
élection par de grands électeurs pour la plupart élus du
monde rural – a cessé d'être un véritable contrepoids au
pouvoir majoritaire. Il s'est contenté de jouer son rôle
utile de relecture et d'amélioration des lois transmises par
l'Assemblée nationale en faisant passer entre 900 et 1 000
amendements l'an. L'adoption des textes par accord entre
les deux Assemblées est redevenue la règle ; le recours à
la Commission mixte paritaire prévue par la Constitution
pour régler à l'amiable leurs différents *(art. 45)* n'a plus
été nécessaire que dans moins de 20 % des cas et
l'absence d'accord à ce stade, qui laisse le dernier mot à
l'Assemblée nationale, a été tout à fait exceptionnel
(moins de deux par an). Mais lorsqu'il a été confronté,
avec l'alternance de 1981, à une majorité de gauche dans
l'autre Assemblée, le Sénat a retrouvé son sens critique
durant les cinq années pleines de pouvoir de la gauche : la
proportion des commissions mixtes paritaires est montée à
38 % et le nombre moyen, annuel de textes adoptés contre
la volonté du Sénat, en vertu de la suprématie de l'Assemblée nationale, a atteint 28 (plus du quart de la totalité des
lois promulguées). On ne s'étonnera pas que la gauche,
comme de Gaulle avant elle, ait l'envie, sinon les moyens,
de réformer le Sénat. Quoi qu'il en soit, en l'absence d'un
contrepoids impartial de ce côté, la minorité politique et
les minorités sociales ne peuvent compter, pour les
protéger d'excès éventuels du pouvoir majoritaire, que sur

les juges – le juge constitutionnel d'abord, le pouvoir judiciaire plus largement.

Le Conseil constitutionnel

Dans le système politique français, la loi constitutionnelle est supérieure à la loi ordinaire. Sa révision, d'ailleurs, passe par une procédure beaucoup plus exigeante que celle de la loi ordinaire ce qui lui assure un caractère consensuel : adoption par les deux Assemblées en termes identiques (l'Assemblée nationale ne pouvant imposer sa volonté au Sénat, qui dispose d'un droit de veto) ; approbation par référendum sous certaines conditions, ou par l'Assemblée nationale et le Sénat, réunis en Congrès, à la majorité des trois cinquièmes des suffrages exprimés *(art. 89)*. La loi ordinaire peut être faite par une majorité parlementaire, la loi constitutionnelle ne peut l'être normalement, sauf raz de marée électoral comme en mars 1993, que par une coalition dépassant la majorité politique du moment pour atteindre la majorité qualifiée des trois cinquièmes. De ce fait la Constitution peut énoncer des règles du jeux politique qui soient acceptables par l'opposition comme par la majorité ; elle sert également de garantie pour l'opposition et les minorités de toutes sortes quant à leurs droits. Encore faut-il que la conformité des lois ordinaires à la Constitution soit vérifiée et, si besoin, rétablie. Les Républiques antérieures n'y avaient pas pourvu. La Constitution de 1958 a comblé cette lacune en créant pour cela le Conseil constitutionnel – équivalent français de la Cour suprême des États-Unis ou du Tribunal constitutionnel fédéral d'Allemagne.

Les neuf membres du Conseil constitutionnel sont nommés pour neuf ans et renouvelés par tiers par le pouvoir politique – 3 par le président de la République (dont le Président du C.C.), 3 par le président de l'Assemblée nationale, 3 par le président du Sénat – sans compter les anciens présidents de la République qui en font partie de droit à condition d'avoir renoncé à la politique active *(art. 56 et 57)*. Cette nomination politique a deux effets. Elle rend plus acceptables – pour les gouvernements – les décisions des juges constitutionnels que s'ils étaient issus du pouvoir judiciaire, s'ouvrant directement au reproche de « gouvernement des juges ». Le renouvellement par tiers, tous les trois ans, introduit en outre un certain décalage entre la majorité parlementaire du moment et la tendance présumée du Conseil constitutionnel, appréciée d'après celle des personnalités qui ont nommé chacun de ses membres. Olivier Duhamel a ainsi calculé que la composition du Conseil constitutionnel s'est trouvée à majorité de droite en 1981-86, sous la gauche ; à majorité de gauche en 1993, sous la droite. L'indépendance des juges constitutionnels, dans tous les cas, est assurée par le fait qu'une fois nommés ils sont irrévocables pour la durée de leur mandat, non renouvelable, de neuf longues années.

Outre le contrôle de la régularité des élections nationales – élection présidentielle, élection législative, élections sénatoriales, référendums, et du respect des règles relatives au financement des campagnes électorales, la tâche essentielle du Conseil constitutionnel est de se prononcer sur la constitutionnalité des lois, des règlements des Assemblées parlementaires *(art. 61)* et des engagements internationaux *(art. 54)* ; il se prononce de façon systématique dans un nombre limité de cas, mais le plus souvent et, notamment, pour les lois ordinaires, seulement lorsqu'il est saisi avant leur promulgation par le président de la République, le Premier ministre, le président de l'Assemblée nationale ou le président du Sénat – ou encore, depuis l'importante révision constitutionnelle du 28 octobre 1974 – par 60 députés ou 60 sénateurs *(art. 61)*. Conçu au départ pour protéger le pouvoir exécutif contre d'éventuels débordements parlementaires, et, de fait, conformiste et faiblement actif durant les quinze premières années de son fonctionnement (il a été saisi neuf fois seulement en quinze ans), le Conseil constitutionnel a ensuite changé de nature pour devenir le défenseur des libertés et le garant de l'État de droit face au pouvoir majoritaire. Sa première manifestation d'autonomie a eu lieu le 16 juillet 1971 quand le Conseil a déclaré inconstitutionnelle la disposition centrale de la loi Marcellin sur la réforme du régime des associations. Le gouvernement, pour lutter contre la multiplication d'associations « gauchistes » après 1968, voulait remplacer la délivrance automatique du récépissé d'enregistrement d'une association, selon la loi de 1901, par une déclaration préalable, l'autorité judiciaire, saisie par les préfets, étant chargée de dire la validité ou non de l'association concernée. Pour la première fois le Conseil constitutionnel se désolidarisait d'un projet politiquement important de l'exécutif ; de plus, il invoquait, pour justifier sa décision, le Préambule de la Constitution et sa mention des « principes fondamentaux reconnus par les lois de la République, afin de protéger une liberté – la liberté d'association – contre la loi. Il poursuivra dans ce sens, invoquant désormais non seulement la Préambule de la Constitution et les principes fondamentaux de la République, mais aussi la déclaration des droits de l'homme pour assurer la protection des libertés individuelles et politiques contre les empiétements du législatif. La seconde raison du changement de rôle du Conseil constitutionnel est la réforme de sa saisine, effectuée le 29 octobre 1974 à l'initiative du président de la République, Valéry Giscard d'Estaing. En accordant à 60 députés ou 60 sénateurs le droit de déférer une loi au Conseil constitutionnel, cette réforme a fait de celui-ci le recours de l'opposition parlementaire contre la majorité. D'un seul coup le rythme des saisines s'est accéléré : le Conseil constitutionnel avait été appelé à contrôler la constitutionnalité de neuf lois ordinaires en quinze ans, avant la réforme ; il en contrôlera désormais une dizaine par an – les plus significatives politiquement. C'est ainsi qu'en 1981-85 l'opposition de droite obtiendra contre la majorité de gauche 34 annulations, dont 2 totales, du Conseil constitutionnel et qu'en 1986-88 l'opposition de gauche en obtiendra autant contre la majorité cohabitante de droite. Depuis 1974, avec plus de 300 décisions du Conseil constitutionnel, la constitutionnalité de la plupart des lois importantes – aide publique aux partis politiques avortement, décentralisation, loi électorale, médias, nationalisations/privatisations, notion de « peuple Corse » etc.

– a été vérifiée, avant leur promulgation et à l'initiative de l'opposition, par le Conseil constitutionnel.

Les décisions du Conseil constitutionnel sont sans appel et toute disposition d'un texte de loi, d'un règlement d'Assemblée, d'un traité – déclarée inconstitutionnelle par lui ne peut être promulguée ni mise en application *(art. 62)*. Le pouvoir exécutif, dans cette situation, n'a le choix qu'entre deux solutions pour rétablir la conformité entre les dispositions incriminées et la Constitution : ou bien les modifier en sorte qu'elles soient acceptables pour le Conseil constitutionnel – ce qu'il fait presque toujours ; ou bien engager la difficile et lourde procédure de révision de la Constitution pour rendre celle-ci compatible avec les dispositions annulées par le Conseil constitutionnel. Cette deuxième solution, exceptionnelle, semblait réservée jusqu'en 1993 aux engagements internationaux. C'est ainsi que le Conseil avait décidé, le 9 avril 1992, que la reconnaissance aux citoyens de la Communauté européenne du droit de vote et d'éligibilité aux élections municipales par le traité de Maastricht était contraire à la Constitution, ainsi que l'établissement d'une monnaie unique et la définition communautaire de la politique de visa dans la mesure où ils affectaient les conditions essentielles d'exercice de la souveraineté nationale. Une révision de la Constitution a donc été faite, le 25 juin 1992, préalablement à la ratification du traité de Maastricht par référendum. La révision constitutionnelle du 19 novembre 1993, sur l'exercice du droit d'asile, est d'une autre nature. Comme le souligne alors le Premier ministre, Édouard Balladur, « pour la première fois dans notre histoire, le pouvoir constituant se réunit pour permettre le vote et la promulgation d'une disposition législative censurée par le Conseil constitutionnel ». Le 13 août 1993, en effet, le Conseil constitutionnel avait déclaré non conforme à la Constitution huit dispositions du projet de loi Pasqua sur la maîtrise de l'immigration et les conditions d'entrée et de séjour des étrangers en France. Sous la pression du ministre de l'Intérieur et après avoir pris l'avis du Conseil de l'État, le Premier ministre avait entamé une révision de la Constitution. Celle-ci aboutissait, le 19 novembre 1993, à l'addition d'un article au titre VI de la Constitution, *l'art. 53.1*, pour permettre – contrairement aux décisions du Conseil constitutionnel – de refouler les demandeurs d'asile, en vertu des accords européens de Schengen, vers le pays de premier accueil dans l'Union européenne, autrement dit d'empêcher un demandeur d'asile ayant transité par un autre pays de l'espace Schengen de déposer une demande d'asile auprès de l'Office français de protection des réfugiés et apatrides (OFPRA). Au-delà de cet enjeu politique précis, le gouvernement et la majorité parlementaire entendaient donner un coup d'arrêt à ce qu'ils considèrent finalement comme une dérive du Conseil constitutionnel vers un « gouvernement des juges » : « Depuis que le Conseil constitutionnel a décidé d'étendre son contrôle au respect du Préambule de la Constitution – déclarait le Premier ministre – cette institution est conduite à contrôler la conformité de la loi au regard de principes généraux, parfois plus philosophiques et politiques que juridiques, quelquefois contradictoires et, de surcroît, conçus à des époques biens différentes de la nôtre » ; « certains, ajoutait-il, pensent même qu'il lui est arrivé de les créer lui-même » (*Le Monde*, 20 novembre 1993). Sortant de sa réserve, le président du Conseil constitutionnel, Robert Badinter, publiera une défense de ce contre-pouvoir en réponse à sa mise en cause par le pouvoir : « Nul ne disputera cette évidence : dans une démocratie, seul le Parlement a le pouvoir de faire la loi », reconnaissait Robert Badinter. « Pourquoi, ajoutait-il cependant, l'interprétation juridique de la majorité parlementaire devrait-elle dans tous les cas prévaloir en droit sur celle de la minorité, sauf à admettre l'axiome : "toute minorité a juridiquement tort parce qu'elle est politiquement minoritaire". Il faudrait alors supprimer tout contrôle de constitutionnalité et méconnaître par là les exigences de l'État de droit dans une démocratie » (*Le Monde*, 23 novembre 1993). État de droit ou gouvernement des juges ? La question n'est pas facile à trancher et la réponse ne peut être tout d'une pièce. Les défenseurs du Conseil constitutionnel dans sa fonction de contrepoids au pouvoir majoritaire font valoir qu'une minorité seulement – un peu plus d'un quart – de ses décisions est fondée sur une référence au Préambule de la Constitution, aux principes fondamentaux de la loi républicaine ou à la déclaration des droits de l'homme, la majorité l'étant sur les seuls articles de la Constitution, qui se prêtent moins à des constructions juridiques abstraites. Ils ajoutent que le Conseil constitutionnel est freiné par sa propre jurisprudence et que, n'importe comment, s'il peut empêcher le pouvoir politique de faire quelque chose il n'a pas le pouvoir de se substituer à lui et d'agir à sa place. Les esprits plus critiques peuvent néanmoins, sans remettre en cause le contrôle de constitutionnalité et ses vertus démocratiques, s'inquiéter de certains débordements du Conseil constitutionnel. Il est passé de l'interprétation des textes à celle de principes fondamentaux, voire à l'appréciation des situations et de l'opportunité d'une décision politique – en jugeant par exemple, contrairement au législateur, à propos de la loi Marchand de janvier 1992 sur la création de zones de transit dans les aéroports pour les étrangers démunis des papiers nécessaires, qu'une durée de rétention de 30 jours était « évidemment » trop longue. Ou en encadrant de plus en plus, par des conseils précis et circonstanciés, l'action d'un gouvernement qui s'autocensure pour n'être pas désavoué par le Conseil constitutionnel et d'un Parlement qui, selon le mot de François Léotard, « légifère sous l'ombre portée du Conseil constitutionnel ». Comme toute autorité indépendante et irresponsable le Conseil constitutionnel ne sait pas, de lui-même, jusqu'où ne pas aller trop loin. Le risque d'être publiquement désavoué par le pouvoir constituant, politiquement comme en novembre 1993, après avoir lui-même désavoué le pouvoir parlementaire et gouvernemental majoritaire peut constituer un garde-fou utile.

Les juges et la politique

Les Français de 15 ans et plus estiment que la punition est nécessaire, parce qu'elle forge le caractère (57 %) et force le coupable à réfléchir (64 %). Qu'il appartient aux parents de punir les enfants (94 %) et aux juges de punir les prévenus (76 %) ; que dans notre société on ne punit pas assez (65 %), qu'il faudrait rétablir la peine de mort (61 %). Et convient que la justice n'est pas égale pour tous, qu'elle est, notamment, d'une indulgence coupable (83 %) pour les hommes politiques (sondage SOFRES 14-21 juin 1991, *in* : SOFRES, *L'État de l'opinion : 1993*).

D'après la Constitution de 1958 l'indépendance de l'autorité judiciaire est garantie par le président de la République, assisté par le Conseil supérieur de la magistrature – présidé par lui, ou, en son absence, par le ministre de la Justice, étant entendu que les magistrats sont protégés par leur statut et que les « magistrats du siège » (les juges) sont inamovibles *(art. 64)*. La question est de savoir si ces dispositions suffisent à assurer l'indépendance de la justice vis-à-vis du pouvoir politique. Le rôle politique du président de la Ve République fait naturellement peser sur lui un soupçon de partialité qui s'accorde mal avec les pouvoirs dont il dispose, à travers le Conseil supérieur de la magistrature, sur la carrière des juges et du même coup, pour certains d'entre eux, sur leur comportement malgré leur inamovibilité et leur statut. Le fait que les procureurs et substituts – ou magistrats du « Parquet », qui représentent le Ministère public – soient placés sous l'autorité hiérarchique du ministre de la Justice, garde des Sceaux, crée par ailleurs un important pouvoir d'intervention politique dans la mise en mouvement de l'action publique, l'opportunité et le rythme des poursuites. L'existence, enfin, d'une juridiction d'exception – la Haute Cour (de Justice) – pour juger, le cas échéant, le président de la République (pour haute trahison) et les membres du gouvernement (pour crimes et délits commis dans l'exercice de leurs fonctions) laissait à craindre que la justice ne soit pas la même pour tous.

Une série de scandales politico-judiciaires, dans la dernière décennie, est venue nourrir les soupçons d'une justice politisée, d'une sorte d'impunité des hommes politiques et précipiter des réformes. Deux affaires ont eu, à cet égard, un retentissement particulier : l'affaire du « Carrefour du développement » et celle du « sang contaminé ».

L'association privée « Carrefour du développement »,
créée en 1983 par Christian Nucci, ministre (PS) de la
coopération, pour « sensibiliser l'opinion publique française sur le développement économique, scientifique,
culturel et technique des pays en voie de développement
dans le cadre des relations Nord-Sud », était, en réalité,
une organisation financée, généreusement, par l'État et
dirigée par un conseil d'administration comprenant,
notamment, le ministre lui-même, son chef de cabinet –
Yves Chalier – et le conseiller du président de la République pour les affaires africaines – Guy Penne. Ce qui
avait permis d'y gérer de façon occulte, hors des règles et
contrôles de la gestion de l'argent public, quelque
81 millions de Francs venus du budget de l'État – dont
26 millions détournés (plus de 6 millions en espèces). Le
ministre usait de ce moyen pour régler des dépenses politiques personnelles (dépenses électorales, cotisations au
parti, dépenses de représentation dans la ville de Beaure-
paire dont il était le maire) et son chef de cabinet s'en
servait pour des dépenses encore plus personnelles
(voitures, appartements, château). L'ancien chef du
cabinet, Yves Chalier, sera condamné à cinq ans de
prison. L'ancien ministre, Christian Nucci, bénéficiera
d'un non-lieu. Sa qualité de ministre, au moment des faits,
ne permettait de le juger que devant la Haute Cour de
justice. Il y fut bien déféré en décembre 1987 ; mais la
commission d'instruction, composée de cinq magistrats de
la Cour de Cassation, dut se résoudre à prononcer un non-
lieu, en avril 1990, compte tenu de l'amnistie votée par le
Parlement, le 6 décembre 1989, pour « passer l'éponge »
après l'adoption d'une nouvelle loi sur le financement et
le plafonnement des dépenses électorales, sur toutes
infractions commises avant le 15 juin 1989 en relation
avec le financement direct ou indirect des campagnes
électorales ou de partis. Les parlementaires étaient exclus
de l'amnistie, mais pas les ministres. Les magistrats,
choqués, assortirent le non-lieu dont ils faisaient bénéficier Christian Nucci d'un commentaire sans équivoque :
« auto-blanchissement ».

L'affaire du « sang contaminé », en 1992, devait
renforcer l'idée de l'impunité des hommes politiques dans

l'opinion publique. Le 23 octobre 1992, le docteur Garretta, ancien directeur du Centre national de transfusion sanguine, était condamné par le tribunal correctionnel de Paris à quatre ans de prison ferme et 500 000 francs d'amende, et deux autres co-inculpés à des peines moins sévères, pour « oubli des règles de déontologie médicale » lorsqu'ils avaient distribué aux hémophiles, en 1985, jusqu'à épuisement des stocks, des produits sanguins non chauffés infectés par le virus du Sida. Les représentants des victimes de cette conduite auraient voulu que l'accusation retienne le délit d'empoisonnement volontaire, pour que l'affaire fût jugée en cour d'assises, comme un crime. C'était – pensait-on alors – juridiquement impossible. Ils aspiraient également à ce que les ministres sous l'autorité desquels les médecins condamnés avaient travaillé – Georgina Dufoix, ministre des Affaires sociales ; Edmond Hervé, secrétaire d'État à la Santé, voire le Premier ministre de l'époque, Laurent Fabius –, soient inculpés et jugés. Ceux-ci s'estimaient, telle Georgina Dufoix, « responsables mais pas coupables » et cherchaient à éviter la Haute Cour, quitte à se résoudre, s'ils y étaient contraints, à l'accepter en déclarant avec Laurent Fabius, aux députés : « Je viens vous demander de m'accuser de fautes que je n'ai pas commises. » À tort ou à raison il apparaissait que l'élite politique, contrairement aux justiciables ordinaires, pouvait se soustraire à la justice. L'affaire rebondira en 1994 après la réforme constitutionnelle de la Haute Cour qui permettra d'engager une procédure contre les trois anciens ministres.

Les multiples scandales de financement politique dans lesquels étaient compromis de nombreux élus politiques, comme l'affaire Urba-Grecco, confortaient cette présomption d'inégalité devant la justice dans la mesure où le cours de la Justice semblait entravé par le ministre de la Justice. Des juges, choqués par la loi d'amnistie et soucieux de manifester leur indépendance, poussaient jusqu'au bout l'instruction des « affaires ». Le 7 avril 1991, par exemple, le juge Jean-Pierre Thierry, du Mans, tentait de perquisitionner à Paris dans les locaux de la société Urba-Grecco – société de financement clandestin du Parti socialiste – mais s'en trouvait empêché sur instruction du Parquet, pour procédure illégale – ce que la chambre criminelle de la Cour de Cassation infirmera par la suite. La corruption et la fuite devant la justice ne sont évidemment pas l'apanage du Parti socialiste. Tous les partis sont touchés, comme le montre Yves Mény dans son livre sur *La Corruption de la République* (Fayard, 1992). Mais tous n'ont pas les mêmes possibilités d'auto-défense que le parti dominant au pouvoir.

Après avoir accumulé maladresses et bévues, les responsables politiques, devant la montée de la condamnation des électeurs, se sont engagés dans la voie d'un assainissement de la situation. En réglementant les recettes et les dépenses politiques par les lois de 1988 et 1990. En réformant, surtout, les rapports entre justice et politique.

Par la réforme de la Constitution du 19 juillet 1993, la Haute Cour de justice – composée de membres élus en leur sein et en nombre égal par l'Assemblée nationale et le Sénat – est maintenue ; mais elle ne sert plus qu'à juger le président de la République en cas de haute trahison, après qu'il ait été mis en accusation par les deux assemblées statuant par un vote identique au scrutin public et à la majorité absolue des membres les composant (*art. 67 et 68*). Une Cour de justice de la République est créée pour juger les membres du gouvernement pour des actes accomplis dans l'exercice de leurs fonctions et qualifiés de crimes ou délits au moment où ils ont été commis. Cette Cour est composée de six députés et six sénateurs élus par leur Assemblée, plus trois magistrats du siège à la Cour de Cassation (dont le président de la Cour de justice de la République). La procédure n'est plus enclenchée par le vote, nécessairement politique, du Parlement mais par une « plainte » de « toute personne qui se prétend lésée par un crime ou délit d'un membre du gouvernement dans l'exercice de ses fonctions ». La plainte est examinée par une commission des requêtes, composée de magistrats qui décide de la suite à donner (*art. 68-1 et 68-2*). Protégée par les politiques la Haute Cour était pratiquement hors de portée des particuliers ; remise, pour toute la procédure, aux mains des magistrats la Cour de justice de la République permet désormais aux plaintes des citoyens contre des ministres d'être entendues.

La révision constitutionnelle du 19 juillet 1993 a également porté sur le Conseil supérieur de la magistrature. Il comportait avant la révision – outre le président de la République et le ministre de la Justice – neuf membres tous nommés par le chef de l'État sur des listes comportant trois fois plus de noms que de postes à pourvoir (trois membres de la Cour de cassation, trois autres magistrats, un conseiller d'État et deux personnalités extérieures à la magistrature). Il comprend désormais deux formations toutes deux présidées par le président de la République. Une pour les magistrats du siège – avec le président de la République et le ministre de la Justice – cinq magistrats du siège et un magistrat du Parquet, un conseiller d'État (probablement désignés par leurs pairs), plus trois personnalités extérieures à l'ordre judiciaire et au Parlement désignées par le président de la République, le président de l'Assemblée nationale, le président du Sénat. L'autre formation, pour les magistrats du Parquet, est composée de la même façon avec, simplement, une permutation du nombre des magistrats de chacune des catégories. Le président de la République perd donc l'essentiel de son pouvoir de nomination et le Conseil supérieur de la Magistrature se trouve largement dépolitisé. La formation pour le siège fait des « propositions » pour les nominations des plus hauts magistrats (Cour de cassation, premier président de cour d'appel, président de tribunal de grande instance), les autres étant nommés sur « son avis conforme ». La formation pour le parquet n'a pas son mot à dire pour les nominations les plus importantes, faites en Conseil des ministres (Procureur général près de la Cour de cassation ; Procureurs généraux près des cours d'appel) ; elle donne un simple « avis » pour les autres nominations. Le pouvoir politique semble avoir compris qu'il était de son propre intérêt comme de celui de la justice qu'il se détache de l'autorité judiciaire pour en faire véritablement un pouvoir indépendant et impartial. Le problème, désormais, dans les rapports entre justice et politique, est moins celui de l'indépendance du pouvoir judiciaire que celui des débordements de certains juges, sous les feux des médias, contre la gente politique.

CHAPITRE 10

LE RETOUR DU LOCAL ?
POUVOIR RÉGIONAL,
POUVOIR DÉPARTEMENTAL,
POUVOIR COMMUNAL

La critique de l'État

L'État est en crise. Il était pourtant valorisé dans la culture politique française, pour deux raisons essentielles : il avait historiquement précédé la naissance de la nation française. On peut même dire qu'il avait fait la nation, contrairement à l'Allemagne ou l'Italie, où il était apparu après la formation de l'unité nationale ; il représentait, de surcroît, dans une société profondément travaillée par ses divisions, une sorte d'arbitre impartial, de recours suprême, de porteur privilégié de l'intérêt commun des Français, de défenseur premier de l'intérêt national. Or voici que depuis une bonne décennie il n'est question en France que de « moins d'État », d' « État modeste », ou, dans le meilleur des cas, de « mieux d'État ». L'État-Nation est miné par le haut, avec la mondialisation des économies, l'internationalisation des marchés, la libéralisation et la déréglementation des échanges de devises, de capitaux, de main-d'œuvre, de marchandises et de services. Il est contesté par le bas, du fait d'une revendication forte d'autonomie de la part des acteurs économiques, de décentralisation des compétences et des responsabilités chez les acteurs politiques et administratifs. Ce renversement d'attitude vis-à-vis de l'État – en qui la gauche, en France, plaçait encore l'essentiel de ses espoirs en 1981 et que la droite nationaliste, dans la tradition gaulliste, voyait comme le garant de l'intérêt national et le meilleur défenseur du rang de la France dans le monde – peut s'expliquer par le cumul de plusieurs facteurs. Il y a, bien sûr, l'évolution des idées marquée par la crise du socialisme et la montée du néolibéralisme – économique, avec les penseurs monétaristes ; philosophique, avec les héritiers de Tocqueville qui pensent que « là où l'État est fort, la société est faible, la démocratie n'est pas profondément enracinée ». Mais les idées nouvelles sur l'État n'auraient pas eu en France un impact aussi fort si elles n'avaient paru recevoir la confirmation des faits au travers d'une double crise – économique d'abord, politique et administrative ensuite. Dans le domaine économique l'effondrement à l'Est de l'économie socialiste d'État, bureaucratique et planifiée, a donné à l'économie de marché une légitimité que ses défenseurs n'avaient osé imaginer avant 1989. Et la crise économique prolongée, qui frappe depuis 1973 les États à économie libérale, a marqué les limites des possibilités et des effets des interventions économiques de l'État : rareté des ressources publiques, après l'abondance des années de forte croissance ; montée souvent jugée excessive des prélèvements publics et sociaux sur les revenus des particuliers et des entreprises ; accroissement inquiétant de la dette publique. L'État entrepreneur a vendu ses entreprises nationales ; l'État meneur du jeu économique s'est effacé derrière les lois du marché ; l'État modernisateur et omniscient des « Trente Glorieuses » s'est largement recentré sur ses fonctions régaliennes : sécurité extérieure et intérieure, armée-police-justice, formation et enseignement, protection sociale. Encore son rôle de protection sociale a-t-il dû être revu à la baisse compte tenu de la nécessité de maîtriser les coûts galopants des systèmes de retraite, de santé et d'indemnisation du chômage institués par l'État providence en des temps meilleurs. Pour se rendre compte de l'ampleur du désengagement de l'État dans l'économie, il suffit de considérer la liste des entreprises privatisées par la droite en 1986-88, puis à partir de 1993 : Saint-Gobain, Paribas, Sogenal, Banques BTP, BIMP, CCF, Alcatel-Alsthom (ex.-CGE), Havas, Société Générale, TF 1, Suez, Matra sous la première cohabitation ; le Crédit local de France, la BNP, Rhône-Poulenc, Elf-Aquitaine, l'UAP et Bull, en attendant Renault et les AGF, sous la deuxième cohabitation. Après la vague de nationalisations de la gauche, en 1981-82 et avant les privatisations de la droite, le secteur public avait acquis une position largement dominante sur l'ensemble des activités économiques et financières. L'État avait le contrôle quasi total du crédit ; le monopole sur l'énergie ; la maîtrise des grands secteurs de base (84 % du chiffre d'affaires de la construction aéronautique, 80 % de la sidérurgie, 75 % des textiles artificiels et de l'armement, 63 % de la métallurgie et première transformation des métaux non ferreux, 54 % de la chimie de base, etc.) ; plus de 48 % du chiffre d'affaires des entreprises industrielles de plus de 2 000 employés et près d'un tiers de celui de l'ensemble des branches industrielles. Avec la réalisation de la seconde phase du programme de privatisations de la droite, telle qu'il a été prévu en 1993 et largement réalisé, la quasi-totalité des entreprises publiques du secteur commercial aura été rendue au secteur privé et ce sera la fin de l'économie mixte dont la gauche socialiste, après avoir renoncé à la socialisation totale des moyens de production et d'échanges, avait fait son idéal en matière de structures économiques.

Au-delà de son rôle, décroissant, dans la sphère économique et sociale, l'État a été contesté, ces dernières années, dans son fonctionnement même, dans sa façon de concentrer au sommet les responsabilités et prises de décisions, de traiter de haut citoyens et assujettis, bref dans son autorité.

Le mode de fonctionnement autoritaire et hiérarchisé de l'appareil d'État a été remis en cause aussi bien par des agents de l'État, soucieux d'être davantage reconnus et de pouvoir faire preuve d'initiative dans leurs missions plutôt que d'être considérés comme de simples exécutants, que par des citoyens, assujettis et usagers de l'administration publique, qui exigent d'être traités avec plus d'égards et attendent du service public un souci plus grand de la qualité de ses prestations. La lourdeur de l'appareil d'État – 2 millions et demi de fonctionnaires, soit un agent de l'État pour 22 Français contre 1 pour 103 en 1914, 1 700 milliards de dépenses par an – est souvent dénoncée. C'est ainsi qu'on dit volontiers que le ministre de l'Éducation nationale, avec plus d'un million d'agents, est à la tête d'une administration plus vaste que l'Armée rouge au temps de sa splendeur et de celle de l'URSS. La complexité de l'organisation des tâches, la multiplicité et l'anonymat des fonctionnaires compétents dans chaque domaine d'intervention de l'État, la paperasserie contribuent à rendre l'organigramme de l'État « illisible » et à entretenir le soupçon d'inefficacité, de gaspillage et d'irresponsabilité. Certains, comme dans l'Angleterre thatcherienne, ont cherché du côté de l'organisation et des façons de faire du secteur industriel privé un nouveau modèle pour le service public. Il s'agirait d'adopter, pour la gestion des administrations publiques, une approche « managériale » – substituant aux principes traditionnels d'anonymat, de neutralité, de contrôle *a priori* des dépenses, de gestion des carrières à l'ancienneté, de séparation étanche des fonctions de décision et d'exécution – les façons de faire du « privé » : fixation d'objectifs et passation de contrats ; système d'évaluation des résultats obtenus : rémunération et carrière au mérite. Michel Rocard, Premier ministre, avait lancé en 1989 une opération « renouveau du service public » dont les trois leviers devaient être l'évaluation permanente comme instrument majeur de gestion publique ; la responsabilisation des agents et des services, pour créer une « administration de responsabilité » – grâce à des dotations budgétaires globales en crédits de fonctionnement et aux « projets » de service, aux centres de responsabilité au sein des administrations ; l'identité, c'est-à-dire la définition claire, concertée, des missions de chaque service – par lettres de mission aux hauts fonctionnaires nommés en Conseil des ministres, par la déconcentration administrative. La plupart des responsables de l'administration, cependant, soulignent la difficulté de transposer les règles de gestion des entreprises privées à des administrations publiques de taille beaucoup plus grande, en général, et dont le seul critère d'efficacité n'est pas, pour l'essentiel, la rentabilité. Le 12 novembre 1993 Édouard Balladur, Premier ministre, a installé à son tour, devant l'ensemble des ministres réunis, une mission de rénovation de l'État (mission Picq) autour de ses missions essentielles : « sécurité et justice, protection des intérêts français dans le monde, défense nationale, gestion des finances publiques, harmonie du territoire, cohésion sociale, formation et culture des hommes, ainsi que soutien et régulation des activités économiques.

La nécessité fonctionnelle de rapprocher, chaque fois que possible, les décideurs des personnes et des lieux où sont appliquées les décisions peut être satisfaite de deux façons : par la déconcentration administrative et par la décentralisation de l'État. Dans la *déconcentration*, on transfère des pouvoirs de décision à des entités administratives locales – préfets, services territoriaux spécialisés de certains ministères – qui restent placées sous l'autorité hiérarchique de l'État central. La *décentralisation* va plus loin puisqu'il s'agit d'attribuer, aux dépens de l'État central pour l'essentiel, des compétences propres à des collectivités locales, élues, pour qu'elles les exercent indépendamment du pouvoir central. La déconcentration améliore le fonctionnement du pouvoir d'État sans toucher à sa nature ; la décentralisation redistribue le pouvoir entre le centre et la périphérie, permettant l'existence d'un véritable pouvoir local ou, comme disent les anglo-saxons qui le pratiquent depuis longtemps, d'un « gouvernement » local.

La décentralisation (lois Defferre, 1982-83)

La gauche est venue au pouvoir, en 1981, avec la promesse d'incarner le « changement » dans la politique. L'une des réformes les plus marquantes qu'elle ait effectivement menée à bien est sans aucun doute celle de la décentralisation dont on pourra dire, dix ans après, qu'elle représente « une des réformes décisives de notre histoire administrative » (Jean-Claude Thoenig), qu'elle a été à l'origine de la formation d'une « nouvelle classe politique locale » (Albert Mabileau) et qu'elle a finalement bénéficié d'un consensus parfois surprenant (Annick Percheron).

Ce n'est pas un hasard si elle a été l'œuvre de deux maires de grandes villes de province : Pierre Mauroy, Premier ministre, maire de Lille et Gaston Defferre, ministre d'État à l'Intérieur et à la décentralisation, maire de Marseille. Le premier déclara qu'il s'agissait de la « grande affaire de septennat ». Le second, qui eût préféré inverser son titre pour être vu comme ministre d'État à la décentralisation et à l'Intérieur, attacha son nom aux lois de décentralisation et d'abord à la loi du 2 mai 1982 sur « les droits et libertés des communes, des départements et des régions » – présentée et adoptée en Conseil des ministres moins de deux mois, promulguée neuf mois et demi seulement après sa prise de fonction – quitte à être complétée ensuite par les lois de janvier et juillet 1983 sur les compétences locales, de juillet 1985 sur l'urbanisme, sans parler des lois de 1984 et 1987 sur la fonction publique territoriale. Les « jacobins », jaloux défenseurs de l'unité de l'État au nom de l'unité de la Nation, s'inclinaient devant les « girondins », partisans des libertés provinciales et communales. La France de Gaston Defferre bousculait celle de Napoléon Bonaparte. Il est vrai que depuis plus d'une décennie le jacobinisme avait rendu les armes. Le général de Gaulle lui-même, dans un discours prononcé à Lyon le 24 mai 1968, n'avait-il pas déclaré : « L'effort multiséculaire de centralisation, qui fut longtemps nécessaire à notre pays pour réaliser et maintenir son unité, ne s'impose plus désormais. » L'échec de son référendum du 27 avril 1969 sur la régionalisation et la réforme du Sénat ne lui avait pas permis de développer sa politique dans ce domaine. Mais la droite était prête à accepter la décentralisation. Et à en tirer une large part des bénéfices électoraux et politiques.

La réforme Defferre s'appuie d'abord sur une nouvelle répartition des rôles politiques locaux, aux dépens des fonctionnaires représentant l'État (à commencer par les préfets) et au profit des élus locaux, donc des collectivités locales.

Le préfet du département cesse d'être l'exécutif du conseil général, de préparer notamment le budget départemental, pour être remplacé dans cette fonction par le président élu du conseil général. La région devient une collectivité territoriale, c'est-à-dire dirigée par un conseil élu comme l'étaient déjà le conseil général, au niveau du département, et le conseil municipal au niveau des communes. Et le préfet de région cesse d'être l'exécutif du conseil régional, au profit du président élu du conseil régional. Les présidents de conseils régionaux et de conseils généraux peuvent recruter leur propres agents administratifs et techniques pour les assister dans la gestion de leur collectivité territoriale. Au niveau des communes, les maires élus par leur conseil, comme le sont les présidents des conseils généraux ou régionaux, continuent de gouverner leur commune, avec des pouvoirs supplémentaires comme celui de signer eux-mêmes les permis de construire et de présider à l'élaboration du schéma directeur de l'aménagement urbain (SDAU) et du plan d'occupation des sols (POS) de leur cité.

Conséquence politique du transfert d'autorité des préfets aux grands notables locaux élus, les préfets n'exercent plus de tutelle administrative *a priori* sur les collectivités locales. Celles-ci, à tous les niveaux, sont désormais contrôlées *a posteriori* par les tribunaux administratifs et par des chambres régionales des comptes (sous l'autorité de la Cour des Comptes) sur le respect dans leur gestion de la légalité ainsi que des règles de la comptabilité publique – comme l'inclusion des dépenses obligatoires (induites par l'application d'un texte de loi) ou la règle générale selon laquelle leur budget ne peut pas être voté ni exécuté en déséquilibre ou en retard. Ce contrôle ne peut en aucun cas porter sur l'opportunité des décisions librement prises par les collectivités locales. Et pour assurer l'autonomie de décision des collectivités locales, l'État s'est astreint à ne plus leur accorder d'aides financières au coup par coup, au vu de leurs projets, mais à globaliser son aide sous forme de dotations (dotations globales de fonctionnement, d'équipement, de décentralisation) dont chaque autorité locale fait l'usage qu'elle juge le meilleur. Il fallait sans doute, pour la réussite de la réforme, que l'État central décide lui-même d'amputer son pouvoir, de dépouiller ses représentants – les préfets – des attributions qui étaient les leurs depuis la Révolution et l'Empire pour que, selon la formule de Pierre Mauroy, le premier dans la région soit un enfant (élu) de la région, le premier dans le département un enfant (élu) du département, comme l'était le maire dans la commune. D'où le paradoxe de cette décentralisation décidée et octroyée d'en haut. On essayera même, pour jouer sur les symboles, de débaptiser les préfets, aboutissant à un mauvais compromis : « préfet, commissaire de la République ». L'usage reviendra vite au « Monsieur le Préfet » traditionnel. On ne change pas la langue par décret, ni même par la loi.

Les lois Defferre procèdent également à des transferts de compétences, de l'État vers les collectivités locales, avec affectation de ressources (en personnels et en moyens financiers) qui aboutissent à une nouvelle répartition des compétences entre les quatre échelons que constituent l'État, la région, le département et la municipalité. Le grand gagnant dans cette affaire, au départ tout au moins, sera le département – défendu par François Mitterrand et les nombreux conseillers généraux socialistes, aux dépens de la région. Il est vrai que la région, de création récente (à partir de 1956) et faute de s'être coulée, lors de son découpage, dans le moule pré-révolutionnaire des « provinces », faisait difficilement le poids, politiquement, face aux départements et aux communes hérités de 1789. Le principe du partage des compétences dicté par le pouvoir central est simple :

– *À la commune* d'être le gestionnaire de proximité, le pourvoyeur de services locaux, le responsable de l'urbanisme et de la planification des sols. Avec la responsabilité de l'aménagement intercommunal ; de l'eau potable, de l'assainissement, des ordures ménagères ; de l'hygiène et de prestations sociales facultatives ; des transports urbains ; de la construction et de l'entretien des écoles maternelles et primaires ; d'aides complémentaires directes ou indirectes à l'économie et au développement local.

– *Au département* les missions de solidarité locale pour parer les conséquences des carences du système communal, notamment dans les communes rurales. Avec des compétences particulières comme l'équipement rural ; l'aide à l'enfance, la protection maternelle, l'hébergement des handicapés, l'hébergement des personnes âgées, la prévention sociale et autres services sociaux ; les transports non urbains, scolaires notamment et le plan départemental des transports ; la construction et l'entretien des collèges.

– *À la région* enfin l'aménagement du territoire et le développement économique et social à son niveau, par la programmation et la coordination des initiatives et des actions. Ce qui lui donne un rôle spécifique comme pôle de recherche, de formation professionnelle continue et de développement économique ; comme lieu de décision, en partenariat avec l'État, en matière d'aménagement du territoire et de contrats de plans ; comme protecteur de l'environnement (parcs naturels régionaux, défense des sites et patrimoine, etc.) ; dans les transports la région est chargée des liaisons d'intérêt régional, dans l'éducation de la construction et de l'entretien des lycées et des établissements d'éducation spécialisés.

Un partage conçu rationnellement à partir de la définition de « blocs de compétences », mais difficile, parfois, à appliquer sur le terrain – l'exemple de la répartition des responsabilités dans l'éducation (maternelles et primaire aux communes, collèges au département, lycées à la région, universités à l'État central) constituant, à cet égard, un cas extrême. Et un partage qui n'a pas contribué à améliorer la « lisibilité » de l'administration, centrale et locale, en France.

La décentralisation à l'usage

Jean-Claude Thoenig, spécialiste français d'études administratives et de politiques publiques, estime qu'au-delà de certains effets pervers – sacre des grands notables locaux, inflation des bureaucraties locales, tentations trop souvent non repoussées de corruption politique, défausse de l'État sur les collectivités locales pour gérer la crise... – la décentralisation a produit des effets induits extrêmement positifs : « Elle libère des énergies, elle stimule la créativité, elle crée des situations nouvelles qui dépassent le cadre étroit des transferts alloués et des libertés octroyées. » Et de citer le style plus « managérial », moins notabiliaire des maires et présidents du conseil général ou régional ; l'élargissement spectaculaire des services offerts par les collectivités locales (offres publiques en matière de culture, de sport, d'aide économique, de communication ; signature d'accords de coopération avec d'autres pays, etc.) ; la concurrence entre collectivités locales et la formation d'alliances pour des activités diverses, dont l'aide aux petites communes rurales ; la multiplication des contrats avec l'État – et la pression sur ses services extérieurs et centraux pour qu'ils se modernisent ; une plus grande transparence politique des débats et décisions sur les enjeux locaux ; le développement imprévu de la région (*Pouvoirs* 60, 1992 : 7-9). Yves Mény, autre spécialiste français des politiques publiques, porte un jugement plus réservé sur la première décennie de la décentralisation. Réforme intelligente, certes, dont les objectifs ont été atteints, voire dépassés, avec l'accroissement effectif des compétences, des ressources et de l'autonomie des collectivités locales, bref l'émergence d'un pouvoir local. Mais la décentralisation a donné naissance à un véritable « tribalisme local », qu'Yves Mény décrit ainsi : « Une forte homogénéité de la communauté constituée autant contre les autres qu'autour de valeurs propres ; un chef incontesté bénéficiant généralement d'une exceptionnelle longévité politique ; une faible participation des "sujets" qui ne sont guère admis au rituel politique qu'une fois tous les cinq ou dix ans ; des mœurs politiques qui tendent à la confusion des intérêts personnels ou de parti avec ceux de la collectivité publique. » Bref « la République des fiefs », un pouvoir sans contre-pouvoirs (idem : 17-24). Deux vues opposées que l'un des pionniers des études du pouvoir local en France, Albert Mabileau, relativise à juste titre en rappelant que la décentralisation n'a que dix ans dans un pays qui a été jacobin deux siècles durant ; qu'elle en est encore au statut de l'adolescence par les changements qu'elle a pu induire, que nous sommes dans une période transitoire où se mêlent la continuité et le changement :

« Si "le changement est irrésistible", parce qu'il confie
par exemple le pouvoir de décision aux élus, la continuité
est aussi manifeste avec le maintien des structures territo-
riales et la présence des mêmes acteurs » (Mabileau,
1991 : 153-154).

Les lois Defferre, en effet, n'ont pas touché à la structure des niveaux du pouvoir local, au découpage territorial
administratif de la France, ni procédé à la réforme fiscale
nécessaire pour redéfinir la fiscalité locale. Gaston
Defferre avait besoin du soutien des 500 000 élus locaux
pour faire passer sa réforme de l'État ; il n'était donc pas
question pour lui de s'en prendre à leurs bases de pouvoir.
C'est d'ailleurs grâce à ce lobby des élus locaux, fortement représentés à l'Assemblée nationale et au Sénat par
le jeu du cumul des mandats, que la décentralisation de
1982-83 a résisté aux pressions constantes de l'administration centrale et aux tentatives successives des gouvernements visant à la remettre en cause à la faveur de tel ou
tel projet du pouvoir central. Pierre Joxe, lors de son
retour à l'Intérieur en 1988, avait voulu mettre de l'ordre
dans les mécanismes de coopération communale – son
successeur Philippe Marchand a renoncé à toute forme de
contrainte en ce domaine, au nom de l'autonomie des
communes. Pour lutter contre la corruption politique
Pierre Bérégovoy, ministre de l'Économie et des
Finances, voulait rendre aux préfets un pouvoir de
contrôle préalable sur la légalité des conditions de passage
des marchés publics ; il a dû se contenter d'un droit de
surveillance *a posteriori* plus conforme à l'esprit des lois
Defferre. Michel Delebarre, ministre de la Ville, doit de
même renoncer, en 1991, à confier aux préfets la charge
de veiller à ce que les programmes locaux d'habitation
respectent un équilibre et une diversification sociale. Mais
il réussit à faire adopter une loi de péréquation financière
entre communes riches et communes pauvres pour
financer la rénovation interne dans les banlieues chaudes.
Charles Pasqua, de même, dans son projet d'aménagement
du territoire, devra tenir compte de la révolte des maires
de grandes villes contre les empiétements de l'État.

La France, contre toute rationalité financière et administrative, est donc toujours le seul État unitaire, non

fédéral, d'Europe à posséder 4 niveaux d'administration – l'État, 26 régions, 100 départements et, surtout 36 527 communes dont près d'un tiers de moins de 200 habitants, la moitié de moins de 350 habitants, les trois quarts de moins de 1 000 habitants, si bien que plus de la moitié de la population française vit dans 835 villes, soit 0,4 % des communes de France. Une myriade de municipalités que ne sauraient entamer les mesures financières incitatives de l'État, comme les avantages donnés par la loi du 6 février 1992 aux communautés de villes et aux communautés de communes qui acceptent de se fédérer volontairement pour l'aménagement de l'espace et le développement économique. D'où une sur-administration, un gaspillage des deniers de l'État et une pression fiscale renforcée, un jeu de compétences compliqué et opaque, qui conduisent à un système de pouvoir local à deux vitesses avec d'un côté des centres urbains véritablement doués d'autonomie et de l'autre de vastes zones rurales vivant dans la dépendance de leur conseil général, au niveau du département, voire des services locaux de l'État central, malgré la décentralisation.

La région avait été désavantagée par les pères de la décentralisation au profit du département, pour des raisons de clientélisme politique autant que par crainte qu'une autonomisation trop réussie des régions ne menace à la fois le pouvoir central et l'unité nationale. Elle s'est, à l'usage, imposée comme échelon important d'action politique. Elle a été adoptée par les Français, qui la trouvent plus proches d'eux que l'État central, l'estiment très crédible et lui prédisent un grand avenir parce qu'elle concilie le besoin affectif de racines communautaires et le besoin rationnel de modernité socio-économique. Le fait régional bénéficie de la nécessité d'un échelon intermédiaire entre l'État et l'Union européenne d'un côté, le micro-local communal et départemental de l'autre. Les 22 régions métropolitaines dépensaient 7,8 milliards de francs en 1982 et 31,5 milliards – quatre fois plus – en 1988. Leur budget de 1989 était en hausse de 18 % sur l'année précédente, celui de 1991 en hausse de 16 % sur 1989. Elles consacrent 65 % de leur budget à des dépenses d'investissement et 35 % à des frais de fonctionnement, un rapport inverse à celui que l'on constate dans les communes. Leurs investissements bénéficient d'abord à l'enseignement (les lycées surtout) et à la formation (42 %), aux transports et communications (17 %), au développement économique, rural et urbain (12 %). L'éducation est « leur vitrine », comme titre *Le Monde* (5 mai 1992). En cinq ans, entre 1981 et 1986, l'État avait construit 60 lycées. En six ans, entre 1986 et 1992, les 22 régions métropolitaines en ont construit 220, sans parler de ceux qu'elles auront rénovés. Du coup les élus RPR-UDF, depuis 1993, pressent le gouvernement de transférer aux régions la responsabilité des filières de formation professionnelle liées à la politique nationale de l'emploi et de traitement social du chômage. Et l'État les incite à construire dans le secteur universitaire, sans revendiquer pour autant un droit de regard sur la politique des universités qui reste de son ressort.

Les 26 régions, cependant, ne sont-elles pas trop nombreuses, donc trop petites, pour faire le poids, dans leur rôle d'animation économique, face aux 10 *Länder* de l'ancienne République fédérale d'Allemagne, aux 17 Communautés d'Espagne, aux 20 régions d'Italie ? Les modernisateurs, depuis longtemps en France, rêvent d'un redécoupage régional pour créer 10 à 12 super-régions. Les obstacles politiques à une telle réforme sont formidables.

La fiscalité non plus n'a pas été réformée en profondeur pour s'adapter à la décentralisation. Les sommes gérées par le pouvoir local, cependant, sont considérables. En 1991, par exemple, le budget des collectivités atteignait 700 milliards de francs, soit 54 % du budget de l'État (1 280 milliards, dont 18,5 % reversés aux collectivités locales). Leurs emprunts atteignaient 61 milliards de francs (9 % de leurs recettes) et leurs remboursements 52 milliards (8 % de leurs dépenses). Elles employaient 1,2 millions d'agents, qui ont obtenu par la loi du 26 janvier 1984 sur la fonction publique territoriale les mêmes droits et garanties que les fonctionnaires d'État. La fonction publique territoriale crée plus de 12 000 emplois de fonctionnaires ou contractuels chaque année. Or les collectivités locales vivent pour l'essentiel des quatre « vieilles » taxes directes que sont la taxe professionnelle, la taxe d'habitation, la taxe sur le foncier bâti et la taxe sur le foncier non bâti : elles représentent 81 % des recettes fiscales des collectivités locales (90 % pour les communes, 60 % pour le département, 50 % pour la région). S'y ajoutent des impôts indirects (19 % des recettes fiscales locales), souvent transférés par l'État pour compenser les charges liées aux transferts de compétences qu'il a consentis : la vignette automobile, la taxe départementale de publicité foncière, les droits d'enregistrement pour le département (40 % de ses recettes fiscales) ; les taxes sur les cartes grises, la taxe additionnelle des droits de mutation, la taxe sur le permis de conduire pour la région (50 % de ses recettes fiscales) ; des taxes indirectes diverses pour les communes (10 % de leurs recettes fiscales). Reste, outre les emprunts, la contribution de l'État, sous forme de dotation globale de fonctionnement (DGF), indexée sur l'évolution des prix à la consommation des ménages ; de dotation globale d'équipement (DGE) et de dotation générale de décentralisation (DGD) – 239 milliards de francs en 1991 – pour compenser l'insuffisance des transferts fiscaux par rapport au coût des transferts de compétences de l'État aux collectivités locales.

Ce « bricolage » budgétaire n'est pas sans poser de problèmes. De l'avis général les quatre « vieilles » mériteraient d'être revues et modernisées, notamment la taxe professionnelle sur les entreprises – qui pénalise l'emploi et introduit une grande inégalité d'une collectivité à l'autre. Les collectivités locales reprochent de surcroît à l'État de transférer plus volontiers les compétences que les ressources financières, accroissant sans cesse la part des dépenses obligatoires dans le budget des collectivités locales, sans compensations financières suffisantes. Elles critiquent également le fait que c'est l'État central, par l'intermédiaire des agents et des comptables du Trésor, qui collecte les impôts de collectivités locales et gère leurs fonds, les plaçant à son profit. La transparence des recettes et dépenses locales, par ailleurs, laisse beaucoup à désirer. Les impôts locaux ont fortement augmenté avec la décentralisation – de façon inégale selon les niveaux d'administration locale : très fortement au niveau des groupements de communes ; de façon plus modeste à celui des communes (qui tirent 40 % seulement de leurs ressources de l'impôt, 32 % de la contribution de l'État et 15 % de l'emprunt) de même qu'au niveau départemental (où le conseil général vit à 51 % de l'impôt, 37 % de l'État et 9 % de l'emprunt) ; fortement, enfin, à l'échelon de la région (qui doit compter à 54 % sur l'impôt, 30 % sur l'État, 11 % sur l'emprunt). Le contribuable perçoit mal la répartition de la manne fiscale entre ces niveaux, ce qui limite singulièrement la responsabilité politique, électorale, des divers gestionnaires locaux. Quant aux dépenses, du fait de la pratique des financements croisés (part de l'État + part de la région + part du département + part de la commune) la responsabilité de l'autorité qui commande la dépense se dilue, quitte à ce qu'elle s'en attribue ensuite l'unique mérite. L'inégalité considérable des moyens et ressources d'une collectivité locale à l'autre, enfin, pose le problème d'une péréquation qui renvoie à l'État et risque du même coup de jouer contre la décentralisation. À moins d'un redécoupage plus rationnel des activités locales, dont les notables politiques ne veulent pas.

Les lois Defferre, en supprimant le contrôle *a priori* des décisions des collectivités locales, avaient instauré un contrôle *a posteriori* de légalité et de gestion financière. Qu'en est-il advenu ? Le contrôle des comptes des collectivités locales par les chambres régionales des comptes a bien fonctionné. Elles rendent plus de 30 000 jugements annuels, adressent plus de 1 200 communications aux ordonnateurs et administrations et formulent près de 1 000 avis de contrôle budgétaire. Elles ont recours, quand il le faut, à la contrainte – inscription d'office d'une dépense obligatoire, règlement par arrêté d'un budget non voté ou en déséquilibre par exemple ; mais elles préfèrent agir préventivement, par le dialogue et la pédagogie. Elles ne se contentent pas de vérifier la régularité des dépenses et recettes ; elles examinent et, le cas échéant, dénoncent ouvertement la gestion publique locale.

Le contrôle de légalité des actes locaux fonctionne nettement moins bien. Il est exercé sur recours des préfets – auxquels les actes locaux sont obligatoirement transmis

– par les tribunaux administratifs, ce qui avait suscité au départ, chez les élus, la crainte d'une « tutelle » des juges. Il n'en a rien été : les recours ne représentèrent en 1989 que 0,32 % des actes transmis (dont plus d'un quart seront abandonnés en cours d'instance). Un chiffre à rapporter au nombre des observations émanant des services administratifs de l'État sur la légalité des actes locaux qui est 80 fois plus élevé que celui des recours et porte sur 2,5 à 3 % des actes transmis. Cette faible importance du contrôle de légalité traduit une volonté des préfets de faire respecter les lois sans entrer en conflit, dans toute la mesure du possible, avec les élus – ce qui serait mal vu du ministère de l'Intérieur et tendrait les rapports entre la préfecture et les autorités locales du lieu. Les référés préfectoraux, dès lors, se limitent habituellement aux irrégularités absolument scandaleuses. Pour le reste préférence est donnée au dialogue et à la régulation pré-contentieuse. Le Conseil d'État, dans son « Rapport public 1993 », s'est inquiété de cet état de choses au point d'appeler à un « moratoire » dans la décentralisation, sur le rapport de Jean-Michel Bélorgey, pour permettre « l'élimination de l'insécurité juridique ressentie par nombre d'acteurs et nombre d'usagers ». Faute de moyens humains, faute de pouvoir suivre le rythme des réglementations, les indispensables contrôles budgétaires et de légalité des quelque cinq millions d'actes des collectivités locales transmis chaque année aux préfets sont impossibles. Et le Conseil d'État de souligner que sans vouloir remettre en cause le principe de libre administration des collectivités locales, ce principe « trouve ses limites dans un certain nombre d'autres principes, de portée également constitutionnelle, avec lesquels doit être assurée une conciliation, tels que les principes d'indivisibilité de la République, de continuité de l'État et du service public, d'égalité devant le service public, d'égal accès aux fonctions publiques ». La décentralisation, en somme, a échappé à ses instigateurs.

CHAPITRE 11

LE POUVOIR D'INFLUENCE :
« ÉNARCHIE » ET NÉO-CORPORATISME ?

Dans une démocratie plus encore que dans les autres types de régime tout le monde fait pression sur le pouvoir politique. Les individus en quête de faveurs ou d'un redressement de torts commis, selon eux, à leur encontre prennent contact avec un élu, notamment le député de la circonscription, par écrit ou lors de l'une de ses permanences, faisant ainsi de lui une sorte de défenseur, voire d'assistante sociale ; ou s'adressent, plus souvent qu'on ne le croît, au président de la République ; ou bien encore saisissent, depuis qu'il a été créé en 1972, le médiateur, intercesseur institué entre les administrés et l'administration publique. Les groupes d'intérêts font pression sur le pouvoir, c'est même leur raison d'être. Les auxiliaires du pouvoir, à commencer par les hauts fonctionnaires, jouent de leur influence. C'est dire le vaste champ et le caractère multiforme que prend le pouvoir d'influence – pouvoir souvent négatif (empêcher de faire), à base de persuasion et/ou de menaces, implicites ou explicites. Pour s'y retrouver dans cette complexité, il vaut mieux partir du constat que les ressources politiques de ceux qui cherchent à influencer les décideurs politiques sont inégales, que certaines pressions ont donc plus de chances d'aboutir que d'autres et que les groupes de pression organisés sont les mieux lotis dans ce domaine.

L' « Énarchie » ? Un mythe

Il faut traiter à part la question de l'influence des hauts fonctionnaires sur les gouvernants. Leur qualité et leur nombre dans les entourages politiques, leur réussite au sommet de l'État quand ils décident de faire le saut de la haute administration à la politique professionnelle font de la Vᵉ République, en un sens, la « république des fonctionnaires »[1]. De là à conclure que ce sont les énarques qui la gouvernent, il y a un pas qu'on ne saurait franchir pour plusieurs raisons. Pour passer de l'autre côté de la barrière, du côté politique, le haut fonctionnaire doit faire la preuve de ses capacités proprement politiques, en se faisant élire à l'Assemblée nationale comme Jacques Chirac en 1967 par exemple. Il lui faut troquer la neutralité, l'anonymat, l'irresponsabilité, la sécurité propres à la fonction publique contre l'engagement, la personnalisation, la critique publique permanente de ses dires, faits et gestes, l'insécurité de la carrière politique. Et faire ses preuves dans le métier politique où le choix idéologique d'objectifs prioritaires, le jugement d'opportunité, le gouvernement des hommes, la capacité de communiquer, le caractère et l'art du commandement comptent autant, sinon plus, que la maîtrise technique de dossiers complexes. Parmi les anciens de l'ENA, ou d'autres secteurs de la fonction publique, certains y parviennent, d'autres pas. Les cabinets ministériels, antichambres de la politique professionnelle, servent bien souvent, à cet égard, de lieu d'évaluation et de sélection des futurs politiciens parmi les énarques. Autrement dit un homme politique, fût-il issu au départ de la haute administration, est d'abord un politicien.

Mais le politicien qui vient de la haute administration a l'avantage sur celui qui vient d'ailleurs d'en connaître les arcanes et les façons de faire, de pouvoir parler son langage, d'y avoir des amis et relais. Bref, il a de fortes

---

1. Cf. ci-dessus, chapitre 7.

chances quand il est appelé à des fonctions ministérielles, de dominer l'appareil administratif plutôt que d'être dominé par lui. Surtout sous la Ve République où la durée de vie politique des gouvernements et de la plupart des ministres donne sa chance à l'homme politique et enlève aux fonctionnaires désireux de sortir de leur rôle l'alibi d'assurer la continuité de l'État dans le vide de l'autorité politique.

Dans l'entourage des décideurs politiques, dont ils se font à la fois les protecteurs – en filtrant l'accès à leur patron et souvent les intermédiaires au sein de leur propre administration et vers les autres lieux de pouvoir, usant de leur rôle de conseil juridique et technique, les hauts fonctionnaires des cabinets ministériels ont à coup sûr un pouvoir d'influence. Ils n'ont pas le pouvoir, même par personne interposée. Rares sont les hauts fonctionnaires sous la Ve République qui peuvent se vanter d'avoir joué un rôle décisif dans leur domaine comme ce fut le cas, par exemple, sous la IVe République, de la politique de l'énergie nucléaire. Vincent Wright, spécialiste britannique des politiques publiques en France, tout en notant l'influence de quelques hauts fonctionnaires à certains postes clés – tel Jérôme Monod quand il dirigeait la Direction à l'aménagement du territoire (DATAR) entre 1968 et 1975, François Bloch-Lainé à la tête de la Caisse des dépôts (1952-67), tel directeur des prix au ministère des Finances... – écarte la thèse de « l'Administration au pouvoir ». Si tel était le cas, fait-il remarquer, pourquoi les plus ambitieux et les plus capables des énarques se reconvertissent-ils à la politique ? Pourquoi tant d'autres pantouflent-ils pour refaire une carrière dans l'industrie et les finances ? Comment expliquer le « malaise » de la fonction publique ? En réalité les fondateurs de la Ve République ont voulu renforcer l'administration de l'État tout en la subordonnant au pouvoir politique et l'influence de l'administration est limitée par ses propres divisions internes et sa faible efficacité du fait de la lourdeur de sa bureaucratie. Comme Vincent Wright, Jack Hayward – autre spécialiste reconnu des politiques publiques en France – conclut dans son étude classique de la France « Une et indivisible » que « l'omniprésence des élites

administratives ne doit pas être confondue avec leur omni-
potence » (Hayward, 1983 : 121).

La pression des groupes d'intérêts

Dans la culture politique française les groupes d'intérêts n'ont pas bonne presse, contrairement à d'autres
cultures – anglo-saxonnes notamment – où ils sont volontiers reconnus comme utiles pour le système démocratique. La gauche traditionnelle tend à dénoncer le pouvoir
de l'argent, incarné par de nombreux groupes de pressions, quitte à dire l'utilité des groupes de « défense » des
travailleurs contre les patrons, des petits contre les gros.
La droite nationaliste s'inquiète de la pression des intérêts
particuliers, du pouvoir des « féodalités ». L'une et l'autre
se retrouvent volontiers dans l'idée que l'État, en charge
de l'intérêt commun, doit être défendu contre la pression
des intérêts organisés. Jean Meynaud, pionnier des études
sur les groupes de pression en France, s'étonnait ainsi des
différences de ton des politologues eux-mêmes sur le
sujet, selon le pays : « Les auteurs français, écrivait-il,
sont généralement critiques et sévères. Il n'en va pas de
même en Grande-Bretagne où, pourtant, les groupes de
pression jouissent d'une puissance au moins aussi forte
que dans n'importe quel autre pays. » De fait, à cette
époque, le politologue français Georges Lavau parlait des
« méfaits » des groupes en France et attendait des études
« scientifiques » dans le domaine qu'elles dégagent des
moyens efficaces de renforcement de l'indépendance
gouvernementale face à leurs pressions. Et, au même
moment, le politologue britannique J.D. Stewart disait
l'excellence d'un système dans lequel le politique avait
l'autorité et les moyens nécessaires pour résister aux pressions des groupes et les représentants des intérêts le
pouvoir d'exprimer leurs vues face aux décideurs qui
affectaient directement leur sort. Il est vrai que depuis les
années 1960 la gauche française a découvert avec le
pouvoir, en 1981-93, les vertus de l'entreprise et que le

gaullisme, au contact de l'Europe et de ses alliés UDF, est devenu moins intraitable sur les « féodalités ». Sans compter l'affaiblissement du Parti communiste, de la CGT et du marxisme qui a changé le style des pressions, rendant celles-ci beaucoup plus acceptables, voire imitables par d'autres catégories sociales que la « classe ouvrière ». Ou encore la mise en question de l'État, qui a quelque peu miné sa légitimité face à la « société civile » et à ses associations volontaires. Il reste que les études sur les groupes de pression en France, après la floraison du début des années 1960, ont été pratiquement abandonnées et qu'il aura fallu qu'un spécialiste américain, Frank Wilson, s'y intéresse pour que, vingt-cinq ans après, les analyses de Jean Meynaud soient remises à jour et renouvelées.

On peut définir le groupe de pression comme toute association volontaire d'individus et, le cas échéant, de groupes, librement et durablement organisés à différents niveaux (transnational, national, local – par spécialité et/ou géographiquement), pour la promotion et la défense d'un intérêt commun auprès d'entités politiques. Contrairement aux associations politiques ou parapolitiques, comme les partis ou les clubs politiques, il ne cherche pas à assumer le pouvoir politique mais à influencer ses décisions.

Il existe presque autant de typologies des groupes de pression que de spécialistes. Certaines sont purement descriptives, comme celle de Jean Meynaud (1962), dans son inventaire des groupes de pression français : organisations patronales (grandes et petites entreprises) ; agricoles ; de défense de la propriété ; des professions libérales ; des travailleurs (syndicats) ; d'étudiants ; d'anciens combattants ; féminines, familiales et sociales ; à buts idéologiques ; religieuses ; interprofessionnelles. Le foisonnement des groupes, l'apparition et la disparition des intérêts représentés selon l'époque, ont tôt fait de rendre ces annuaires inutiles parce que dépassés par l'évolution des choses et sans grande valeur explicative. Frank Wilson (1987) dresse un tableau plus fonctionnel des groupes de pression français, en distinguant :

– Les groupes professionnels (directement liés au

système économique), comme les syndicats, les organisations patronales, les organisations agricoles et les organisations des professions libérales.

– Les groupes de défense non professionnels : anciens combattants, étudiants, parents d'élèves, organisations familiales, mouvements de femmes.

– Les groupes de défense d'un intérêt public : association de consommateurs, associations de défense de l'environnement, etc.

Il exclut, à juste titre, de l'univers des groupes de pression les groupes d'intérêts institutionnels comme les grandes entreprises nationales (EDF, SNCF...), les grands corps de la fonction publique, les organisations d'élus locaux, etc. Tous font bien entendu pression sur l'État ; mais ils font partie de l'État et sont donc d'une autre nature que les groupes des trois autres types. Leur existence nous rappelle cependant un fait important mais souvent oublié : l'État, objet de toutes les pressions, n'est pas un ; il n'est donc ni tout à fait solidaire ni totalement cohérent dans ses prises de décision.

La typologie de Frank Wilson s'inspire de distinctions éclairantes faites par d'autres spécialistes avant lui. L'opposition, d'abord, entre groupes de défense d'intérêts matériels (groupes d'intérêts au sens propre du terme) et groupes de défense d'une cause morale (groupes d'idées), proposée par Samy Finer dès 1958 et reprise, sous une autre forme, après lui : groupes catégoriels contre groupes d'attitudes (Harry Eckstein, 1960) ; groupes d'intérêts sectoriels contre groupes de défense d'une cause (Allen Potter, 1961) ; groupes économiques contre groupes non économiques ou sociaux (Stanislas Ehrlich, 1971) ; groupes institutionnalisés, solidement organisés contre groupes *ad hoc*, constitués autour d'un enjeu (Paul Pross, 1986). Les premiers – les groupes d'intérêts matériels, plus ou moins liés au système économique – sont souvent les mieux organisés, les mieux dotés en moyens, les meilleurs connaisseurs de l'appareil d'État, donc les plus efficaces. Les seconds – groupes au service d'une cause – font souvent figure d'amateurs à côté des autres, ce qui ne les empêche pas d'obtenir, par d'autres moyens, certains résultats. Les uns et les autres, contrairement à la mytho-

logie sur la toute-puissance des groupes de pression,
connaissent plus d'échecs que de réussites. Une autre
distinction stimulante porte sur les rapports entre les
groupes de pression et les décideurs politiques sur qui ils
exercent leur pouvoir de persuasion ou de contrainte. Il
s'agit de l'opposition faite par Joseph la Palombara (1964)
entre relations de parentèle et relations de clientèle.
Lorsque des rapports privilégiés, pour des raisons de
parenté idéologique, s'établissent entre des groupes de
pression, comme certains syndicats, et le pouvoir politique, lorsqu'il est, dans cet exemple, exercé par la
gauche, on parlera de « parentèle ». Si les décideurs politiques, au contraire, choisissent leurs interlocuteurs privilégiés, pour des raisons d'efficacité, parmi les groupes de
pression les plus représentatifs, indépendamment de leurs
affinités politiques, on parlera de « clientèle ». Ce genre
de distinctions nous situe au cœur du sujet du point de vue
politique : la nature des rapports entre le pouvoir et les
groupes, les modalités de l'exercice du pouvoir de décision et du pouvoir d'influence. On peut chercher, en
s'inspirant de Frank Wilson, l'explication de ces rapports
suivant trois grands modèles proposés par des spécialistes : le modèle marxisant des luttes, le modèle pluraliste
de la concurrence ouverte, le modèle – plus récent – du
néo-corporatisme. Aucun d'eux ne rend compte totalement de la réalité mais tous trois contribuent à l'éclairer.

Le modèle protestataire des « luttes » :
le cas des syndicats

Il a longtemps caractérisé les rapports, en France, entre
les organisations ouvrières et de gauche – syndicats
notamment – et l'État. Fondé sur l'idée marxiste d'un
antagonisme fondamental, d'une différence de nature
inconciliable entre les intérêts des groupes capitalistes,
des exploiteurs, de « leur » État et ceux de la classe
ouvrière, des travailleurs, de la masse des exploités, il
conduit au rejet de tout ce qui peut faire penser à une

collaboration de classe (négociation et marchandages permanents, représentation et cogestion, etc.) et à la valorisation des « luttes », de la pression ouverte, du style protestataire. Dans cette optique on ne discute pas sans avoir établi au préalable un rapport de forces favorable et tout avantage consenti par l'État ne peut être que le résultat direct de la pression exercé sur lui. D'où un cycle assez caractéristique des relations sociales en France : refus de participer par souci de préserver son identité révolutionnaire, côté groupes ; autoritarisme du pouvoir, contraint d'imposer d'en haut – par la loi – les réformes nécessaires, côté État ; explosions sociales soudaines, brutales et de courte durée (juin 36, mai 68...) par besoin d'ajustement périodique. Les grandes grèves, comme celles des mineurs en 1963, des sidérurgistes lorrains en 1984, des cheminots fin 1986-début 1987, de Peugeot en 1989, ou, mieux encore, la combinaison grèves/manifestations de masses (juin 36, mai 68) sont l'apogée de l'action et deviennent, après coup, des grands moments de la « mémoire » militante.

Le problème est que ce modèle n'a jamais été adopté par l'ensemble des associations représentatives des travailleurs – d'où une division d'origine idéologique et politique du mouvement syndical, cause de faiblesse permanente. Et que, de surcroît, il est de moins en moins perçu comme légitime avec la crise actuelle du syndicalisme et l'affaiblissement du marxisme.

Aux origines du syndicalisme de salariés français se trouve le pacte de 1902 entre la *Confédération générale du travail* (la CGT, fondée en 1885) et la Fédération des Bourses de travail (constituée dès 1892). La CGT incarnait alors l'anarcho-syndicalisme, révolutionnaire, car anticapitaliste et hostile à tout pouvoir d'État, mais aussi ouvriériste, individualiste, donc « apolitique » c'est-à-dire opposé aux partis politiques, partis socialistes compris, et méfiant vis-à-vis de toute forme de récupération et de centralisation, de bureaucratisation du mouvement des masses. Une idéologie qui la poussait vers le modèle protestataire des luttes et qui privait les partis de gauche de la base ouvrière syndicale dont allaient bénéficier, pour leur développement, le socialisme britannique ou allemand. Les Bourses de travail, lieux autonomes et décentralisés de discussion, d'information, de formation syndicale et centres de mutualité apportaient le souci pratique et l'expérience concrète d'une action professionnelle – compensant le manque de réalisme du syndicalisme anarcho-révolutionnaire, voué à l'action directe et à la grève générale. Avec la Première Guerre mondiale, puis la révolution bolchevique, l'opposition entre les fidèles de l'apolitisme révolutionnaire syndical et les marxistes, partisans de l'unité d'action entre parti ouvrier et syndicat d'une part, l'opposition entre syndicalistes révolutionnaires et réformistes d'autre part, conduisent à l'éclatement de la CGT. Il se produit au lendemain de la scission de décembre 1920 du parti socialiste SFIO entre communistes et socialistes. Côté parti la majorité communiste avait quitté la « vieille maison » socialiste ; côté syndicat les communistes sont la minorité et, expulsés de la CGT, vont constituer en décembre 1921 la *Confédération générale du travail unitaire* (CGT - U), qui adhère à l'Internationale syndicale rouge en 1923. Le syndicalisme français, qui se voulait autonome par rapport à la sphère politique, va suivre, dès lors, les évolutions des partis de gauche : réunification de la CGT avec le Front populaire entre socialistes et communistes en 1936 ; nouvelle scission de la CGT en 1947, au début de la guerre froide entre l'Est et l'Ouest – les communistes prenant cette fois la maîtrise du syndicat tandis que la minorité non communiste, devenue réformiste mais restée hostile à l'engagement derrière un parti, crée la *CGT-Force ouvrière* (CGT-FO ou FO). Il faut encore ajouter à ces deux branches ennemies du syndicalisme ouvrier le réseau chrétien-social, constitué dès décembre 1919 en *Confédération française des travailleurs chrétiens* (CFTC), laïcisée par sa majorité en novembre 1964 sous le nom de *Confédération française démocratique du travail* (CFDT), la minorité gardant, bien entendu, la vieille maison et son sigle. Sans parler des syndicats autonomes, dont la puissante *Fédération de l'Éducation nationale* (FEN), qui avait refusé la scission de 1947 avant de la connaître, à retardement, en octobre 1992. C'est dire l'éclatement, pour causes idéologiques, du syndicalisme de salariés français, dominé et affaibli par la politique alors qu'il se croyait assez fort pour se passer d'elle que ce soit pour faire la révolution ou pour réformer la société et défendre les travailleurs. Dans les dernières décennies Force ouvrière, la Fédération de l'Éducation nationale, la CFTC maintenue, ainsi que la Confédération générale des cadres ont constitué un pôle de syndicalisme apolitique, en rupture toutefois avec la tradition anarcho-syndicaliste dans la mesure où il n'est plus révolutionnaire mais réformiste. Face à eux la CGT, proche du Parti communiste, adepte comme lui de la « lutte des classes », et la CFDT, plus indépendante, pour qui le syndicalisme est porteur d'un « projet de société », ont maintenu un idéal de révolution sociale, mais de façon fort différente. La CGT dans une complète orthodoxie marxiste jusqu'à ce que, tout récemment, le déclin accentué du Parti communiste lui donne des velléités d'autonomisation. En 1981, lors de l'élection présidentielle, elle avait soutenu publiquement le candidat communiste, Georges Marchais ; en 1988 elle n'avait plus donné de consigne de vote précise, son secrétaire général (qui est également membre de la direction du Parti communiste) se contentant d'une déclaration publique sibylline probablement favorable au candidat communiste André Lajoinie : « Nous ne récusons aucune ressemblance ou convergence pourvu qu'elles soient vraies. Les divergences ne sont pas non plus sans signification. » Lors du remplacement à sa direction d'Henri Krasucki par Louis Viannet, en janvier 1992, la CGT a été jusqu'à débattre de son indépendance dans un désir évident de se démarquer du PCF qui risque de l'entraîner dans sa chute. Elle demeure cependant l'adepte le plus convaincu du syndicalisme protestataire des luttes, dans une optique marxiste orthodoxe.

L'évolution de l'autre syndicat de transformation sociale, la CFDT, est plus complexe. En 1974, lors de l'élection présidentielle, elle s'était mobilisée dès le premier tour pour le candidat d'union de la gauche, François Mitterrand ; en 1978, après la défaite inattendue de la gauche aux élections législatives, elle a choisi le « recentrage » – autrement dit une certaine prise de distance vis-à-vis des partis politiques, l'abandon de toute idée de « parentèle » ; en 1981, elle s'est contentée de faire des vœux circonspects pour l'élection d'un Président de gauche et en 1988 elle n'a donné aucune consigne de vote. La CFDT, en fait, tente de capter et traduire des aspirations nouvelles susceptibles de servir à la modernisation du syndicalisme sans lui ôter sa force de transformation sociale. C'est ainsi qu'elle a successivement vanté la rénovation des partis politiques par les « forces vives » venues des corps intermédiaires de la société, à commencer par les syndicats ; puis l'autogestion avant mai 1968. Après son « recentrage » de 1978, elle a prôné le dialogue, plutôt que l'affrontement systématique, avec le pouvoir en place quels que soient sa couleur politique, le réalisme des revendications et une démarche contractuelle. Elle sortait ainsi clairement du modèle des « luttes », allant même jusqu'à déclarer la grève archaïque dès lors qu'elle n'était pas employée comme ultime recours. Quand les socialistes, avec Laurent Fabius en 1984, ont choisi la rigueur monétaire et la modernisation des entreprises, la CFDT, contrairement à la CGT mais aussi à FO, les a soutenus. Nullement hostile aux créations d'emplois précaires, favorable au partage du travail, à la promotion au mérite plutôt qu'à l'ancienneté, à l'enrichissement des tâches, elle cherche à promouvoir des revendications qualitatives plutôt que les demandes habituelles d'augmentations de salaires. Elle incarne ainsi, non sans difficultés avec sa base, la modernisation syndicale contre la défense, coûte que coûte, des « acquis sociaux ». Elle préfère sacrifier certains de ceux-ci, s'il le faut, pour assurer le plein emploi et sauver le régime de retraites.

Déjà miné par l'absence d'accord entre syndicats révolutionnaires traditionnels, comme la CGT, et modernisateurs, telle la CFDT, sans parler de la force des syndicats réformistes dans le style FO, le modèle des « luttes » syndicales face au pouvoir a été encore affaibli par la désyndicalisation des années 1980 et 1990.

Selon René Mouriaux (1993, p. 358-359), le taux de syndicalisation approximatif, déjà faible en France, est tombé de 17,6 % en 1978 à 9,6 % en 1988 ; dans le même temps le nombre d'adhérents déclarés par la CGT chutait de 2 192 000 à 918 000, celui de la CFDT de 806 000 à 447 000, tandis que celui de FO montait de 680 000 à

1 000 000 – la plaçant devant la CGT. Évolution confirmée par celle des suffrages recueillis par les listes syndicales lors des élections aux comités d'entreprise. Déclin de la CGT qui attirait plus d'un votant sur deux en 1966 (50,8 %), 41,5 % en 1976, 27,1 % en 1986 et moins d'un sur quatre (24,9 %) en 1990 ; stabilité de la CFDT à 19-20 % ; progression de FO de 8 % en 1966 à 12,8 % en 1990 ; forte montée des listes de non-syndiqués, de 12 % en 1966 à 26,6 % en 1990. Cette crise du syndicalisme peut s'expliquer de différentes façons. Le rejet, d'abord, de l'engagement révolutionnaire ou même politique des syndicats qui vingt ans plus tôt dominaient la scène syndicale – la CGT mais aussi la CFDT, au profit des syndicats « neutres » politiquement (FO, CFTC) et des collectifs de non-syndiqués. C'est, selon le mot de Pierre Rosanvallon, la « désacralisation », la banalisation du syndicalisme qui tend à devenir une « forme parmi les autres de la représentation des intérêts ou de l'expression des réalités vécues ». Selon un sondage SOFRES de novembre 1992, 50 % des salariés (51 % de l'ensemble des Français) seulement font confiance à l'action des syndicats pour la défense de leurs intérêts (SOFRES, *L'État de l'opinion 1994* : 264-65).

La crise économique a accentué la désyndicalisation. La désindustrialisation – en frappant surtout les grandes entreprises nationales (mines, sidérurgie, métallurgie...) qui étaient les viviers du syndicalisme ; le travail précaire et à temps partiel – en attirant de nouvelles catégories de travailleurs peu portées à se syndicaliser –, le chômage, enfin, ont tous contribué aux difficultés de recrutement des syndicats. Les conflits du travail, dans ce contexte, se sont raréfiés, surtout dans le secteur privé. Dans les années 1970 le nombre de journées individuelles perdues, pour cause de grève, était de 25,3 millions par an en moyenne ; il n'est plus que de 12,9 millions dans les années 1980. Même quand il y a des grèves, les organisations syndicales cessent de présider aux « luttes », des « collectifs » de grévistes se constituent pour négocier directement avec les représentants de la direction dans l'entreprise ou la branche. Bref les luttes sociales ne sont plus ce qu'elles étaient.

Le modèle pluraliste
de la libre concurrence des intérêts

Les pionniers des études de groupes d'intérêts, le politologue américain Arthur Bentley (*The Process of Government*, 1908) et son découvreur, David Truman (*The Governmental Process*, 1951) voyaient dans la multiplicité infinie des intérêts, incarnés en un foisonnement de groupes de pression libres de se former, de s'allier et se combattre, le principal ressort de la vie politique. Pour Bentley le « système politique » se définit ainsi comme « le processus d'ajustement d'un ensemble de groupes d'intérêts » en libre concurrence. La décision politique, le pouvoir, dans cette conception, est le résultat d'une sorte de parallélogramme des forces de pression – vision rousseauiste de la démocratie où l'individu serait remplacé par le groupe d'intérêts volontaire. Jean Meynaud, dans ses analyses des groupes de pression en France dans les années 1960, était fortement attiré, intellectuellement, par cette « idée d'une multiplicité des forces de pression agissant simultanément sur les organes de décision politique et dont les intérêts peuvent se combiner ou s'opposer de façon extrêmement variée ». Les alliances d'un jour, pour la défense et la promotion d'un intérêt commun contre la coalition de ses adversaires, se défont le lendemain, l'enjeu ayant changé, les partenaires potentiels n'étant plus les mêmes. Sur le marché des intérêts organisés, qui se confond – dans ce modèle – avec le marché politique démocratique tout entier, la concurrence est le seul régulateur réel, comme sur le marché économique libéral. Les groupes les plus forts – par le nombre de leurs membres, une solide assise financière, une bonne organisation, l'information et l'expertise dont ils peuvent disposer, le réseau de leurs relations, leur image sociale – sont évidemment les mieux placés pour l'emporter souvent ; mais les plus faibles peuvent compenser leurs handicaps en nouant des alliances. Les contacts individuels, réguliers, souvent informels, toujours discrets avec les décideurs politiques sont préférés aux actions de masse trop voyantes des groupes d'intérêts pour qui les luttes ont une grande valeur symbolique. Seul le résultat compte. L'État et ses représentants à tous les niveaux se cantonnent volontairement dans un rôle d'arbitrage, dans la logique libérale de l'État minimal.

Les Français étaient réputés rebelles à la participation à des associations volontaires, du fait de leur individualisme et d'une méfiance vis-à-vis de toute forme d'encadrement longtemps encouragée dans leur culture politique. Cela n'a pas empêché les groupes de pression de se multiplier dans les deux dernières décennies. Selon le Centre de recherche pour l'étude et l'observation des conditions de vie (CREDOC), 50 000 associations volontaires se créent chaque année, avec une chance de vie incertaine il est vrai. Le nombre total des associations effectivement actives, en 1984, se situait entre 500 000 et 600 000. Et l'on comptait pratiquement un Français adulte sur deux (49 %) parmi les participants au monde associatif. L'adhérent type est un homme actif, diplômé, plus souvent provincial que parisien, et les plus engagés – membres de plusieurs associations – sont plutôt des cadres. Il est clair que la plupart de ces associations ne sont pas des groupes de pression, encore qu'elles puissent le devenir à l'occasion sur un enjeu ponctuel impliquant une autorité politique quelconque. Les plus nombreuses, en 1984-86, sont les associations sportives (18,9 %), devant les associations culturelles et de loisirs (11,6 %), du troisième âge (8,5 %), les associations de parents d'élèves (8,2 %), les organisations professionnelles (7,1 %) et syndicales (6,8 %), les associations de bienfaisance et d'entraide (6,6 %), les associations de quartier, locales (6 %), les associations confessionnelles (4,7 %), les partis politiques (3,1 %), les associations de jeunes (2,8 %), les associations familiales (2,6 %), les associations de consommateurs (2,4 %), les associations de défense de la nature (2 %), les associations étudiantes (1,7 %) et les associations de femmes (1,1 %). Sur les 20 millions de Français qui adhèrent à une ou plusieurs association(s), 13 millions environ font partie d'une association de type militant (politique, syndicale, de consommateurs, de parents d'élèves, etc.). Les associations de défense des consommateurs, par exemple, ne sont pas moins de vingt à être reconnues officiellement au plan national ; la moitié des Français estiment qu'il faut y adhérer et un peu moins d'un Français sur dix, en cas de litige, fait appel à l'une d'elles pour régler le problème. La condition première d'une libre concurrence des intérêts, selon le modèle pluraliste, est remplie : il existe bien aujourd'hui dans la société française un tissu serré de groupes d'intérêts actifs, multiples et divers couvrant tous les domaines de la vie sociale. Et la volonté d'indépendance des groupes de pression vis-à-vis de l'État, la puissance des principaux groupes dans beaucoup de secteurs va également bien dans le sens d'une autonomie d'action des intérêts organisés par rapport à l'État. Il suffit, pour s'en rendre compte, de considérer le pouvoir d'influence des groupes de pression dans l'agriculture, l'industrie ou le féminisme.

Dans l'agriculture quatre groupes dominent – la *Fédération nationale des syndicats d'exploitants agricoles* (FNSEA), qui fédère aussi bien les associations de producteurs spécialisées que les exploitants agricoles directement affiliés au niveau de ses fédérations départementales ; le *Centre national des jeunes agriculteurs* (CNJA), fer de lance de la modernisation agricole entreprise par les gaullistes au début des années 1960, base de formation et de recrutement pour la FNSEA ; la *Confédération nationale de la Mutualité, de la Coopération et du Crédit agricole* (CNMCCA), relais de la FNSEA dans les mutuelles agricoles et l'important secteur bancaire agricole ; l'*Assemblée permanente des Chambres d'agriculture* (APCA), fédération semi-publique des chambres départementales élues par les agriculteurs, prestataires de services pour leurs membres (formation, assistance technique et commerciale) et organisations de pression influentes au niveau des décideurs politiques départementaux et régionaux, sous contrôle, en fait, de la FNSEA et du CNJA. En arrivant au pouvoir, en 1981, les socialistes, avec Édith Cresson au ministère de l'Agriculture, tentèrent de casser le pouvoir d'influence de ces quatre groupes dans la « parentèle » de la droite. Ils encouragèrent des associations agricoles beaucoup moins représentatives mais concurrentes, tentèrent de dresser certaines chambres d'agriculture contre la FNSEA et cessèrent de considérer la FNSEA et ses alliés comme les interlocuteurs privilégiés du pouvoir. La tentative aboutit à un échec complet et au remplacement, en 1983, d'Édith Cresson par Michel Rocard comme ministre de l'Agriculture.

Dans le secteur industriel, face aux syndicats de salariés, le groupe de pression le plus visible est le *Conseil national du patronat français* (CNPF). Son pouvoir d'influence est limité par l'image plutôt négative du patronat en France et par la volonté des grandes entreprises et organisations patronales spécialisées par activité de prendre elles-mêmes en charge la défense de leurs intérêts. Le CNPF en est réduit à la tâche difficile de défendre les intérêts généraux et collectifs, donc politiques, des milieux d'affaires. De 1981 à 1983, face à un pouvoir socialiste résolument anticapitaliste et qui cherchait à réduire son influence au profit des petites et moyennes entreprises, le CNPF a essayé de ne pas se laisser enfermer dans une attitude totalement négative et hostile vis-à-vis de la gauche gouvernante. Il a ainsi obtenu quelques concessions, comme la décision du gouvernement socialiste de ne pas contraindre les nouvelles entreprises nationales à se retirer du CNPF qui aurait perdu environ 40 % de ses recettes si elles avaient cessé d'y adhérer. Et lorsque le pouvoir socialiste, en 1983, a réorienté sa politique économique et financière vers la rigueur monétaire et la modernisation industrielle, réhabilitant l'entreprise, le CNPF a retrouvé l'essentiel de son audience auprès du pouvoir politique. Il est vrai que les organisations les plus représentatives des petites et moyennes entreprises – à commencer par la *Confédération générale des petites et moyennes entreprises* (CGPME) – n'avaient pas cédé aux appels des socialistes et étaient restées solidaires du CNPF tout au long de la phase « dure » du premier septennat de François Mitterrand.

Les associations féministes, comme les autres groupes d'intérêts en France, sont divisées. À côté de la vieille *Union féminine civique et sociale* (UFCS), fondée en

1925 dans la mouvance catholique et sociale, et de l'*Union des femmes de France* (UFF), proche du Parti communiste, ont émergé, avec la montée du féminisme post-1968, le *Mouvement de libération des femmes* (MLF), créé en 1970, de sensibilité gauchiste et *Choisir*, fondé en 1972 par Simone de Beauvoir et l'avocate Gisèle Halimi. C'est *Choisir* qui a mené, avec succès, le combat pour la légalisation de l'interruption volontaire de grossesse et, plus largement, pour la défense des droits juridiques des femmes. Le MLF en 1981 a soutenu la candidature de François Mitterrand à l'élection présidentielle. Gisèle Halimi, de même, s'est plusieurs fois associée, électoralement, avec les socialistes. Mais les groupes féministes ont conservé une attitude critique vis-à-vis de tous les décideurs politiques et obtenu des satisfactions politiques de la droite (création en juillet 1974 d'un secrétariat d'État à la Condition féminine – confié à Françoise Giroud ; libéralisation de la contraception en 1974 ; légalisation de l'interruption volontaire de grossesse en 1975 ; loi facilitant le divorce en 1975 également ; loi sur la répression du viol en 1980, etc.) comme de la gauche (mesures pour l'insertion professionnelle des femmes en 1981 ; remboursement de l'IVG par la Sécurité sociale en 1983 ; loi contre le harcèlement sexuel des salariés en 1992, etc.).

En dépit du nombre des groupes qui exercent en toute liberté et avec une autonomie certaine leurs pressions sur le pouvoir, le modèle pluraliste de libre concurrence des intérêts s'applique de façon imparfaite à la France, pour trois raisons essentielles selon Frank Wilson : l'État, loin de se conformer au rôle effacé d'arbitre prévu par le modèle, est fortement impliqué dans le jeu des groupes d'intérêts ; le pouvoir politique du moment tend souvent à favoriser les groupes de sa « parentèle » aux dépens des groupes qu'il considère comme hostiles à ses idées et à sa politique ; la remise en cause, par certains groupes, des fondements de la société et du régime donne enfin une coloration très politique à certaines campagnes de pression. Même si, dans les deux dernières décennies, ces traits spécifiques de la vie politique et sociale française se sont estompés, la part de l'État dans le système reste trop forte pour que le modèle américain du pluralisme des pressions puisse être transposé tel quel au cas français.

Le modèle néo-corporatiste

Conçu par les politologues américain Philippe Schmitter et allemand Gerhard Lehmbruch à la fin des années 1970 et présenté par eux comme le nouveau mode d'organisation des rapports entre pouvoir politique et groupes d'intérêts, le néo-corporatisme restitue à la politique et à l'État le rôle que leur déniait, de façon peu réaliste, le modèle pluraliste. L'État néo-corporatiste, en effet, choisit dans la multitude des groupes de pression ceux qu'il estime les plus représentatifs et les institue, à travers diverses structures étatiques ou para-étatiques, comme interlocuteurs permanents et privilégiés du pouvoir, les associant aux prises de décision des responsables politiques dans le domaine qui les concerne. Ce faisant les détenteurs du pouvoir politique, négligeant de donner la préférence aux groupes de leur « parentèle », optent pour une collaboration de type clientéliste, dans un souci d'efficacité maximale. Un tel rapport suppose l'acceptation par les groupes les plus représentatifs d'une collaboration politique dont ils tirent : une reconnaissance officielle ; un accès permanent aux décideurs politiques de leur secteur ; une information sur les projets du pouvoir avant qu'il ne soit trop tard pour espérer les modifier ; la possibilité de faire savoir à qui de droit leurs refus, leurs hésitations et leurs attentes. Ce qui les pousse à la négociation permanente et aux compromis réciproques, donc à la modération de leurs exigences et des façons de les exprimer ou, si l'on préfère, à une politique contractuelle entre partenaires sociaux et politiques. Cela implique un certain degré de consensus sur les fins et les moyens de l'action sociale et de la politique. Les groupes d'intérêt reconnus risquent d'y perdre leur liberté d'action, sauf à créer la crise et remettre en cause les privilèges dont ils jouissent dans l'appareil d'État. Le pouvoir politique

risque d'y laisser sa capacité de réforme sociale, en
tombant dans une sorte de gestion administrative et
conservatoire des choses sous le contrôle vigilant des
féodalités de gauche et de droite. Et de susciter un sentiment de frustration croissant dans ses élites politiques et
militantes.

Le système français, aujourd'hui, présente beaucoup de
traits typiques du néo- corporatisme. De nombreux textes
de loi ou règlements d'application prévoient explicitement
la présence dans telle ou telle commission de représentants des organisations « représentatives » ou « les plus
représentatives » du secteur considéré. Pour les syndicats
le Code du travail énumère même cinq critères de représentativité : les effectifs, l'indépendance, l'expérience,
l'ancienneté du syndicat et son attitude patriotique
pendant l'occupation en 1940-44 – critères sur lesquels est
fondée la reconnaissance officielle de la représentativité
de la CGT, de la CFDT, de la CFTC, de la CGT-FO et de
la CGC – ou la non reconnaissance de la *Confédération
française du travail* (CFT), transformée en 1977 en
Confédération des syndicats libres (CSL), dont l'indépendance vis-à-vis du patronat est sujette à caution. Plus
largement les pouvoirs publics font souvent référence à la
notion de « partenaires sociaux », qui n'a pas de portée
juridique mais trouve à la fois son origine et sa réalité
dans la sélection par l'État des représentants des diverses
organisations sociales associées aux travaux préparatoires
du Plan, au sein des « commissions de modernisation ».
Nombreux, en effet, sont les lieux officiels de rencontre et
de négociation entre élites politiques et administratives et
représentants des groupes d'intérêts dans la France de
l'après-guerre. Henry Ehrmann, spécialiste américain du
patronat en France, évaluait, au seul niveau national, à
500 environ le nombre des « conseils », 1 200 celui des
« comités » et 3 000 celui des « commissions » où siègent
côte à côte les décideurs politiques et les mandataires officiels des intérêts dont ils s'occupent. Et soulignait que le
puissant ministère des Finances, à lui seul, organise ses
consultations à travers plus de 130 comités de toutes
sortes (Ehrmann, 1976 : 197). Le *Conseil économique et
social*, hérité de la Constitution de la IVe République –

avec ses 285 membres recrutés à base d'organisations syndicales et professionnelles, en plus de personnalités « qualifiées » – joue, au sommet, le rôle d'une Chambre consultative auprès des deux assemblées et du gouvernement et donne ses avis sur tout plan ou tout projet à caractère économique ou social (*art. 69, 70, 71* de la Constitution de 1958). Ses avis et rapports sont l'occasion, pour ses membres, de pratiquer le compromis social dans l'esprit du néo-corporatisme. Certaines institutions dépassent ce niveau consultatif. C'est le cas d'agences publiques de cogestion comme celle qui gère la Sécurité sociale, avec des résultats d'ailleurs contestables. Ou encore des « ordres » d'avocats, de médecins, d'architectes, de pharmaciens, de sages-femmes, de chirurgiens-dentistes qui ont le privilège d'organiser leur profession et bénéficient de prérogatives de la puissance publique à cet effet : cotisation obligatoire à l'ordre, contrôle de l'accès à la profession, attributions juridictionnelles, etc.

En dépit de l'existence de cet ensemble de structures néo-corporatistes, Frank Wilson estime que le modèle ne rend compte que partiellement des relations entre groupes d'intérêts et pouvoir politique en France. Pour deux raisons essentielles : les groupes de pression intégrés dans le système ne jouent pas vraiment le jeu de la collaboration et du compromis avec l'État – dans la mesure où ils sont prêts, telles les organisations agricoles, à entrer en conflit ouvert et violent avec lui à la moindre occasion ; et les groupes de pression laissés hors système et théoriquement faiblement représentatifs conservent en réalité un grand pouvoir de blocage et de veto politique.

La vérité est que tous ces modèles expliquent une partie, mais une partie seulement de la réalité et de l'exercice du pouvoir d'influence. Car les groupes, comme l'État, se doivent de se laisser une latitude d'action. Et jouent naturellement de toutes les opportunités tactiques qui s'offrent à eux.

CONCLUSION

UNE CRISE DU POLITIQUE ?

On raisonne trop souvent en France, par une sorte de penchant esthétique au classicisme, comme si un équilibre naturel était établi pour toujours entre pouvoirs et contre-pouvoirs, élitisme et démocratie, gauche et droite, action collective et action individuelle, permanence et changement politique. D'où l'idée que la gauche et la droite sont de force sensiblement égale, ce qui est rarement le cas ; que la France se gouverne au centre, ce qui fait bon marché des retours du balancier idéologique ; que le destin de la nation se joue uniquement dans l'hexagone, ce qui n'a jamais été vrai et l'est de moins en moins ; que lorsqu'un organe du système politique est malade, tout l'organisme est atteint, la crise du politique inéluctable. Si l'on en croit Edgar Morin il faut nous habituer, dans un monde moderne souvent déroutant, à penser la complexité. Cela commence par l'admission de la dissymétrie – la gauche peut être structurée par un parti dominant quand la droite ne l'est plus, et inversement ; la gauche peut entrer en crise quand la droite cesse de l'être. Et par la recherche des nouvelles frontières politiques – les électeurs flottent, mais dans des limites qu'il nous faut déterminer ; le rejet populaire de certains politiciens, des délices et poisons de leurs jeux n'implique pas nécessairement une perte de légitimité des institutions de la Ve République qui peuvent, du même coup, laisser aux élites politiques et aux partis le temps de retrouver, s'ils en sont capables, le contact avec le peuple.

Crise du politique ? L'idée est à la mode depuis 1988. Elle a été lancée par un livre – *La République du Centre*.

La fin de l'exception française (Calmann-Lévy) – de François Furet, Jacques Julliard et Pierre Rosanvallon et largement reprise dans les débats politiques et dans la presse (cf. par exemple l'article d'Alain Duhamel, « La crise de la société politique », *Le Monde*, 5 juin 1990).

Partant d'un constat de fin d'époque – avec la fin du cycle long de la Révolution française marquée par la célébration critique de son bicentenaire en 1989, la fin du cycle moyen du bolchevisme avec la chute du mur de Berlin en 1989 également et celle du cycle court de l'Union de la gauche à partir de 1984 – les auteurs de *La République du Centre* nous décrivent un « champ de ruines » : « L'idée de gauche, l'idée de socialisme, l'idée de république ont dépéri en même temps... Ce que nous sommes en train de vivre, c'est tout simplement la fin de l'exceptionnalité française, de notre "théâtre" politique. »

Cette crise du politique se traduit, selon Jacques Julliard, par un centrisme « mou » des élites politiques et de l'opinion. Un centrisme d'incertitude, de résignation (« Il n'y a pas d'autre politique possible ») ou de cynisme, habillé d'une prétention à la modernité (opposée à l'archaïsme politique), à la rationalité (préférée à l'utopie et aux idéologies), à la tolérance (jugée très supérieure aux controverses et luttes partisanes). C'est l'ère du vide, du vague idéologique, le « degré zéro de la politique ». Elle va de pair avec une crise de la représentation politique. Le déclin des passions politiques, explique Pierre Rosanvallon, conduit les hommes politiques à la misère du pragmatisme, les citoyens au repli sur des égoïsmes corporatifs ou individuels, bref au refus de s'intégrer dans une communauté sociale solidaire, de participer à un idéal collectif. Privés de ce qui fait la noblesse de l'action politique les hommes politiques sont perçus comme de vulgaires ambitieux, voire des corrompus.

La thèse est brillante, stimulante mais excessive dans sa globalité. Les indicateurs qu'on peut utiliser pour vérification le montrent. « Grève des urnes » ? Nous avons vu que la montée de l'abstention en 1988 épargnait le vote présidentiel et n'a pas été confirmée en 1992-93, si bien qu'elle s'explique davantage par un trop-plein conjoncturel de consultations électorales que par un rejet durable du politique. Effondrement du militantisme et repli sur soi ? La grande enquête collective du CEVIPOF sur l'engagement politique conclut à une mutation des comportements militants et non pas au refus ou au déclin du militantisme. Panne de l'idéologie et de la pensée politiques ? Ce que nous décrivent les auteurs de *la République du Centre*, avec une évidente nostalgie des grandes idéologies millénaristes qui promettaient le « grand soir » et la naissance d'un homme nouveau dans un monde neuf, c'est en réalité la crise de la gauche et de ses repères traditionnels. Une crise réelle mais qui n'atteint pas l'ensemble de l'échiquier politique et n'empêche nullement le maintien de valeurs distinctives dans l'univers des idées politiques en France. Il suffit, pour s'en rendre compte, de faire l'inventaire des jugements positifs ou négatifs que les Français, aujourd'hui, portent sur chacun des courants idéologiques qui se disputent leur adhésion (cf. *Tableau ci contre*).

D'un côté l'écologisme, le centrisme, le gaullisme – qui trouvent plus d'adeptes que de critiques. À l'opposé le marxisme, le communisme, l'extrême-droite, le gauchisme, le radicalisme et le conservatisme – largement rejetés. Entre les deux le socialisme, la droite, la démocratie chrétienne, la social-démocratie et la gauche – critiqués par beaucoup mais qui servent de référence à un tiers environ des Français. Ce n'est pas le vide des idées mais le refus des extrêmes, ce qui laisse un large choix de valeurs entre gauche modérée et droite modérée, socialisme réformateur et gaullisme, sans oublier le centrisme (plus populaire que la démocratie chrétienne dans une culture dominante laïque) et l'écologie. Les limites de la thèse du rejet du politique apparaissent clairement, à y regarder de plus près, dans les motivations de vote des électeurs écologistes et du Front national dont on nous dit, malgré la respectabilité très inégale de leurs partis, qu'ils ont en commun de voter *contre* les grands partis de gouvernement et leurs dirigeants. Lors des élections régionales et cantonales des 22 et 29 mars 1992, marquées par un « vote éclaté » mis sur le compte de la crise des grands partis et de la représentation, la motivation première du vote Front national, d'après le témoignage immédiat de ses électeurs, n'a pas été un mécontentement à l'égard du

IDÉOLOGIES

« En pensant à la politique, dites-moi si chacun des courants suivants évoque pour vous quelque chose de positif ou de négatif ? »

	Solde	Positif – Négatif PS
1. L'écologie	+ 53	71 – 18
2. Le centre	+ 12	45 – 33
3. Le gaullisme	+ 7	47 – 40
4. Le socialisme	- 3	41 – 44
5. La droite	- 9	36 – 45
6. La démocratie chrétienne	- 10	32 – 42
7. La social-démocratie	- 10	29 – 39
8. La gauche	- 20	32 – 52
9. Le conservatisme	- 46	15 – 61
10. Le radicalisme	- 46	12 – 58
11. Le gauchisme	- 65	9 – 74
12. L'extrême-droite	- 66	10 – 76
13. Le communisme	- 72	8 – 80
14. Le marxisme	- 72	5 – 77

(SOFRES/Le Point, 23-27 novembre 91)

système politique (ce n'était le cas que pour 7 % des électeurs FN), ni la déception vis-à-vis des partis en général (14 %) ou des partis de la droite gouvernementale UDF-RPR en particulier (5 %), ni encore une volonté de changer de société (13 %) mais un enjeu politique unique, l'immigration (43 %). De la même façon les électeurs écologistes déclarent avoir voté d'abord pour un enjeu, celui de l'environnement (46 % des votes Génération Écologie, 39 % des votes verts), beaucoup plus que pour exprimer un mécontentement à l'égard du système politique (7 % des votes GE, 6 % des votes Verts), une déception vis-à-vis des partis en général (10 % des votes GE, 16 % des votes Verts), ou encore par volonté de changer la société (14 % des votes GE, 19 % des votes Verts) [sondage « sortie des bureaux de vote », IFOP/*Figaro-Europe* 1, 11 mars 1992, 4342 votants]. Le « vote-sanction » s'explique davantage par le manque de prise en charge, par les partis établis, d'un nouvel enjeu politique – immigration pour le FN, environnement par les écologistes – que par une critique générale et un rejet global du système politique, de ses principaux acteurs et de son fonctionnement.

Les institutions de la Ve République, désormais parfaitement intériorisées par les électeurs comme par les hommes politiques, ont résisté à la crise économique et au fléau du chômage comme elles avaient surmonté, contrairement à celles de la IVe République, les tensions et les drames de la décolonisation. L'alternance au pouvoir permet à la gauche de gouvernement de se refaire quand la droite RPR-UDF gouverne, et inversement. Les électeurs, plus autonomes que jamais, peuvent et savent imposer aux professionnels de la politique des corrections de parcours nécessaires. Le système, certes, n'est pas sans défauts dont les plus graves sont sans doute un excès de personnalisation de la politique et une attention trop grande donnée aux médias, à la « représentation » par rapport à l'action politique. Il reste que la Ve République, telle qu'elle fonctionne aujourd'hui, trouve en elle-même et, notamment, dans la dynamique de l'élection présidentielle, les incitations et les ressources nécessaires à l'exercice démocratique et relativement performant du pouvoir politique.

LEXIQUE

Actes communautaires :

– **Règlement**. Équivalent, dans le langage communautaire, de la loi. C'est une décision générale qui s'applique dans les vingt jours suivant sa publication au *Journal officiel de l'Union européenne* (ou à la date qu'il fixe), directement et obligatoirement, dans tous les États membres. Il n'est pas adopté par le Parlement européen mais pris, normalement, par le Conseil, ou, quand les traités lui en donnent le pouvoir, par la Commission.

– **Directive**. Sorte de loi-cadre. Elle fixe un objectif à atteindre, obligatoirement, mais laisse le choix des formes (loi, décret...) et des moyens pour y parvenir aux autorités nationales. Quand elle est très détaillée, ce qui est de plus en plus le cas, elle se rapproche fortement du « règlement ». Elle est édictée par le Conseil ou la Commission.

Agenda (fonction d'). Concept défini par Mc Combs et Shaw, dans un article publié en 1972 dans *Public Opinion Quarterly* (vol. 36, pp. 176-187). Selon ces auteurs les médias, en fonction de l'importance qu'ils donnent aux différentes nouvelles et enjeux politiques du moment, contribuent de façon décisive à l'établissement de l'ordre des priorités politiques (« ordre du jour », *agenda* en américain) pour les citoyens et, aussi, pour les principaux acteurs politiques. Selon R. Funkhouser (*Public Opinion Quarterly*, vol. 37, pp. 62-75) cette fonction exercée en fait sinon en droit par les médias leur donne, dans le long terme, un véritable pouvoir de mobilisation de l'opinion sur les enjeux qu'ils mettent systématiquement en valeur et, à l'inverse, de démobilisation sur les enjeux qu'ils négligent ou ignorent plus ou moins volontairement. Selon ce modèle l'agenda des acteurs politiques, celui des électeurs et celui des médias ne sont pas absolument identiques, mais le dernier tend à structurer les deux autres.

Articles (de la Constitution de 1958) :
– **Art. 6 et 7.** L'élection du président de la République : au suffrage universel direct pour sept ans (art. 6) ; à la majorité absolue des suffrages exprimés, soit au premier tour – ce qui ne s'est jamais produit soit au deuxième tour, quinze jours après le premier, les deux candidats ayant recueilli le plus grand nombre de suffrages au premier tour pouvant seuls s'y présenter – le cas échéant après retrait de candidats plus favorisés (art. 7).
– **Art. 8.** Le président de la République nomme le Premier ministre, mais ne peut mettre fin à ses fonctions que sur présentation par celui-ci de la démission du gouvernement.
– **Art. 11.** Référendum (autre que pour la révision de la Constitution : cf. **Révision**). Le président de la République, sans contreseing (pouvoir propre), peut accepter, ou refuser, de soumettre au peuple un référendum à la double condition que ce référendum lui soit proposé par le gouvernement ou par les deux assemblées (Assemblée nationale et Sénat, en des termes identiques) et que son objet porte sur l'organisation des pouvoirs publics, l'approbation d'un accord de Communauté ou l'autorisation de ratifier un traité qui, sans être contraire à la Constitution, aurait des incidences sur le fonctionnement des institutions. La décision présidentielle est donc liée par le champ restreint que la Constitution donne au référendum et par l'obligation d'être saisi, soit d'un projet de révision par le gouvernement, soit d'une proposition de révision par le Parlement.
– **Art. 12.** La dissolution de l'Assemblée nationale : le président de la République peut la prononcer, sans contreseing (pouvoir propre), sans autre condition que de demander l'avis, à titre purement consultatif, du Premier ministre et des présidents des deux Assemblées et de ne

pas procéder à une nouvelle dissolution dans l'année qui suit. Il perd également son pouvoir de dissolution pendant l'exercice des pouvoirs exceptionnels de l'*art. 16*. Les élections législatives anticipées, suite à une dissolution, ont lieu vingt jours au moins et quarante jours au plus après la dissolution. Ce pouvoir présidentiel de dissolution a été utilisé quatre fois depuis 1958 : le 9 octobre 1962, par le général de Gaulle, en riposte à la censure du gouvernement Pompidou, le 5 octobre par l'Assemblée nationale ; le 30 mai 1968, par le général de Gaulle également, pour ouvrir une issue démocratique à la crise de mai 1968 ; le 22 mai 1981, par François Mitterrand après son élection, le 10 mai, à la présidence de la République, pour pouvoir disposer d'une majorité parlementaire qui le soutienne à l'Assemblée nationale ; et le 14 mai 1988, par François Mitterrand dans les mêmes conditions et pour les mêmes raisons après sa réélection à l'Élysée le 8 mai. Dans tous ces cas les élections ont tourné à l'avantage du Président et non pas de l'Assemblée dissoute.

– **Art. 16.** Pouvoirs exceptionnels, pleins pouvoirs exécutifs et législatifs (le président de la République prend les mesures exigées par les circonstances) que le Président peut s'attribuer, sans contreseing (pouvoir propre), après simple consultation du Premier ministre, des présidents des Assemblées et du Conseil constitutionnel, à condition que « les institutions de la République, l'indépendance de la nation, l'intégrité de son territoire ou l'exécution de ses engagements internationaux » soient « menacés d'une manière grave et immédiate et que le fonctionnement régulier des pouvoirs publics constitutionnels » soit « interrompu ». Le Président doit en informer la nation par un message. Le Parlement est réuni de plein droit et l'Assemblée nationale ne peut être dissoute pour la durée d'exercice de ces pouvoirs exceptionnels. Le Conseil constitutionnel doit être consulté sur les mesures prises dans ce cadre, mais ses avis ne sont pas rendus publics. Le général de Gaulle voyait dans l'*art. 16* le moyen de sauver la démocratie et la République dans des circonstances dramatiques comme celle de l'invasion de la France en mai-juin 1940 ; les adversaires de la Constitution de 1958, notamment François Mitterrand, y verront toujours une menace contre les libertés démocratiques et la République. L'*art. 16* n'a été utilisé qu'une fois, du 23 avril au 30 septembre 1961, par le général de Gaulle, à la suite du putsch des généraux en Algérie – alors département français – sans soulever de véritables contestations au départ ; mais sa prolongation de quelques semaines après l'effondrement du putsch a été davantage controversée. Son usage relève en définitive d'un contrôle politique, soit par la mise en accusation du président, en Haute Cour, pour haute trahison, par le Parlement, soit par le désaveu populaire dans les sondages, dans la rue ou, après coup, dans les urnes.

– **Art. 19**. Énumération des articles de la Constitution pour lesquels les actes du Président ne nécessitent pas le contreseing du Premier ministre et, le cas échéant, des ministres responsables – donc des « pouvoirs propres » du président de la République : *art. 8.1, 11, 12, 16, 18* (droit de message), *54, 56 et 61*.

– **Art. 38**. Exceptionnellement le pouvoir exécutif peut être autorisé à prendre des actes du domaine législatif, donc parlementaire, sous forme d' « ordonnances » (qu'on nommait « décrets-lois » sous la IIIe et la IVe République). Le gouvernement doit demander pour cela au Parlement le vote d'une loi d'habilation, pour un programme délimité dans un délai limité. Les ordonnances sont prises en Conseil des ministres après avis du Conseil d'État. Elles entrent en vigueur dès leur publication après la signature du président de la République mais deviennent caduques si elles ne sont pas ratifiées *a posteriori* par le Parlement, à la date fixée par la loi d'habilation.

– **Art. 49**. Trois alinéas (ou paragraphes), trois façons de mettre en œuvre la responsabilité du gouvernement devant l'Assemblée nationale. D'abord à l'initiative, facultative, du gouvernement et à la majorité relative des députés exprimant un vote favorable ou défavorable au gouvernement sur une déclaration de politique générale, lors d'un vote d'investiture par exemple (*art. 49.1*). À l'initiative, ensuite, d'un dixième au moins des députés, par un vote à la majorité absolue de l'ensemble des députés, sur une motion de censure du gouvernement –

seuls les votes favorables à la censure étant recueillis et décomptés (*art. 49.2.*). À l'initiative, enfin, du Premier ministre, après délibération du Conseil des ministres, sur l'engagement de la responsabilité du gouvernement devant l'Assemblée nationale sur le vote d'un texte (*art. 49.3*). Le texte est considéré comme adopté, sauf si une motion de censure est déposée dans les vingt-quatre heures. Si la censure est votée – dans les conditions de l'*art. 49.2* et à la majorité absolue des députés – le texte est rejeté et le gouvernement renversé. La Constitution de la Ve République, contrairement à celle de la IVe République, ne permet donc pas aux députés de refuser au gouvernement, sans le renverser, les textes qu'il juge suffisamment importants pour engager son existence en vue de leur adoption. L'*article 49.3* a été beaucoup utilisé par les gouvernements sans majorité solide (gouvernement Barre en 1976-78, Chirac en 1986-88) et par le gouvernement Rocard (1988-1991), qui était un gouvernement de minorité. Il permet, en somme, de « fabriquer » une majorité parlementaire par l'association d'un seuil élevé pour la censure (moitié des députés plus un) et de la peur d'une dissolution de l'Assemblée nationale par le président de la République (*art. 12*).

Baromètre (sondage). Question, ou ensemble de questions de sondage, posées périodiquement, à l'identique – ce qui permet de suivre la courbe des évolutions de l'opinion sur le sujet. Exemple : baromètre de popularité présidentielle.

Cens (électoral). Montant minimal d'impôt que devait acquitter un citoyen, selon la Constitution de 1791, sous la Restauration (1814-1830) et la monarchie de Juillet (1830-1848) pour bénéficier du droit de vote. De façon figurée tout ce qui peut entraver le libre exercice du droit de vote.

Commission des sondages. Autorité administrative indépendante créée par la loi du 19 juillet 1977 pour veiller à l'application de cette loi et plus spécialement à « l'objectivité et la qualité des sondages publiés ou diffusés » en dehors des périodes où ils sont interdits. Elle comprend neuf membres nommés par décret en Conseil des ministres sur proposition des présidents de leur corps – trois pour le Conseil d'État (dont le président de la Commission), trois pour la Cour de cassation et trois pour la Cour des comptes. Leur mandat est de trois ans et ils sont inamovibles. On notera que cette instance de contrôle, chargée par ailleurs d'élaborer un code de déontologie, ne comprend aucun professionnel et ne peut solliciter les experts en sondages que s'ils ont coupé tous les liens avec la profession depuis plusieurs années. La loi lui donne tous les moyens d'investigation et pouvoirs nécessaires au contrôle de chaque enquête ou commentaire d'enquête publiée. Elle agit par des avis et recommandations, par des mises au point publiques avec insertion obligatoire et, si nécessaire, par des actions intentées devant les tribunaux contre les instituts de sondages ou les médias coupables d'infractions graves à la loi. Moins d'un cinquième de ses mises au point critiquent, en fait, le travail des instituts de sondages, les quatre cinquièmes s'en prenant à celui des médias diffusant ou commentant des sondages. Elle a élaboré un code de déontologie qu'un décret en Conseil d'État – décret du 16 mai 1980 – a rendu obligatoire pour les fabricants et utilisateurs de sondages. L'existence et l'action de la Commission des sondages a fortement limité les excès et abus de sondeurs et de commentateurs de sondages, améliorant ainsi la qualité des sondages et de leur utilisation.

Commission (européenne). Elle comprend les commissaires choisis dans les États membres de l'Union européenne mais qui ne les représentent pas (2 pour les grands États comme la France, l'Allemagne, la Grande-Bretagne, l'Italie, l'Espagne ; un pour chacun des autres États membres) ; nommés pour cinq ans (au lieu de quatre avant Maastricht), d'un commun accord, par les gouvernements des États membres, elle sera investie par le Parlement européen à partir de 1994-1995. Les commissaires, qui se partagent les différentes tâches de la Commission, s'engagent par serment à exercer leurs fonctions en pleine indépendance, dans l'intérêt général des communautés. La

Commission est un exécutif collégial qui prend ses décisions à la majorité de ses membres. Son président, nommé par les gouvernements et, à partir de 1995, investi par le Parlement européen, n'a pas de pouvoirs propres sauf celui de représentation de la Communauté européenne – même si, en pratique, il peut jouer, comme Jacques Delors, un rôle majeur dans la conception et le développement de l'Union. Gardienne des traités, la Commission assure le contrôle de l'application du droit communautaire, en saisissant le cas échéant la Cour de justice européenne. Inspiratrice de l'Union européenne, elle dispose d'un quasi-monopole d'initiative et de proposition vis-à-vis des autres organes de la Communauté. Elle a la charge de l'exécution des traités et des décisions prises par le Conseil. Elle représente la Communauté dans les États membres et à l'extérieur, ce qui lui donne notamment le pouvoir de négociation des accords extérieurs conclus par la Communauté. Son siège est à Bruxelles.

Commission nationale de la communication et des libertés (CNCL). Instituée par la loi du 30 septembre 1986, en même temps que la privatisation de TF 1, en remplacement de la Haute Autorité de la Communication audiovisuelle. Au-delà du renouvellement avant terme des membres de la Haute Autorité, rendu possible par cette réforme, il s'agissait d'accroître les moyens et les compétences de l'autorité administrative indépendante chargée de la régulation de la communication audiovisuelle dans le cadre de la loi et du principe général de liberté et de pluralisme défini en 1982. La CNCL comprenait 13 membres : 2 nommés par le président de la République François Mitterrand ; 2 nommés par le président du Sénat Alain Poher ; 2 nommés par le président de l'Assemblée nationale, Jacques Chaban-Delmas ; 3 désignés par les grands corps de l'État : le Conseil d'État, la Cour des comptes, la Cour de cassation ; 1 par l'Académie française ; plus 3 membre cooptés par les 10 autres. La CNCL ayant acquis le droit de nommer son président en son sein avait porté à sa tête Gabriel de Broglie, un professionnel de la communication, ancien membre de la Haute Autorité, nommé par Alain Poher.

Commission nationale des comptes de campagne et des financements politiques. La loi du 11 mars 1988 impose aux élus – du président de la République aux maires de communes de plus de 30 000 habitants en passant par les parlementaires – et aux membres du gouvernement l'obligation de déposer, sous peine d'inéligibilité, une déclaration de situation patrimoniale auprès d'une Commission nationale des comptes de campagne et des financements politiques. Les lois du 11 mars 1988, des 15 janvier et 10 mai 1990 instituent également un contrôle du financement des campagnes électorales, avec plafonnement des dépenses et réglementation des recettes. Les candidats ont l'obligation de tenir un compte de campagne. Ceux des candidats à l'élection présidentielle doivent être adressés au Conseil constitutionnel dans les soixante jours suivant le tour de scrutin décisif. Les candidats aux autres élections doivent les déposer dans les deux mois à la préfecture pour transmission à la Commission nationale des comptes de campagne et des financements politiques. Celle-ci comprend 3 membres du Conseil d'État, 3 magistrats de la Cour de cassation et 3 magistrats de la Cour des comptes. Elle veille à l'application des lois en la matière et sanctionne les irrégularités ou, dans les cas les plus graves, saisit à cette fin le juge de l'élection – Conseil Constitutionnel pour les législatives, Conseil d'État pour les européennes et régionales, tribunal administratif pour les municipales et cantonales. Elle contrôle par ailleurs les comptes annuels des partis politiques bénéficiant d'un financement public d'après les lois du 11 mars 1988 et du 15 janvier 1990.

Comité des représentants permanents (COREPER). Chaque État membre a un représentant permanent à Bruxelles auprès de l'Union européenne, ayant rang d'ambassadeur. Ces ambassadeurs, réunis dans le « COREPER 2 », préparent les dossiers politiques soumis au Conseil européen ; leurs adjoints, qui forment le « COREPER 1 », préparent les dossiers techniques. Le COREPER est assisté par des groupes de travail composés d'experts. Les textes ayant donné lieu à un pré-accord au

COREPER sont adoptées sans débat au Conseil (« point A » de l'ordre du jour du Conseil), les autres y sont débattus (« point B » de l'ordre du jour). Entre la Commission et le Conseil, le COREPER est donc la véritable cheville ouvrière dans le processus de décision communautaire. C'est à ce niveau que s'élaborent normalement les solutions de compromis. Les représentants permanents reçoivent leurs instructions des autorités politiques nationales qu'ils représentent.

Conseil (de ministres de l'Union européenne). Chaque gouvernement des États membres délègue au Conseil un ministre qui change selon les questions à l'ordre du jour, donc la formation compétente du Conseil de ministres : ministre des Affaires étrangères pour le Conseil général « affaires étrangères » et tous problèmes de coordination ; ministre de l'Agriculture pour le Conseil « agriculture », des Finances pour le Conseil « finances », etc. Le Conseil se réunit périodiquement à Bruxelles ou à Luxembourg tous les mois au minimum pour ses formations les plus actives. Il prend ses décisions, selon les cas, à la majorité simple ou qualifiée, ou à l'unanimité. Il est présidé par le ministre du pays qui assure, pour six mois, la présidence tournante de l'Union. Il cumule le pouvoir exécutif, qu'il partage avec le Conseil européen et le pouvoir législatif, puisque c'est lui qui adopte les règlements et directives communautaires, sauf droit de veto du Parlement européen dans certains domaines. Il est aidé, entre ses séances, par le COPERER qui, comme lui, est de nature intergouvernementale et représente les intérêts des États membres. Il dispose également d'un secrétariat général permanent et de plus de deux mille experts dans ses directions générales spécialisées (agriculture, énergie, relations extérieures, fiscalité, concurrence, etc.).

Conseil européen. Entre 1961 et 1974 sept « sommets européens » avaient réuni les chefs d'État ou de gouvernement des pays membres de la Communauté, accompagnés de leurs ministres des Affaires étrangères, pour dénouer des crises ou donner des impulsions au plus haut niveau. En décembre 1974, lors du sommet de Paris, il a été décidé d'institutionnaliser ces réunions, non prévues par les traités, en leur donnant une régularité (trois fois l'an). Le traité de Maastricht va plus loin : il fait de ce « Conseil européen », qui se réunira désormais deux fois par an, une institution de l'Union européenne – au même titre que la Commission, le Conseil de ministres, le Parlement et la Cour de justice ; et précise que le Conseil européen donne à l'Union les impulsions nécessaires à son développement et en définit les orientations, pour l'ensemble des affaires communautaires et, plus particulièrement, pour la politique étrangère et de sécurité commune. Le président de la Commission participe de plein droit à tous les Conseils européens, accompagné d'un de ses vice-présidents. Les Conseils européens sont effectivement devenus le lieu des grandes décisions communautaires : création du Système monétaire européen (SME), à Bruxelles en décembre 1978 ; acceptation de l'élargissement de la Communauté à l'Espagne et au Portugal, à Bruxelles également en mars 1985 ; création du Grand Marché, pour le 1er décembre 1993, à Luxembourg en décembre 1985 ; accord, à Maastricht en décembre 1991, sur l'Union politique et l'Union économique et monétaire. C'est lui qui désigne, à l'unanimité, le président de la Commission à l'investiture du Parlement européen.

Conseil supérieur de l'audiovisuel (CSA). Institué par la loi du 17 janvier 1989, en remplacement de la CNCL. Sur le modèle du Conseil constitutionnel – 3 membres nommés par le président de la République (dont le Président), 3 nommés par le président du Sénat, 3 nommés par le président de l'Assemblée nationale – comme la Haute Autorité avant lui et à la différence de la CNCL. Ses moyens et pouvoirs sont encore accrus par rapport à la CNCL. Dans sa première composition, du 24 janvier 1989, il est présidé par Jacques Boutet, conseiller d'État, ancien PDG de TF1, ancien directeur des relations culturelles au ministère des Affaires extérieures.

Constitution de la IVᵉ République. Lors du référendum du 21 octobre 1945, les Français décident, comme le général de Gaulle le leur demande, l'abrogation de la

Constitution de la IIIe République (par 96,4 % des suffrages exprimés) et confient à une Assemblée nationale constituante la rédaction d'une nouvelle Constitution. Son projet ayant été repoussé (52,8 % de *non* exprimés, le PC et la SFIO appelant à voter *oui,* le MRP à voter *non*), lors du référendum du 5 mai 1946, une seconde Assemblée nationale constituante, élue le 2 juin 1946, rédigera un nouveau projet, soutenu par le PC, la SFIO et le MRP, combattu par le général de Gaulle, qui sera finalement adopté le 13 octobre 1946 par référendum (53,2 % de *oui* exprimés, 46,8 % de *non,* mais 33,6 % d'abstentions, votes blancs ou nuls).

Constitution de la Ve République. Voir **Articles (de la Constitution de 1958).**

Centre des démocrates sociaux (CDS). Fondé le 23 mai 1976 à Rennes par la réunification du Centre démocrate (créé en 1966 par Jean Lecanuet à partir du MRP) et du Centre démocratie et progrès (CDP, créé par scission du Centre démocrate en 1969, par les ralliés à la candidature présidentielle de Georges Pompidou). Héritier de la démocratie chrétienne en France. Présidé jusqu'en juin 1982 par Jean Lecanuet, depuis lors et jusqu'à la fin de 1994 par Pierre Méhaignerie – flanqué depuis octobre 1991 d'un président exécutif, Dominique Baudis. Seconde composante, par importance, de l'UDF depuis 1978.

Centre national des indépendants et paysans (CNIP). Fondé en juillet 1948, à l'initiative de Roger Duchet, pour réunir les parlementaires indépendants de la droite modérée sans les astreindre à une discipline de vote parlementaire contraire à leurs habitudes, le CNI a successivement absorbé le Parti républicain de la liberté (PRL), le Parti paysan (devenant CNIP), puis les dissidents du RPF gaulliste. Et donné à la IVe République l'un de ses rares présidents du Conseil populaires – Antoine Pinay, de mars à décembre 1952. Son opposition au général de Gaulle, sur l'indépendance de l'Algérie d'abord, puis sur l'élection du président de la République au suffrage universel direct en octobre 1962, lui a été fatale dans la mesure où elle a conduit à la scission de Valéry Giscard d'Estaing et de ses amis, puis à sa marginalisation électorale.

Cour de justice (de l'Union européenne). Parfois dénommée Cour de Luxembourg en raison de son siège. Elle est composée d'autant de juges que d'États membres, plus un si besoin est pour éviter l'égalité des voix – et de moitié moins d'avocats généraux, nommés d'un commun accord par les États membres pour un mandat renouvelable de six ans. Elle a pour fonction d'assurer le respect du droit communautaire dans l'interprétation et l'application des traités. Ses décisions sont obligatoires et exécutoires sur le territoire des États membres. Un Tribunal de première instance, créé en 1988, la décharge, sauf appel, des recours des fonctionnaires de la Communauté, des litiges entre des entreprises et la Commission en matière de concurrence, de certains recours introduits par des particuliers. La Cour peut en effet être saisie par la Commission, le Conseil, le Parlement européens ; par ses États membres ; mais aussi par une entreprise, ou autre personne morale, et par des particuliers.

Front national (FN). Fondé le 5 octobre 1972, à Paris, à l'initiative de Jean-Marie Le Pen, son président, pour unifier divers groupuscules d'extrême-droite. A soudainement réussi une percée électorale en 1983 et s'est depuis lors maintenu à 10-15 % des suffrages exprimés dans tous les types de consultation. Immigration, insécurité, chômage – qu'il lie indissolublement – sont au centre de ses discours. Il se présente comme « la seule force d'alternance au cosmopolitisme » et de la priorité aux Français (« Les Français d'abord »). C'est une résurgence, qui s'est avérée durable, de l'extrême-droite en France.

Génération Écologie (GE). Fondée le 11 mai 1990 par Brice Lalonde, ancien candidat écologiste à l'élection présidentielle de 1981, secrétaire à l'Environnement dans le gouvernement socialiste de Michel Rocard. Plus ouverte, Génération Écologie, d'emblée, a égalé, voire surpassé les Verts électoralement.

Haute Autorité (de la Communauté audiovisuelle). Créée par la loi du 29 juillet 1982 en même temps que la suppression du monopole de programmation de l'État, sur le modèle du Conseil constitutionnel : 3 membres nommés par le président de la République, François Mitterrand – dont sa présidente la journaliste Michèle Cotta ; 3 membres nommés par le président du Sénat, Alain Poher ; 3 membres nommés par le président de l'Assemblée nationale, Louis Mermaz. Faiblement dotée en moyens, la Haute Autorité ne disposait que de compétences également limitées.

Instituts de sondages. Depuis la création, en 1938 par Jean Stoetzel, de l'Institut français d'opinion publique (IFOP) les instituts de sondages, tous privés et commerciaux, qui font des sondages politiques se sont multipliés en France. Les plus connus sont la SOFRES (premier concurrent de l'IFOP, fondée en 1962), BVA, IFOP, IPSOS, CSA, Louis Harris, Gallup France et IFRES.

Ligue communiste révolutionnaire (LCR). Fondée en avril 1969, sous le nom de Ligue communiste, devenue la LCR après sa dissolution le 28 juin 1973, elle se réfère à Trotski et à la IVe Internationale qu'il avait fondée en 1938. Animée par Alain Krivine elle s'est retirée des compétitions électorales, où elle est concurrencée par Lutte ouvrière, pour s'engager essentiellement dans les « luttes sociales ».

Loi du 19 juillet 1977. Elle interdit « la publication, la diffusion et le commentaire » de tout sondage « ayant un rapport direct ou indirect avec une élection la semaine précédant chaque tour de scrutin et durant le déroulement du scrutin. En cas d'élections partielles, seuls sont interdits les sondages portant directement ou indirectement sur la circonscription concernée. La fabrication de sondages n'est pas interdite – ce qui permet des sondages privés – mais tous moyens d'en diffuser publiquement les résultats le sont. Cette loi crée par ailleurs la Commission des sondages pour veiller à la qualité des sondages autorisés.

Lutte ouvrière (LO). Issue du courant trotskiste qui a refusé, en 1940, d'adhérer à la IVe Internationale, LO a succédé à « Voix ouvrière », organisation dissoute le 12 juin 1968. Sa visibilité électorale est assurée par Arlette Laguiller, sa candidate pour les élections présidentielles (1974, 1981, 1988) et tête de liste pour les élections européennes (1979, 1984, 1989 et 1994). Elle a recueilli de 1,4 % à 3,1 % des voix selon les circonstances.

Majorité qualifiée (au Conseil de ministres de l'Union européenne). Conçue pour éviter le blocage des décisions au Conseil de ministres par un seul État membre sans aller jusqu'à décider à la majorité simple, la majorité qualifiée – qui doit être renégociée à chaque élargissement de l'Union européenne – contraint un grand État à trouver plusieurs alliés parmi ses grands et petits partenaires pour empêcher une prise de décision. L'Acte unique européen a remplacé la décision à l'unanimité, dans de nombreux domaines, par la décision à la majorité qualifiée.

Mouvement des radicaux de gauche (MRG). Né les 1er-2 décembre 1973 à Paris, par scission du Parti radical, à l'initiative des radicaux qui, avec Robert Favre et Maurice Faure n'admettaient ni la prise de pouvoir de Jean-Jacques Servan-Schreiber au Parti radical, ni l'alliance avec le Centre décidée lors de son congrès de Lille, les 24-25 juin 1972. A opté pour l'Union de la gauche, signant le Programme commun de gouvernement élaboré par les socialistes et les communistes et participant à tous les gouvernements socialistes depuis 1981. Allié privilégié du PS, il en est devenu une sorte de satellite. Mise sur Bernard Tapie, depuis 1993, pour lui redonner des moyens financiers et une certaine autonomie en élargissant son audience électorale.

Mouvement poujadiste (Union de défense des commerçants et artisans, UDCA). Née en 1953-54 de la révolte de petits commerçants et artisans contre le fisc, animée par Pierre Poujade, propriétaire d'une petite librairie-papeterie à Saint-Céré dans le Lot, l'UDCA s'est transformée en mouvement politique par l'appel à l'organisation d'États généraux, rassemblant des cahiers de revendications locales et, surtout, par l'engagement direct du mouvement et de son chef dans les élections législatives du 2 janvier 1956. Avec près de 13 % des voix et une cinquantaine d'élus le poujadisme a représenté une victoire anticapitaliste, antiparlementaire, xénophobe, mais sans lendemain de l'extrême-droite, fondée sur la révolte contre la modernité et les transformations de la société française traditionnelle. Jean-Marie Le Pen, élu député sous l'étiquette poujadiste, y a fait ses premières armes politiques.

Mouvement républicain populaire (MRP). Version française, déconfessionnalisée, de la démocratie chrétienne, il a été fondé à Paris, les 25-26 novembre 1944 (sous le nom, d'abord, de Mouvement républicain de libération) par des résistants catholiques. Après un grand succès (24 % des voix en octobre 1945, 28 % et premier parti de France en juin 1946) il a rapidement décliné du fait de son opposition, sur les questions institutionnelles, au général de Gaulle et de la renaissance des partis de la droite modérée une fois la période exceptionnelle de la Libération passée. Parti-pivot sous la IVe République il a dirigé des gouvernements avec Georges Bidault, Robert Schuman – l'un des « pères de l'Europe », et Pierre Pflimlin. En 1966 son dernier président, Jean Lecanuet, après avoir été candidat à l'élection présidentielle de 1965, l'a dissous et remplacé par le Centre démocrate.

Opinions leaders (prescripteurs d'opinions). Concept forgé par Paul Lazersfeld à partir de l'étude des campagnes électorales présidentielles aux États-Unis. La communication audiovisuelle, selon ce modèle, se fait suivant un double circuit – circuit direct de la personne qui parle à celle qui reçoit son message, circuit indirect entre cette dernière et son entourage avec qui elle discute le message reçu. Dans cet entourage – proches parents, amis, compagnons de travail ou d'études – certaines personnes jouissent, pour une raison ou une autre, d'une certaine autorité et confiance qui leur donnent une grande influence personnelle sur les réactions de ceux avec qui ils discutent ainsi. Les messages radiotélévisés sont pour ainsi dire filtrés par elles.

Parlement européen. D'abord composé de représentants des Parlements des États membres puis, à partir de 1979, élu au suffrage universel direct, tous les cinq ans, le Parlement européen comprend des représentants de tous les États membres regroupés non pas par pays mais par groupes politiques. Les grands pays, sans y être représentés proportionnellement à leur population, ont un contingent de députés plus nombreux que les autres. Le Parlement européen demeure privé du pouvoir législatif (dévolu au Conseil), mais y est désormais associé à l'occasion de certains actes par la procédure de la consultation et de la coopération, selon lesquelles le Parlement est consulté, voire peut proposer des amendements, le Conseil, cependant, décidant en dernier ressort ; ou la procédure, plus rare, de la codécision, qui donne au Parlement un droit de veto sur lequel le Conseil ne peut revenir, même à l'unanimité, et oblige donc le Conseil et le Parlement à s'entendre pour décider. La codécision était déjà de règle pour le vote du budget de la Communauté. Elle l'est devenue, selon Maastricht, dans une douzaine de domaines comme la libre circulation des travailleurs, la liberté d'établissement, l'éducation, la recherche, la culture et la santé publique, l'environnement... Le Parlement dispose par ailleurs de pouvoirs de contrôle (questions orales et écrites à la Commission et au Conseil ; pouvoir d'investiture et de censure de la Commission). La question de son siège n'étant toujours pas réglée, il se partage entre Strasbourg, Luxembourg et Bruxelles.

Parti de cadres / de masses (totalitaires / spécialisés). Concepts élaborés par Maurice Duverger (*Les partis politiques*, 1951). Les partis de cadres visent à réunir des notables prestigieux, influents ou fortunés ; les partis de masses à grouper un maximum d'adhérents, pour faire leur éducation politique, recueillir leurs cotisations, les amener à militer. Les partis de masses totalitaires, comme les partis communistes et fascistes, cherchent à encadrer la totalité des activités humaines en se fondant sur leur idéologie qui prétend constituer un système général d'explication du monde, exclusif de tout autre. Les partis spécialisés, au contraire, bornent leur action au seul domaine politique et économique et la fondent sur des valeurs spécifiques mais non exclusives.

Parti communiste français (PCF). Fondé en décembre 1920, au congrès de la SFIO à Tours, par scission entre la majorité favorable à l'Internationale Communiste – qui crée une section française de l'Internationale Communiste (transformée en Parti communiste, puis en Parti communiste français) – et la minorité qui maintient une SFIO. Il s'est développé, après une première phase de recul lié à un fort sectarisme, lors du Front populaire en 1936, puis de la libération de la France en 1944-45. Premier parti français sous la IVe République tant par la force de son appareil que le nombre de ses adhérents, militants, électeurs et élus, le PCF, affaibli dès 1958 par l'instauration de la Ve République, vit à l'heure de son déclin depuis 1981 et la renaissance d'un grand parti socialiste à gauche.

Parti radical (Valoisien). Le doyen des partis français actuels, fondé en juin 1901 à Paris sous le nom de Parti républicain radical et radical-socialiste pour fédérer librement les élus, les comités locaux, les cercles, les journaux se réclamant du radicalisme. Souvent appelé « Valoisien » du nom de la place de Valois où se trouve son siège. Parti dominant sous la IIIe République, avec Émile Combes, Édouard Herriot, Édouard Daladier, diminué mais encore influent sous la IVe République, avec Henri Queuille, Edgar Faure, René Mayer, Pierre Mendès France, Maurice Bourgès-Maunoury et Félix Gaillard, il est réduit aujourd'hui à une composante, la plus modeste, de l'UDF, sans véritable autonomie politique. C'est la version conservatrice du radicalisme qui a rompu, sous Jean-Jacques Servan-Schreiber en 1972, avec la tradition d'alliance à gauche du radicalisme.

Parti républicain (PR). Fondé les 19-21 mai 1977, à Fréjus, pour relancer et développer la Fédération des

Républicains indépendants (RI) fondée par Valéry
Giscard d'Estaing en 1962-66. Est devenu en 1978 la
composante principale de l'UDF. Ses principaux dirigeants sont François Léotard, Gérard Longuet et Alain
Madelin.

Parti social-démocrate (PSD). La plus petite des
composantes de l'UDF. Regroupe d'anciens notables
socialistes, dont son président le sénateur Max Lejeune,
qui ont rompu avec le PS par hostilité à l'Union avec le
Parti communiste.

Parti socialiste (PS). Fondé au congrès « d'unification
des socialistes », à Épinay-sur-Seine, les 11-13 juin 1971,
il se substitue à l'ancienne SFIO (Section française de
l'Internationale ouvrière, 1905-69) et au « nouveau parti
socialiste » (1969-71) en plein déclin. Sous la direction de
François Mitterrand de 1971 à 1981, il refait du socialisme la force électorale dominante à gauche, lui permettant d'exercer le pouvoir de 1981 à 1986, puis de 1988 à
1993. Après sa sévère défaite électorale, en mars 1993,
Michel Rocard en a pris la tête pour conduire sa reconstruction et dans l'espoir de le ramener au pouvoir. Il a été
à son tour contraint à la démission, en juin 1994, après
l'échec de sa liste aux élections européennes, et remplacé
par Henri Emmanuelli. Ses principaux dirigeants, outre
François Mitterrand, sont Pierre Mauroy, Laurent Fabius,
Michel Rocard, Lionel Jospin, Jacques Delors, Henri
Emmanuelli.

Rassemblement du peuple français (RPF). Fondé le
7 avril 1947, à Strasbourg, par le général de Gaulle qui en
prend la présidence, le « Rassemblement » a pour but
d'imposer, par la voie légale, la révision de la Constitution
de 1946, la résistance au communisme et le retour du
général de Gaulle au pouvoir. Après un énorme succès
initial en 1947-1948, il s'enlise dans l'attente du pouvoir
et n'obtient pas assez de voix (22,3 %) ni de sièges (119
députés) aux élections législatives de juin 1951 pour
atteindre ses objectifs. Après une scission, en mars 1952,
et une dernière campagne – contre le projet de Commu-

nauté européenne de défense (CED) – il sera définitivement « mis en sommeil » par son fondateur, le 13 septembre 1955.

Rassemblement pour la République (RPR). Le plus récent des partis gaullistes, né le 5 septembre 1976, à Paris, de la transformation – à l'initiative de son président fondateur Jacques Chirac – de l'Union des démocrates pour la Ve République (UDR) en un Rassemblement, dans la tradition du RPF. Allié au parti giscardien (l'UDF depuis 1978), mais toujours plus fort que lui électoralement et par son organisation, il a partagé avec lui le pouvoir et l'opposition. Ses principaux dirigeants, outre Jacques Chirac, sont Édouard Balladur, Philippe Séguin, Charles Pasqua, Alain Juppé.

Régime parlementaire. Il ne s'agit pas d'un système politique doté d'un Parlement – il existe des parlements, pratiquement, dans tous les régimes – mais d'un régime dans lequel le pouvoir exécutif et le pouvoir législatif dépendent l'un de l'autre : le gouvernement est responsable devant le Parlement, qui peut le renverser, et le chef de l'État ou le chef du gouvernement peut dissoudre le Parlement. Le régime parlementaire s'oppose, dans ce sens, au régime présidentiel à l'américaine, où le président n'est pas responsable devant le Parlement et ne peut dissoudre celui-ci (séparation des pouvoirs).

Régime semi-présidentiel. Concept forgé par Maurice Duverger pour désigner les régimes combinant l'existence d'un président de la République élu au suffrage universel direct et doté d'importants pouvoirs propres avec celle d'un Premier ministre et d'un gouvernement responsables devant les députés (Finlande, Allemagne de Weimar, Autriche, Irlande, Islande, France – depuis 1958-62 – et Portugal).

Représentation proportionnelle. Mode de scrutin visant à assurer la plus grande adéquation possible entre la répartition des voix et la répartition des sièges dans une élection. Pour être « parfaite », la RP suppose que l'ensemble des électeurs votent dans une circonscription unique – pour éviter les risques de distorsion liés au découpage des circonscriptions – et qu'il n'existe aucun seuil minimal de voix pour être admis à la distribution des sièges. En cas de découpage en circonscriptions, la plus grande proportionnalité est assurée par les plus grandes circonscriptions et par la répartition des voix inutilisées (les « restes ») selon la formule du plus fort reste. La formule de la plus forte moyenne et les circonscriptions plus réduites (faible nombre de sièges à pourvoir par circonscription), sans parler de l'institution d'un seuil, limitent, au contraire, la proportionnalité de la proportionnelle dans l'attribution des sièges.

Révision (de la Constitution de 1958). Se fait, en principe, suivant la procédure prévue à l'*art. 89* de la Constitution : adoption d'un projet de révision (origine gouvernementale : le président de la République sur proposition du Premier ministre) ou d'une proposition de révision (origine parlementaire), en des termes identiques, par l'Assemblée nationale et le Sénat ; ratification par référendum ou, dans le cas d'un projet de révision et si le président de la République en décide ainsi, par la réunion des deux assemblées en Congrès du Parlement à la majorité des trois cinquièmes des suffrages exprimés. En 1962, cependant, le général de Gaulle, court-circuitant le Parlement, avait fait adopter son projet de révision (sur l'élection du président de la République) directement, par référendum, en invoquant l'*art. 11* de la Constitution.

Scrutin uninominal majoritaire à deux tours (SUMADT). Modalité française du scrutin majoritaire qui, à l'opposé de la représentation proportionnelle, assure au vainqueur en voix, dans chaque circonscription, le seul siège à pourvoir. Le SUMADT accorde, depuis 1958 en France, une forte prime en sièges au premier parti du fait de la dimension minimale des circonscriptions (1 siège à pourvoir par circonscription), des seuils de qualification pour le deuxième tour (12,5 % des inscrits depuis 1975) et des désistements au sein de la gauche et de la droite. Il tend vers un quadripartisme bipolaire dans la mesure où il organise la concurrence entre deux partis au sein de la gauche et au sein de la droite au premier tour (2 x 2 = 4), pour la qualification au deuxième tour et où il conduit presque toujours, en cas de scrutin de ballottage de deuxième tour, à des duels gauche-droite (bipolarisation).

Secrétariat général du comité inter-ministériel (SGCI). Administration française de « mission », chargée de traiter rapidement les dossiers touchant à l'Europe avec des effectifs volontairement limités (130 fonctionnaires environ, détachés par leur administration de leur corps d'origine, pour une période limitée). Le SGCI est directement rattaché aux services du Premier ministre et son responsable – le secrétaire général – est habituellement conseiller politique à Matignon ou à l'Élysée pour les questions communautaires. Le SGCI a le monopole de l'élaboration et de la transmission des positions interministérielles à la représentation permanente de la France auprès de l'Union européenne. Il est le point de passage obligé de toute correspondance en provenance ou à destination des institutions communautaires. Il veille à la mise en œuvre des actes communautaires par la France.

Section française de l'Internationale ouvrière (SFIO). Née, sous la pression de la seconde Internationale, de l'union du parti de Jules Guesde, le marxiste, et de celui de Jean Jaurès, le socialiste parlementariste, au Congrès d'unification d'avril 1905, la SFIO, malgré la scission communiste de décembre 1920, a toujours été marquée par le « remords du pouvoir » quand il lui est arrivé de l'exercer, pour de courtes périodes, en 1936 avec Léon Blum, à la Libération avec le PCF et le MRP, en 1956 avec Guy Mollet. Sa dérive vers la droite, contrastant avec son discours révolutionnaire de classe, l'a précipitée sous la IVe République dans un lent déclin : 23,4 % des suffrages exprimés en octobre 1945, 17,8 % en novembre 1946, 16 % entre 1951 et 1958 – déclin accéléré par la Ve République (12 à 13 % en 1962-68, 5 % à l'élection présidentielle de 1969). François Mitterrand et la création du Parti socialiste sur les cendres de la SFIO en 1971 ont mis fin à ce processus de déclin et renversé la tendance.

Séparation des pouvoirs. Selon Montesquieu (*De l'Esprit des lois*, 1748), le pouvoir législatif (chargé d'élaborer les lois), le pouvoir exécutif (chargé de les appliquer) et le pouvoir judiciaire (chargé de régler les litiges) doivent être séparés pour éviter que l'autorité ne porte atteinte aux libertés des citoyens. Il s'agit par là de limiter, d'affaiblir le caractère absolu de la Monarchie par la représentation parlementaire et l'indépendance du judiciaire. Pour le général de Gaulle la séparation du pouvoir exécutif et du pouvoir législatif sera, au contraire, un moyen de tempérer le pouvoir d'Assemblée au profit de l'Exécutif.

Service d'information et de documentation (SID). Créé en 1974, en remplacement du Service des liaisons interministérielles pour l'information (SLII), pour coordonner, sous l'autorité directe du Premier ministre, la communication politique du gouvernement. Il dispose d'un personnel d'une centaine de personnes environ et d'un budget de plus de 20 millions de francs pour informer le gouvernement sur l'état de l'opinion et informer l'opinion sur l'action du gouvernement.

Sondages (d'opinion). Interrogation, par *questionnaires*, d'un échantillon *représentatif* d'une population. La représentativité de l'échantillon est assurée par son tirage au hasard – chaque personne ayant la même chance d'être tirée que chacune des autres personnes dans la population – ou par une méthode équivalente (échantillon par quotas, par exemple, où chaque catégorie sociale significative – sexe, âge, profession, habitat, etc. – pèse exactement le même poids que dans la population entière). C'est la taille de l'échantillon représentatif – c'est-à-dire le nombre de personnes interrogées – qui définit les limites de fiabilité du sondage, ses marges d'erreur. On estime généralement qu'à partir de 1 000 personnes interrogées un échantillon représentatif est d'une fiabilité acceptable. Les questions posées doivent être formulées de façon neutre, claire et compréhensible pour les personnes à qui elles sont posées au moment où elles sont posées.

Subsidiarité (principe de). Principe selon lequel les responsabilités doivent être prises au niveau le plus bas possible, ce qui implique une répartition adéquate des responsabilités à différents niveaux : supra-étatique, étatique, infra-étatique. Le traité de Maastricht, pour compenser l'élargissement des compétences de l'Union européenne, se réfère expressément à ce principe, posant pour règle que dans les domaines qui ne relèvent pas de sa compétence exclusive l'Union n'intervient que si, et dans la mesure où, l'action envisagée peut être mieux réalisée au niveau communautaire. Et précisant que l'action de l'Union n'excède pas ce qui est nécessaire pour atteindre les objectifs du traité. Le respect du principe de subsidiarité dépend, politiquement, des États membres et, juridiquement, de la Cour de justice de l'Union européenne.

Système de partis. Ensemble des partis en interaction dans un système politique donné. Des types de systèmes de partis – parti unique, bipartisme, multipartisme par exemple – ont été définis à partir de critères comme le nombre des partis, leur force électorale ou parlementaire relative, leur intensité idéologique. Dans certains cas on peut déceler également l'existence de sous-systèmes de partis – comme en France le sous-système des partis de gauche et celui des partis de droite – qui démultiplient les niveaux d'interaction des partis (interaction et interdépendance privilégiées au sein du sous-système, interaction et interdépendance au sein du système de parti tout entier).

Tour décisif. Dans le scrutin majoritaire à deux tours tel qu'il fonctionne en France pour les élections législatives, il est peu satisfaisant de rapporter le pourcentage de voix au pourcentage de sièges obtenus par chaque parti au premier ou au deuxième tour dans la mesure où, au premier tour, la plupart des sièges ne sont pas pourvus et, au deuxième tour, une partie seulement des électeurs vote – ceux des circonscriptions où le siège n'a pas été pourvu au premier tour. François Goguel, pour surmonter cette difficulté, a eu l'idée de décompter les voix des différentes formations politiques, pour chaque circonscription, au tour (premier tour dans une minorité de cas, deuxième tour dans la majorité des cas) où le siège a été pourvu – qu'il nomme le « tour décisif ».

Traités (européens) :
– ***Le traité de Paris (18 avril 1951),*** instituant la Communauté européenne du charbon et de l'acier (CECA), entre la Belgique, la France, l'Italie, le Luxembourg, les Pays-Bas et la RFA, à l'initiative de Robert Schuman, sous l'inspiration de Jean Monnet.
– ***Les traités de Rome (25 mars 1957),*** instituant la Communauté économique européenne (CEE) et la Communauté européenne de l'énergie atomique (Euratom), sur le rapport d'un comité d'experts présidé par Paul-Henri Spaak, entre les six mêmes pays (entrée en vigueur : 1er janvier 1958) – rejoints le 1er janvier 1973 par le Royaume-Uni, l'Irlande et le Danemark ; le 1er janvier 1981 par la Grèce ; le 1er janvier 1986 par l'Espagne et le Portugal. En attendant l'Autriche (au 1er janvier 1995) et les démocraties scandinaves.
– ***L'Acte unique européen (17 et 28 février 1986),*** unifiant les communautés et institutions européennes issues des traités précédents (entrée en vigueur le 1er juillet 1987) et décidant, pour le 1er janvier 1993, la réalisation d'un Grand Marché intérieur assurant pleinement les libertés de circulation des personnes, des marchandises, des services et des capitaux au sein de la Communauté européenne.
– ***Le traité de Maastricht (7 février 1992),*** instituant l'Union européenne, fondée sur les Communautés européennes, décidant la réalisation par étapes d'une Union économique et monétaire, la citoyenneté européenne, une politique étrangère et de sécurité commune, la coopération en matière de police et de défense. Le 20 septembre 1992, les Français se sont prononcés, par référendum, à 51,04 % des suffrages exprimés, pour la ratification du traité de Maastricht.

Union pour la démocratie française (UDF). Confédération de partis, fondée le 1er février 1978 par l'union du Parti républicain (PR), du Centre des démocrates sociaux

(CDS), du Parti social-démocrate (PSD) et des clubs Perspectives et Réalités – à l'initiative de Valéry Giscard d'Estaing – pour équilibrer la force électorale de l'allié-rival gaulliste, le RPR. Ses composantes ont conservé leur autonomie d'organisation. Présidée par Jean Lecanuet, de 1978 à 1988 ; par Valéry Giscard d'Estaing, ancien président de la République, depuis le 30 juin 1988.

Union pour la France (UPF). L'idée d'une confédération entre RPR et UDF, lancée le 18 mars 1988 par Édouard Balladur dans *Le Monde*, s'est progressivement réalisée : création d'un intergroupe parlementaire RPR-UDF-UDC à l'Assemblée nationale en juin 1989 ; d'un Comité de coordination de l'opposition, entre les partis concernés, en octobre 1989 ; réunion d'états généraux de l'opposition, à sessions thématiques et régulières, pour élaborer une plate-forme politique commune, à partir de janvier 1990. Ce qui a finalement conduit, le 26 juin 1990, à la création d'une Union pour la France (UPF), confédérant RPR et UDF, sous l'autorité d'un bureau politique paritaire dans le but d'unifier leurs projets, leur tactique (double rejet du socialisme et du Front national) et de trancher les conflits d'investiture en son sein. Les arbitrages ont bien fonctionné, dans l'ensemble, pour les élections législatives de mars 1993. Mais l'UPF n'a pas réussi à mettre en place le système d'élections « primaires » élaboré en vue d'une unité de candidature, dès le premier tour, pour l'élection présidentielle.

Verts (Verts cp). Confédération écologique – Parti écologiste (Verts cp) – fondé en janvier 1984 au Congrès d'unification des mouvements écologistes à Clichy. Le premier « parti » écologiste en France, animé par Antoine Waechter, de 1986 à 1993 – qui a été évincé par Dominique Voynet après l'échec relatif de l'Entente écologiste (Verts/Génération Écologie) aux élections législatives de mars 1993).

BIBLIOGRAPHIE

Lectures pour aller plus loin

1. LES RÈGLES DU JEU CONSTITUTIONNEL ET ÉLECTORAL

• AVRIL (Pierre), *Le Régime politique de la Ve République*, Paris, PUF, 1987.
• CHARLOT (Jean), *Le Gaullisme d'opposition 1946-1958*, Paris, Fayard, 1983.
• DUHAMEL (Olivier), MÉNY (Yves), dir., *Dictionnaire constitutionnel*, Paris, PUF, 1992.
• DUHAMEL (Olivier), PARODI (Jean-Luc), dir., *La Constitution de la Ve République*, Paris, Presses de la FNSP, 1985.
• MAUS (Didier), *Les grands textes de la pratique institutionnelle de la Ve République*, Paris, Documentation française, 1993.
• RAE (Douglas W.), *The Political Consequences of Electoral Laws*, Londres, New Haven, Yale University Press, 1971.

2. GAUCHE-DROITE ET SYSTÈMES DE PARTIS

• CHARLOT (Jean), « La mutation du système de partis français », *Pouvoirs* 49, 1988 : 27-35.
• CHARLOT (Jean), « Recomposition du système de partis français, ou rééquilibrage limité ? », in *Le vote sanction* – les élections législatives des 21 et 28 mars 1993. Paris, DEP du *Figaro* et Presses de la FNSP, Paris, 1993, 269-281.
• MICHELAT (Guy), « À la recherche de la gauche et de la droite », in : CEVIPOF, *L'électeur français en questions*, Paris, Presse de la Fondation nationale des sciences politiques, 1990, 71-104.
• SIRINELLI (Jean-François), *Histoire des droites en France*, 3 vol., Paris, Gallimard, 1992.
• TOUCHARD (Jean), *La gauche en France depuis 1900*, Paris, Seuil, 1977.

3. LES DIMENSIONS EUROPÉENNE ET EXTÉRIEURE :

• « La Communauté, un dialogue d'administrations ? », *Revue française d'administration publique*, 63, 1992.
• « La Communauté après Maastricht », *Politique étrangère*, 1, 93 (IFRI).
• *L'Europe des Communautés. Comprendre l'Europe de 1993*, Paris, Documentation française, 1992 (*Notices*).
• FAVIER (Pierre), MARTIN-ROLAND (Michel), *La décennie Mitterrand*, vol. 1, Paris, Seuil, 1990.
• QUERMONNE (Jean-Louis), *Le système politique européen : des Communautés économiques à l'Union politique*, Paris, Montchrétien, 1993 (Clefs).
• LA GUÉRINIÈRE (Jean de), *Voyage à l'intérieur de l'Eurocratie*, Paris, *Le Monde* éditions, 1992.
• ROSE (Richard), *Do Parties make a Difference*, London, Macmillan, 1984 (2ᵉ éd).

4. LES MÉDIAS ET LES SONDAGES :

• BLUMLER (Guy), CAYROL (Roland), THOVERON (Gabriel), *La télévision fait-elle l'élection ?* Paris, Presses de la Fondation nationale des sciences politiques, 1978.
• BOURDON (Jérôme), *Histoire de la télévision sous de Gaulle*, Paris, Anthropos-INA, 1990.
• BREGMAN (Doris), *Le processus de construction des controverses politiques pendant les campagnes électorales en France : 1986-1988*, Paris, Institut d'Études politiques, thèse de doctorat, multigr... 1991.
• CAYROL (Roland), *La presse écrite et audio-visuelle*, Paris, PUF, 1973.
• CHAMARD (Marie-Ève), KIEFER (Philippe), *La télé – dix ans d'histoires secrètes*, Paris, Flammarion, 1992.
• CLUZEL (Jean). *La télévision après six réformes*. Paris, J.-C. Lattès-LICET, 1988.
• COTTA (Michèle). *Les miroirs de Jupiter*, Paris, Fayard, 1986.
• GUILHAUME (Philippe), *Un président à abattre*, Paris, Albin Michel, 1991.
• MANIN (Bernard), « Métamorphose du gouvernement représentatif », in : PÉCAUT (Daniel), JORJ (Bernard), *Les métamorphoses de la représentation politique au Brésil et en Europe*. Paris, CNRS, 1991.

• MISSIKA (Jean-Louis), WOLTON (Dominique), *La folle du logis – la télévision dans les sociétés démocratiques*, Paris, Gallimard, 1983.

5. « PRÉSIDENTIABLES ET PARTIS DE GOUVERNEMENT

• BERGOUNIOUX (Alain), GRUNBERG (Gérard), *Le long remords du pouvoir, Le Parti socialiste français 1905-1992*, Paris, Fayard, 1992.
• COLOMBANI (Jean-Marie), *La gauche survivra-t-elle aux socialistes ?*, Paris, Flammarion, 1994.
• CHARLOT (Jean). « Le gaullisme », in : SIRINELLI (Jean-François), dir., *Histoire des droites en France*, tome 1, *Politique*. Paris, Gallimard, 1992, p. 653-690.
• INSTITUT CHARLES DE GAULLE, *De Gaulle en son siècle. Sondages et enquêtes d'opinion*, Journées internationales tenues à l'UNESCO, Paris, 19-24 novembre 1990. Paris, La Documentation Française, 1992.
• « Le Giscardisme », *Pouvoirs* 9, 1979.
• KNAPP (Andrew), *Gaullism since de Gaulle*, Aldershot, Dartmouth Publishing, 1994.
• PORTELLI (Hugues), *Le Parti socialiste*. Paris, Montchrétien, 1992.
• REY (Henri), SUBILEAU (Françoise), *Les militants socialistes à l'épreuve du pouvoir*, Paris, Presses de la Fondation nationale des sciences politiques, 1991.
• YSMAL (Colette), *Les partis politiques sous la Ve République*, Paris, Montchrestien, 1989.

6. LES PETITS PARTIS CONTESTATAIRES

• MÜLLER-ROMMEL (Ferdinand), PRIDHAM (Geoffrey) eds, *Small Parties in western Europe*, London, Sage, 1991.
• BAUDOIN (Jean), « Le Parti communiste français », in CHAGNOLLAUD (Dominique), dir., *La vie politique en France*, Paris, Seuil, 1993, p. 292-309.
• LAZAR (Marc), *Maisons rouges. Les Partis communistes français et italiens de la Libération à nos jours*, Paris, Aubier, 1992.
• MAYER (Nonna), PERRINEAU (Pascal) dir., *Le Front national à découvert*, Paris, Presses de la Fondation nationale des sciences politiques, 1989.
• MILZA (Pierre), « Le Front national : droite extrême… ou national-populisme ? », in SIRINELLI (Jean-François) dir.,

Histoire des droites en France, tome 1, Paris, Gallimard, 1992, p.691-732.
• ALPHANDÉRY (Pierre), BITOUN (Pierre), DUPONT (Yves), « La sensibilité écologique en France », *Problèmes politiques et sociaux*, n°651, Paris, Documentation française, 1er mars 1991.
• BOY (Daniel), « Les écologistes », in CHAGNOLLAUD (Dominique), dir., *La vie politique en France*, Paris, Seuil, 1993, p.310-328.
• BENNAHAMIAS (Jean-Luc), ROCHE (Agnès), *Des Verts de toutes les couleurs*, Histoire et sociologie du mouvement écolo, Paris. A. Michel, 1992.
• KITSCHELT (Herbert), *The logics of party formation, ecological politics in Belgium and West Germany*, New York, Cornell University Press, 1989.
• SAINTENY (Guillaume), *Les Verts*, Paris, PUF, 1991.
• SLAMA (Alain-Gérard), *Les chasseurs d'absolu, genèse de la gauche et de la droite*, Paris, Grasset, 1980.

7. MILITANTS ET PROFESSIONNELS DE LA POLITIQUE

• BARNES (Samuel), KAASE (Max) eds, *Political Action*, Mass participation in five western Democracies, London, Sage, 1979.
• BELLIER (Irène), *L'ENA comme si vous y étiez*, Paris, Seuil, 1993.
• CHAGNOLLAUD (Dominique), *Le premier des ordres*, Les hauts fonctionnaires XVIII-XXe siècle, Paris, Fayard, 1991.
• DIRN (Louis), *La société française en tendances*, Paris, PUF, 1990.
• FAVRE (Pierre), dir., *La manifestation*, Paris, Presses de la Fondation nationale des sciences politiques, 1990.
• GAXIE (Daniel), *Le cens caché*, Inégalités culturelles et ségrégation politique, Paris, Seuil, 1978.
• LANCELOT (Alain), MEMMI (Dominique), « Participation et comportement politique », in : GRAWITZ (Madeleine), LECA (Jean) dir., *Traité de science politique*, tome 3, Paris, PUF, 1985, p. 309-428.
• LAVAU (Georges), *À quoi sert le Parti communiste français ?* Paris, Fayard, 1981.
• PERRINEAU (Pascal), dir., *L'engagement politique : déclin ou mutation ?*, Paris, Presses de la Fondation nationale des sciences politiques, 1994.

8. ÉLECTEURS ET ÉLECTIONS

• BOY (Daniel), MAYER (Nonna), *The French Voter Decides*, Ann Arbor, University of Michigan Press, 1994
• CHARLOT (Jean), « La fluidité des choix électoraux », *Projet* 100, décembre 1975 : 1175-1179.
• CEVIPOF, *L'électeur français en questions*, Textes réunis et préparés par Daniel Boy et Nonna Mayer, Paris, Presses de la Fondation nationale des sciences politiques, 1990.
• HABERT (Philippe), LANCELOT (Alain), « L'émergence d'un nouvel électeur ? », in : HABERT (Philippe), YSMAL (Colette), *Élections législatives 1988*, Résultats, analyses et commentaires, Paris, *Le Figaro*/Études politiques, 1988, p. 16-23.
• HABERT (Philippe), PERRINEAU (Pascal), YSMAL (Colette), dir., *Le vote éclaté*, Les élections cantonales des 22 et 29 mars 1992, Paris, DEP du *Figaro* et Presses de la Fondation nationale des sciences politiques, 1992.
• HABERT (Philippe), PERRINEAU (Pascal), YSMAL (Colette), dir., *Le vote sanction*, Les élections législatives des 21 et 28 mars 1993, Paris, DEP du *Figaro* et Presses de la Fondation nationale des sciences politiques, 1993.
• LANCELOT (Alain), *Les élections sous la Ve République*, Paris, PUF, 1983 (Que sais-je ?, 2109).
• LANCELOT (Alain), « Introduction : 1978-1981 : les rendez-vous manqués de la structure et de la conjoncture », in : LANCELOT (Alain) dir., *1981 : les élections de l'alternance*, Paris, Presses de la Fondation nationale des sciences politiques, 1986, p. 11-21.
• LINDON (Denis), WEILL (Pierre), *Le choix d'un député*. Un modèle explicatif du comportement électoral, Paris, éditions de Minuit, 1974.
• MANIN (Bernard), SORJ (Bernardo), dir., *Les métamorphoses de la représentation au Brésil et en Europe*, Paris, éditions du CNRS, 1991.
• PERRINEAU (Pascal), MAYER (Nonna), *Les comportements politiques*, Paris, A. Colin, 1992.
• PONCEYRI (Robert), *Les élections sous la Ve République*, Toulouse, éditions Privat, 1989.
• SUBILEAU (Françoise), TOINET (Marie-France), *Les chemins de l'abstention*. Une comparaison franco-américaine, Paris, La Découverte, 1993.

9. LE POUVOIR DE DÉCISION CENTRAL
ET SES CONTREPOIDS

• AVRIL (Pierre), *La Ve République, histoire politique et constitutionnelle*. Paris, PUF, 1987.
• AVRIL (Pierre), GICQUEL (Jean), *Le Conseil Constitutionnel*. Paris, Montchrétien, 1992.
• DEBBASCH (Charles), *L'Élysée dévoilé*, Paris, A. Michel, 1982.
• DUHAMEL (Olivier), « La cohabitation pacifique », *in* : HABERT (Philippe) et al., dir., *Le vote sanction*. Les élections législatives des 21 et 28 mars 1993. Paris, D.E. P. du *Figaro* et FNSP, 1993 : 283-295.
• DUHAMEL (Olivier), JAFFRE (Jérôme), *Le nouveau Président*, Paris, Seuil, 1987.
• COHEN (Samy), « La politique étrangère entre l'Élysée et Matignon », *Politique étrangère* 3/1989 : 487-503.
• COHEN (Samy), *Les conseillers du Président*, De Charles de Gaulle à Valéry Giscard d'Estaing, Paris, PUF, 1980.
• COHEN (Samy), « Les conseillers de l'Élysée face aux hommes de la Maison Blanche – spécificité du cas français », *in* : SEURIN (Jean-Louis), dir., *La Présidence de la République en France et aux États-Unis*. Paris, Economica, 1986.
• FAVOREU (Louis), PHILIP (Loïc), *Le Conseil constitutionnel*, Paris, PUF, 1991, (Que sais-je ?)
• FOURNIER (Jacques), *Le travail gouvernemental*. Paris, FNSP/Dalloz, 1987.
• « Qui gouverne la France ? », *Pouvoirs* n°68, Paris, PUF, 1993.
• QUERMONNE (Jean-Louis), CHAGNOLLAUD (Dominique), *Le gouvernement de la France sous la Ve République*, Paris, Dalloz, 1991.
• MASSOT (Jean), *L'arbitre et le capitaine*. Essai sur la responsabilité présidentielle, Paris, Flammarion, 1987.
• MASSOT (Jean), *Chef de l'État et Chef du gouvernement*, Dyarchie et hiérarchie, Paris, Documentation française, 1993.
• MAUS (Didier), *Les grands textes de la pratique institutionnelle de la Ve République*, Paris, Documentation française, 1990.
• PORTELLI (Hugues), *La Ve République*, Paris, Grasset, 1994 (Livre de Poche, références 419).
• SCHIFRES (Michel), SARAZIN (Michel), *L'Élysée de Mitterrand*. Secrets de la maison du Prince, Paris, A. Moreau, 1985.
• TRICOT (Bernard), « Le processus de prise de décision »,

in : *de Gaulle et le service de l'État. Des collaborateurs du Général témoignent*, Paris, Plon, 1977 : 119-158.
   • *L'entourage et de Gaulle*. [Colloque de l'Institut Charles de Gaulle]. Paris, Plon, 1979.

10. LE RETOUR DU LOCAL ?

   • CROZIER (Michel), *État modeste, État moderne*, Paris, Fayard, 1991.
   • « L'avenir de l'État dans une économie de marché », *Revue française d'administration publique*, n°61, janvier-mars 1992.
   • « La décentralisation », *Pouvoirs*, 60, 1992.
   • « L'état de la décentralisation », *Cahiers français*, n°256, mai-juin 1992, Paris, La Documentation française.
   • GILBERT (Guy), DELCAMP (Alain), dir., *La décentralisation dix ans après* : Actes du colloque organisé au Palais du Luxembourg les 5 et 6 février 1986, Paris, LGDT, 1993.
   • HAZAREESINGH (Sudhir), *Political Traditions in Modern France*, Oxford, Oxford University Press, 1994.
   • MABILEAU (Albert), *Le système local en France*, Paris, Montchrestien, 1991.
   • MABILEAU (Albert), dir., *À la recherche du « local »*, Paris, l'Harmattan, 1992.
   • MENY (Yves), *La corruption de la République*, Paris, Fayard, 1992.
   • OBSERVATOIRE INTERRÉGIONAL DU POLITIQUE, *Les Français et leur région*, Paris, La Documentation française, 1993.

11. LE POUVOIR D'INFLUENCE

   • BASSO (Jacques), *Les groupes de pression*, Paris, PUF, 1983 (Que sais-je ?, 895).
   • CHARLOT (Jean et Monica), « Les groupes politiques dans leur environnement », « L'interaction des groupes politiques », in : LECA (Jean), GRAWITZ (Madeleine) dir., *Traité de science politique*, vol. 3, Paris, PUF, 1985, p. 429-536.
   • EHRMANN (Henry W.), *Politics in France*, Boston, Little, Brown & Co., 1976 (3e éd.).
   • HAEUSLER (Laurence), « Évolution du monde associatif de 1978 à 1986 », *Consommation et modes de vie* n° 34, décembre 1988 (CREDOC).
   • HALL (Peter A.), « Pluralism and Pressure Politics in

France », in : HALL (Peter A.), HAYWARD (Jack), MACHIN (Howard), *Developments in French Politics*, London, Macmillan, 1990, p. 77-92.
• HAYWARD (J.E.S.), *Governing France*, The One and Indivisible Republic, London, Weidenfeld & Nicolson, 1983.
• MEYNAUD (Jean), *Nouvelles études sur les groupes de pression en France*, Paris, A. Colin, 1962.
• MOURIAUX (René), *Le syndicalisme en France*, Paris, PUF, 1992 (Que sais-je ?).
• OFFERLÉ (Michel), *Sociologie des groupes d'intérêts*, Paris, Montchrestien, 1994.
• REYNAUD (Jean-Daniel), *Les syndicats en France*, tome 1, Paris, Seuil, 1975.
• ROSANVALLON (Pierre), *La question syndicale*, Paris, Calmann-Lévy, 1988.
• WILSON (Frank), *Interest-Group Politics in France*, Cambridge, University Press, 1987.
• WRIGHT (Vincent), *The Government and Politics of France*, London, Hutchinson, 1983 (notamment ch. 4 et 9).

TABLE DES GRAPHIQUES ET TABLEAUX

GRAPHIQUES

TABLEAUX

TABLE DES MATIÈRES

IMPRIMÉ EN FRANCE PAR BRODARD ET TAUPIN
Usine de La Flèche (Sarthe).
LIBRAIRIE GÉNÉRALE FRANÇAISE - 6, rue Pierre-Sarrazin - 75006 Paris.
ISBN : 2 - 253 - 90509 - 7   42/0509/2